让 我 们 一 起 追 寻

海盗猎人

Pirate Hunters

Treasure，Obsession,
and the Search
for a Legendary Pirate Ship

追寻
加勒比海的
传奇宝藏

Robert Kurson

〔美〕罗伯特·库尔森　著

钱　峰　译

沈　艺　审校

社会科学文献出版社
SOCIAL SCIENCES ACADEMIC PRESS (CHINA)

本书获誉

《纽约时报》年度畅销书
《芝加哥论坛报》年度好书之一

"［它］会让你爱不释手。"——《洛杉矶时报》

"一场与众不同的冒险……强烈推荐对冒险、悬疑感兴趣，欣喜于用自己的指尖触碰历史的人阅读。"——《图书馆杂志》（星级书评）

"绝佳的阅读体验……这本书文笔流畅、节奏紧凑，让人灵巧地穿越在 17 世纪与现在之间。"——《潜水者》杂志

"像小说一样的非虚构作品：主次情节相互交错，充满张力与悬疑……［罗伯特·库尔森］找到了宝藏。"——《达拉斯新闻晨报》

"轻松有趣……一个有关海盗世界和无价之宝的迷人故事。"——《波士顿环球报》

"[库尔森的]叙述与其主题一样引人入胜。"——《基督科学箴言报》

"一段狂野奔放、精彩非凡的冒险……库尔森自身的热情,加上他的丰富研究和细节观察,让这本书成为近期最令人印象深刻的海盗故事之一,即便是对航海最不了解的人也难以释卷。"——《出版人周刊》(星级书评)

"库尔森笔下的两位当代海盗猎人像"铁血船长"和加勒比海盗斯帕罗一样勇敢无畏、不屈不挠、极具天赋……根据作者的描述,他们都是现实生活中海明威式的英雄。"——《华尔街日报》

"令人着迷、极具魅力……一个引人入胜的故事……夏季海滩上的完美读物。"——弗雷德里克斯堡《自由撰稿明星报》(*Free Lance-Star*)

"[库尔森]运用他关于水下世界的知识,呈现了'海盗的黄金时代'……激动人心的细节描写,高潮低谷交替出现,他们追寻的不仅是黄金和白银,更是历史。"——《书单》杂志

海盗猎人

"世界上没有什么能像宝藏一样让人如此渴望并为之痴迷，以至于愿意为其牺牲自己的生命。《海盗猎人》讲述的不仅是一个好的故事，而且是一个真实的故事。追寻探险者们的灵魂，你可以走向甲板远方，也可以潜向海底深处。"——布拉德·梅尔泽

"《海盗猎人》扣人心弦地讲述了两位勇敢潜水者追寻班尼斯特沉没于水下的座舰的故事，班尼斯特是历史上最臭名昭著的海盗之一。罗伯特·库尔森会让你在阅读这个惊险刺激的全球冒险故事时紧张地坐在椅子边缘，这些探险者在旅程中获得的不仅仅是一艘古老沉船。"——参议员约翰·麦凯恩

谨以此书献给艾米，
她是我已经寻获的珍宝

我们还有一个愿望：如果我们本分地过日子，上帝就会允许我们成为海盗。

——马克·吐温

　　任何人都可以是海盗。

——汤姆·斯托帕德

作者小记

2012 年 1 月的一天清晨，我接到了一通匿名的国际长
途电话。电话显示是从多米尼加共和国打来的，但是我并不
认识那里的任何人，也从来没有去过多米尼加。然而电话那
头的声音，我却不会听错。

"如果你喜欢海盗，就到新泽西来见我。"

打电话的人是约翰·查特顿（John Chatterton），是我那
本《影子潜水者》（*Shadow Divers*）中的一位主人公。那本
书讲述了一个真实的故事，两个周末工作的水肺潜水员在新
泽西临近海岸的海域中发现了一艘德国 U 型潜水艇，这艘
潜水艇是在第二次世界大战时期被击沉入海的。他们对潜水
艇的残骸非常感兴趣，不顾一切地开始了搜寻和鉴定工作。
虽然我已经有一年多没有和查特顿联络，但我还是一听就辨
认出了他那带着纽约口音的男中音。

"什么样的海盗？"我问道。

"17 世纪，加勒比海的海盗。这次是玩真的。"

仅仅是听到"海盗"这个词就能够让我浑身为之一振。
但是从芝加哥到新泽西的这段路程，不可谓不艰辛。现在正

是下雪的季节，这样的时机已然不能更糟了。我还在研究一本新书。我刚刚从假期中休整过来。但是，我大约在第一次认识查特顿的时候就学到了一件事——如果你有机会去做什么事情，就去做吧。1 小时之后，我开车驶上了 I－94 号州际公路，一路向东。

那天深夜，我驱车来到了新泽西斯普林菲尔德的苏格兰牛排餐厅。我和查特顿已经 3 年未见，但是他看上去比我记忆中更年轻些。他现在快 60 岁了，不过看上去比 30 岁的人都要壮实。他把他的朋友约翰·马特拉（John Mattera）介绍给我，后者是一个约莫 50 岁的男人，大大咧咧地笑着，说话带着斯塔顿岛的口音。大约几年前我见过马特拉一次，我记得他曾经是一个行政保镖。他的手臂看上去确实是保镖的手臂。

我们叫了一些喝的，就家庭的情况相互寒暄了一下，然后查特顿就直奔主题。

"关于海盗的黄金时代，你知道多少？"他问道。

事实证明，我知道的不少。多年前，我曾在一家二手书店淘到了一本名为《美国的海盗》（The Buccaneers of America）的平装书，它的作者是亚历山大·埃克斯梅林（Alexandre Exquemelin）。他在书中真实记录了自己的经历——他曾搭乘真正的海盗船去国外航行——还记录了亨利·摩根船长的事迹。这本书算得上是经典之作，但是总共不到 200 页。我付了 2 美元买下这本书，然后带着这本书走上街，打算找个地方吃午饭。

结果我根本顾不上吃午饭。

埃克斯梅林笔下的海盗们比任何电影中的海盗都要狂

野，比任何小说中的海盗都要奸诈。他们攻克了一座座城市，独创了天才般的掠夺方法，有时甚至都无须拔剑而出，就能让他们的敌人心生畏惧。他们只需一个举动——也许是吃掉那个拒绝投降的商船船长仍在怦怦跳动的心脏——就能将自己的名声传至大洋彼岸。哪怕是他们停工的日子都像史诗一般，日日纵情酒色，放荡不羁，能让现代那些身价百万的摇滚明星都晕头转向。然而同时，这些海盗都遵守着一种远远超出当时时代标准的行为和荣誉守则，这样的纪律让他们近乎无敌。

他们也没有留下任何痕迹。自从海盗们在海洋上徘徊潜行，几个世纪以来人们只发现了一艘海盗船，从而明确断定他们的存在："维达号"（*Whydah*），1984 年在科德角附近的水域被发现。在水下——或许是在整个世界上——没有什么比海盗船更难找寻。他们就好像人间蒸发似的，所有的踪迹都一应消失。

在如饥似渴地读完埃克斯梅林这本书后，我找来了所有我能够找到的海盗书籍进行阅读，在珍稀钱币的商店询问店主是否有西班牙古银币的藏货，甚至还开车穿越大半个美国去观看"维达号"的博物馆展览。所以我非常了解黄金时代，也就是大约 1650 年到 1720 年这段时间。

"很好，"马特拉说道，"因为我们刚刚在 17 世纪生活了一年。"

在接下来的 3 小时里，他们俩向我讲述了他们寻找一艘大型海盗船的过程——这是一次充满危险和神秘的深海探索旅程。他们谈到自己在世界各地的图书馆和档案室搜寻海盗的历史。他们描述自己是如何运用尖端科技，以及如何追溯古老的地图和手稿。他们曾向智慧的老者取经，也曾与谋杀者和竞争对手殊死搏斗。他们还告诉我，他们正在寻找一个比海盗黑胡子（Blackbeard）更臭名昭著、比威廉·基德（William Kidd）更胆大妄为的海盗船船长，一个现实生活中的杰克·斯帕罗（Jack Sparrow），一个昔日的传奇人物，虽然他的故事已经被时间湮没。他就是海盗约瑟夫·班尼斯特（Joseph Bannister）。

他们在讲故事的时候，我不断要求他们增加更多的细节描述，直到餐厅打烊了，我还在向他们提问。在停车场，他们告诉我说非常高兴能和我深入交谈，但是若非亲身见证发生的一切，旁人是无法真正理解他们经历了什么的。

两周之后，在圣多明各（Santo Domingo，多米尼加首都）的殖民区，我与查特顿和马特拉再次会面，这个殖民区是新世界中最古老的永久居留区。我们沿着圆石铺砌的女人街一路向下走去，这是美洲第一条铺设好的道路。在我的右手边，可以看到西班牙征服者尼古拉斯·德·奥万多（Nicolás de Ovando）的故居，它建于1502年，设有多座地牢；我的左手边是新世界最古老的教堂。吃过早餐之后，他们两人带我来到一个16世纪的珊瑚块状建筑。这是多米尼加共和国国家水下文化遗产办公室（Oficina Nacional de Patrimonio Cultural Subacuático）的实验室，寻宝猎人找到的那些古器物都被分类陈列在这里。

这里面的内容太过丰富，我都看不过来了。一张桌子上放着一条来自17世纪的9英尺长的金链条，另一张桌子上放的是一副奴隶手铐和一个纯银打造的蛋形盒子。在一个水泥制

成的水槽中，克里斯托弗·哥伦布（Christopher Columbus）用

过的船锚正静静躺在水中。在美国，这样的船锚会被收藏在树　xiv

脂玻璃中，用激光守护着，然而在这里，我可以自由地把手伸

进去触摸它，我也确实这么做了。在我摸到它的那一瞬间，时

间似乎停止了。哥伦布的世界就是这样啊，现在我也感受到了。

　　在出口附近，我看到了最后一张桌子，桌上堆满了成百

上千枚西班牙古银币，它们全都来自17世纪。我用双手尽可

能多地捧起这些银币，然后让它们自然掉落到桌子上。虽然我

从来没有听过这种声音，但是我感到无比熟悉，好像我早就知

道一般。这声音仿佛柔和的钟琴声，如瀑布般落下，浓厚、深

沉而古老。这就是召唤海盗的歌声，这就是财宝的声音。

　　那天晚上，他们俩开车载我到该国北海岸，他们就是在

那里开始搜寻"金羊毛号"（*Golden Fleece*）的，那是有史

以来最伟大的一艘海盗船。在新泽西，他们已经大概向我讲

述了整个故事。而在这里，在这样一个黏腻潮热、连月亮都

似乎在流汗的夜晚，我听到了更多的故事内容——对于查特

顿和马特拉来说，这个探寻过程有多么困难；为了真正的历

史，他们不断探索，然而他们现在仍要为这次探索付出代

价，仍要为走进那位与众不同的领导者和冒险家——海盗约

瑟夫·班尼斯特的思想而付出代价。此外，从他们惊心动魄

的故事细节之中，我可以感受到他们一直以来付出了多少努

力，他们搜寻的并不仅仅是一艘海盗船。

　　等我回到家之后，我已经对我之前的项目提不起兴趣

了。相反，我叫醒了我那两个年幼的儿子，给他们讲述了这

个海盗的故事。然后，我决定也将这个故事告诉你们。

加勒比海盆地

0　英里　200

0　千米　200

墨西哥海湾

佛罗里达

迈阿密
伊斯拉莫拉达　基拉戈
塔弗尼尔
基韦斯特
海盗魂博物馆

哈瓦那

古巴

坎佩切

尤卡坦半岛

开曼群岛

牙买

加　勒　比　海

危地马拉

伯利兹

洪都拉斯

米斯基托海岸

尼加拉瓜

多米尼加

山美纳
林孔湾
山美纳海湾
利凡塔多岛

多 米 尼 加

君 牌

胡安多利奥

圣多明各
海盗湾潜水
度假村

加 勒 比 海

特克斯和
凯科斯群岛

大 西 洋

托尔图加

英属维尔
京群岛

海地
多米尼加

金斯敦
罗亚尔港

太子港

圣胡安

瓦什岛
圣多明各

波多黎各

山美纳

别墅

比希亚岛
霍格岛

山 美 纳 海 湾

利凡塔多岛

山 美 纳 与
利 凡 塔 多 岛

0   英里   1

0   公里   1

目　录

第一章
史上最伟大的海盗故事

经过两年的筹谋，几天前，约翰·查特顿和约翰·马特 拉终于开始实行他们的计划，寻找那艘名为"圣巴尔托洛梅号"（*San Bartolomé*）的宝船。这艘船于 17 世纪沉入海底，其价值可以达到 1 亿美元甚至更多。他们搬到了多米尼加共和国，倾尽家产，赌上了他们珍视的一切，只为找到它。只要找到它，他们就能拥有超乎想象的财富，他们的名字也将载入史册。届时《纽约时报》会大肆报道他们的事迹，博物馆会为恭贺他们而举办正式晚宴。最妙的是，他们知道去哪里寻找。

就在那时，他们的电话响了。

电话那头是特雷西·鲍登（Tracy Bowden），一个 69 岁的寻宝猎人，也是这一行的传奇人物。他说他有要事和他们讨论，问他们能不能坐飞机到迈阿密和他聊聊。

查特顿和马特拉在寻找"圣巴尔托洛梅号"之前根本不舍得浪费一点点时间。他们曾经发誓，决不允许任何事情阻挡他们前进的脚步。但是他们从鲍登的语气中听出了一丝急迫，自从他们相识以来，查特顿和马特拉从未见过鲍登如此紧张，而迈阿密距离圣多明各也不过是飞行 2 小时的距离，他们可以当天来回。再不济，他们还可以听听鲍登讲故事，鲍登很擅长于此，毕竟在搜寻珍宝的时候，故事是仅次于金子的财富。因此，2008 年年初的一天早晨，他们收拾了随身携带的行李，预订了机票，就这样踏上了前往迈阿密的旅程。反正"圣巴尔托洛梅号"船上的珍宝已经失落了 400 多年，再多等几小时被他们发现也无妨。

抵达迈阿密之后，他们租了一辆车，出发去鲍登的居所。鲍登和他们见过的其他任何寻宝猎人都不太一样。他似乎总是在阴影中工作，躲避公众的注意力，而且他几乎从未与其他人结伴而行。他从不自吹自擂，也不会胡言乱语。除此之外，他很少使用那些彻底改革了水下打捞活动的现代科技，反而依靠古老的图纸、老化的设备和他自己几十年的笔记来寻找那些满载金银的沉船。

在他的生涯中，鲍登曾经发现过两艘——不止一艘——装满财宝的西班牙大帆船，而且他还为第三艘船的发现做出了突破性的贡献，就连查特顿和马特拉都无法判断他究竟有多少财富。然而，他在多米尼加共和国的居所甚至不比一个车库大，他的那艘打捞船"海豚号"（Dolphin）虽然是艘好船，但不够豪华。作为一个成功的寻宝猎人，鲍登应该可以住在一座豪华住宅里，一个用纯金制作门把手、房子四周还有护城河包围的地方。然而当查特顿和马特拉驶进住宅区的车道时，他们不得不再次确认鲍登给他们的地址。这个房子虽然不错，但是和城郊那些普通的小住宅并无区别。

进屋后，鲍登为他们准备了咖啡，但是他们被眼前的景象惊呆了，甚至都听不见鲍登在说什么。这个屋子里的目光所及之处都是财宝。一间屋子里放着嵌入珊瑚的银币；另一间屋子里是几个世纪以前的铜质航海仪器——这可是博物馆需要花大价钱才能买到的东西。鲍登在餐厅中摆放的是 17 世纪的代夫特陶器，它蓝白相间，一如刚制成时那样精致，而马特拉曾在纽约的大都会艺术博物馆看到过这样一套价值连城的陶器。

鲍登向他们展示了其他的钱币和手工艺品，每一件器物背后都有一个故事，每一件都来自他找到的失事船只。他让查特顿和马特拉触摸每一件器物；他说，触摸非常重要，否则他们就无法真正了解这些东西。最后，马特拉去上卫生间，然而刚走进卫生间，他就震惊得停了下来。

浴缸里堆得高高的都是装满西班牙古银币的塑料袋，所有这些都来自 17 世纪。他从浴缸里提起一个袋子，透过那层薄薄的塑料探查里面的内容。多年以来，他不止一次在拍卖会上看到人们将相似的银币卖到 1000 美元一枚的高价。他初步估算了一下，浴缸中至少有 100 袋这样的银币，每一袋至少有 50 枚。马特拉从不擅长速算，但是这一次他马上就算出了结果。在小小的一个浴缸里面，他竟看到了价值 500 万美元的财宝，而这些财宝都被装在他见过的最廉价的袋子里，甚至都没有用密封塑胶袋封存。

待他回到起居室，马特拉快步走到查特顿身边，在他耳边轻声说："快去撒尿。"

"啊？"

"赶快去。到卫生间里去。"

查特顿耸了耸肩。他们两人是搭档，所以他听从马特拉的建议，走向卫生间。

几分钟后他回到起居室，眼珠子都快瞪出来了。

鲍登邀请两人和他一起坐在餐厅的桌子边，然后开始谈正事。在30多年的寻宝生涯中，他成就了这一切——三艘西班牙大帆船、一艘奴隶贩运船和一艘美国独立战争时期的传奇战船。《国家地理》（*National Geographic*）曾经两次报道他的事迹（马特拉16岁的时候就已经读过第一则关于鲍登的故事，后来还读了一遍又一遍）。他寻回了世界级的财宝和无价的手工艺品。但这一切都不是他所追求的——他追求的东西极其稀有，那是他几十年来一直在寻找的珍宝。

"你们听说过约瑟夫·班尼斯特吗？"他问道。

他们摇了摇头。

鲍登解释道，班尼斯特是17世纪一位备受尊重的英国船长，他负责管理伦敦和牙买加之间的运输货船。有一天，他偷走了自己负责的一艘大船"金羊毛号"——没有人能6 解释其中的原因——自此开始了他的掠夺暴行。在17世纪80年代的海盗黄金时代，他从一个真正的好人变成罪犯。短短几年里，他成了加勒比海域头号通缉犯。无论英国人多么努力地阻止他，他都会用越来越巧妙的方法对抗他们。很快，他就成了国际恐怖分子。英国人甚至发誓，他们会不惜一切代价追捕他，然后将他当众绞死。

英国皇家海军在公海海域追踪了他很久，几乎是全员出动，用尽了所有方法。在那个时候，没有人能够逃过这样一

第一章　史上最伟大的海盗故事

次大追捕，但是班尼斯特做到了，而且他行事越来越张扬胆大，罪行越来越引人注目。最终，两艘海军战舰阻拦了这个海盗船船长的去路，在一座无法逃脱的岛屿上诱捕他和他的船员。大多数海盗船船长哪怕只是看到一艘这样的巡防舰，都会举手缴械投降，更不要说这样两面夹击的局面了！就连最强硬的海盗船船长也会吓得跪下祈祷。

但班尼斯特不会。

他和他的船员用加农炮和步枪与敌人厮杀，用破釜沉舟的决心对抗两艘皇家海军的战舰。这场战役持续了两天。班尼斯特的船"金羊毛号"最终在战斗中沉入海底，但是班尼斯特赢得了这场战斗的胜利。皇家海军的战舰在持续的攻击下伤痕累累，士兵和水手们死伤众多，只得强撑着驶回了牙买加，而班尼斯特也趁机逃走了。对英国人来说，这是一次令人震惊的失败，但是同时，这场战役也让班尼斯特成为传奇人物。然而，时光飞逝，他的名字已经消失在久远的时代里。

"这是有史以来最伟大的海盗故事，"鲍登说道，"但是没有人知道这个故事。我想找到'金羊毛号'，而且我相信你们可以帮助我找到它。"

至于找到一艘海盗船是多么罕见的一件事，鲍登已经无须解释。查特顿和马特拉都知道，"维达号"是迄今唯一被世人找到且明确确定身份的海盗船。它于1717年消失于科德角附近海域，1984年被探险家巴里·克利福德（Barry Clifford）重新发现。这次发现带动了书籍的出版、纪录片的拍摄，更有相关展览在众多主要的博物馆巡回举行，这种盛况持续了 20 多年。很明显，在"维达号"出现之后，这个世界已经越来越需要真正的海盗来满足人们的好奇心了。而现在，鲍登所说的就是寻找一艘由传奇海盗指挥的海盗船，听起来，这位船长甚至比好莱坞电影里那些亡命之徒还要胆大包天。

但这还不是唯一劲爆的消息。鲍登还说自己知道那艘沉船的位置。根据历史记载，"金羊毛号"在利凡塔多岛（Cayo Levantado）附近海域沉没，那是多米尼加共和国北海岸的一座小岛。查特顿和马特拉知道那个地方：那里有一片闪闪发亮的白色沙滩，也是一座五星级度假村的所在地。多年以来，它一直被人们称为巴卡尔第岛（Bacardi Island），被朗姆酒制造商奉为人间天堂，出现在广告宣传中。对于他们的搜寻工作来说，那是一个较易控制的地区。

在班尼斯特的时代，他的故事可谓传奇，但是似乎很少有人搜寻过那艘沉船。有传言称，最晚在 20 世纪 60 年代，已故的多米尼加独裁者拉斐尔·特鲁希略（Rafael Trujillo）曾经派遣潜水员搜寻利凡塔多岛附近海域，但是他派去的人一无所获。鲍登是在 1984 年开始搜寻的，但是在那个岛上，他只找到了一些近现代留下的残骸。最近几个月，他渐渐开始认为，如果没有高新科技设备的帮助——比如侧向扫描声波定位仪和磁力仪——他永远都不可能找到"金羊毛号"。鲍登从未如此追求过科学技术；他一直忠于那些经受时间考验的方法，因为正是这些方法成就了他。但是他不得不承认，像查特顿和马特拉这样的人才是这一行的未来。他知道，他们两人已经花了两年的时间和一大笔钱去掌握那些现代化设备，而且他还见过他们实际操作那些设备，在他们训练如何搜寻他们自己的大帆船的时候。

所以，鲍登向查特顿和马特拉提出了一笔交易。

如果他们帮助他找到"金羊毛号"这艘沉没的海盗船，他会将船上所得的 20% 分给他们。船上可能会有金子、银子和珠宝，也可能有宝剑、步枪、海盗珠子、木质义肢和匕首，甚至还会有骷髅。又或者，船上可能什么都没有。无论如何，鲍登想要的是比珍宝更大的东西。他想要的是班尼斯特——史上最具传奇色彩的海盗船船长。

鲍登并没有让他们当场回答。他知道查特顿和马特拉即将开始他们自己的旅程。他欣赏两人的勇气和胆识——这让他回想起自己曾经也放弃了安逸的美国生活，去寻找他的加勒比海宝藏。但是班尼斯特的"金羊毛号"是此生难得一见的机会。他让他们好好考虑一下，然后尽快告诉他答案。

驶离鲍登的私人车道时，这两个搭档几乎没有说一个字，但是他们都在思考同一件事情。他们两人曾分别潜水探寻过世界上最负盛名也最有吸引力的沉船残骸——"泰坦尼克号"（*Titanic*）、"安德里亚·多利亚号"（*Andrea Doria*）、"卢西塔尼亚号"（*Lusitania*）、一艘神秘的德国 U 型潜水艇、"不列颠号"（*Britannic*）、"亚利桑那号"（*Arizona*）——但是两人都可以想象，没有什么比一艘黄金时代的海盗船更加酷炫和稀罕了！尤其这艘船的船长还是那位从绅士水手变成罪犯，更在战役中大败皇家海军的海盗！每一个水下探索者在内心深处都梦想着发现一艘海盗船。但

8

是，似乎还没有人实现过这个梦想。从来没有。而现在，查特顿和马特拉却得到了这样一个机会，去寻找一艘有史以来最伟大的海盗船，其惊心动魄的程度真可谓前所未有！

但是，他们两人都知道自己永远都无法接受鲍登的提议。

他们已经为寻找珍宝训练了两年，在船只和设备上花费了数十万美元。为了这一事业，他们已经耗尽了一生的积蓄。他们组织了一个团队，在西班牙各档案馆进行调查研究，打听流传下来的一些传说，也请教相关的专家。在那些狂野而美丽的地方，他们差一点就卷入激烈的枪战，也曾挣扎着挺过对手们暗地里的攻击。所有这一切都在引领着他们朝自己的目标前进，那是一个极少人知道的目标——寻找一艘名为"圣巴尔托洛梅号"的西班牙大帆船，它 1556 年在多米尼加南海岸因遭到飓风袭击而沉没，但是船上装满了财宝。他们知道这艘船在哪里。箭在弦上，不得不发，他们已经出发了太久，无法回头了。

如果换一个时代，这两个搭档可能会推迟他们搜寻这艘宝船的计划而遵从鲍登的提议，但是现在，寻宝猎人的时间已经不多。牙买加、墨西哥、古巴、巴哈马群岛、百慕大群岛这些最富于沉船宝藏的国家已经受到了政府和考古学家施加的压力——要求这些国家宣布私人打捞为不合法行为。短短几年之前，联合国教科文组织（the United Nations Educational, Scientific and Cultural Organization，简称 UNESCO）制定并颁布了一项国际公约，宣布失事时间超过 100 年的沉船属于当时失去它们的国家，而不属于发现它们的人。目前已经有一些国家接受了这一条款。虽然迄今为止，多米尼加共和国依然坚定地抵制它，但是签署这一条约也只是时间问题。在2008年，如果一个人有意在那个国家搜寻宝物，那么他应该现在就出发。

对于潜水员来说，时间也在飞快地流逝。查特顿已经57岁了，马特拉46岁。和其他那些深海潜水打捞的参与者相比，他们两人的年龄太大了，这项运动不断地推动人类去挑战身体更大的极限，一个极小的错误都有可能使人瘫痪甚至失去生命。大部分人在40岁的时候就已经退出这项运动，那些持续时间稍长的人不过是在周末偶尔下水消遣一下罢了。但打捞沉船可不是什么打发时间的工作。为了做这件事，查特顿和马特拉必须做好整日待在水里的准备，也许最终他们需要在水中待上几周甚至几个月之久。要搜寻一艘很可能根本不在那里的海盗船，他们的年龄已经是极限了。

而且，他们无论如何都无法保证自己有能力承担一次海盗船搜寻所需要的经费。他们两人自工作起一直是蓝领工人，都不是什么非常富有的人。但是为了搜寻一艘大帆船，两人共同投资的金额已经将近100万美元了。如果他们现在转去寻找这艘海盗船，那么他们完全有可能"赔了夫人又折兵"——耗费了两人剩余的共同资金，找到的沉船却可能根本没有任何财宝。

所以，他们的决定已经非常明确了，他们需要给鲍登打电话，感谢他给予这个搜寻海盗船的机会，然后礼貌地拒绝他的提议。但是，当他们抵达迈阿密机场的时候，两人都没有勇气拿起手机拨打电话。

海盗猎人

———————

从水下建筑工人变成世界上也许是最有名且还在世的水肺潜水员，约翰·查特顿只用了 10 年。他能做到这件事，并不是因为他是一个极好的游泳者，也不是因为他探索了美丽的珊瑚礁，而是因为他深入探索了世界上最危险、最致命的沉船残骸。

这些地方是钢铁制成的迷宫，内里的构造被自然的脾气和时间的残迹扭曲，就像扭扭气球一般。很多沉船都躺在最深处的海底，其深度是人类永远无法抵达的，因为水底的压力会让生命器官衰竭崩溃，而氮气的积聚也会让头脑昏昏沉沉，让血液泛起泡沫。如果一个人持续一个季度进行这项运动，他就能看到潜水员同伴们在水下产生幻觉，在沉船中迷失方向，被电缆和电线缠住不得脱身。如果他待的时间再久一些，他就能看到他们遭受后果严重的神经损伤，瘫痪或是被淹死。而要看到这一切，首先还必须保证他自己不会是第一个倒下的。作为一个深水沉船潜水员，查特顿在他 20 年的职业生涯中曾经看到 9 个同伴死去，包括一对父子，以及他最好的朋友之一。

他不会为了那些寻常的原因拿这些沉船冒风险——为了积累手工艺品，为了炫耀，或是为了在潜水杂志上大出风头。事实上，他捐献了他找到的大部分稀有瓷器和其他的沉船遗物，哪怕那些东西有巨大的价值。他之所以不断地深入这些沉船探索，是因为自从他志愿前往越南战场的前线奋勇而战之后就一直相信，要看清人生中真正重要的是什么，唯一的方法就是去往那些最难以到达的地方。战争之后，他发现自己的那个地方就是水下数百英尺的沉船，它们由钢铁制造，静静地沉没在海底。

在接下来的 10 年中，查特顿搜寻了几十艘最危险的沉船残骸，他常常会深入探索那些人们认为太困难的地方，或是致命的、人类无法到达的地方。他 35 岁时，这项运动的一些退休人士称他为他们见过的最伟大的沉船潜水家。

1997 年，查特顿和他的潜水搭档里奇·科勒（Richie Kohler）在新泽西海岸附近的海域发现了在第二次世界大战中被击沉的一艘德国 U 型潜水艇，通过确定这艘潜水艇的身份，他们揭开了一个国际秘密。在这持续 6 年的奇幻历险中，有 3 个潜水员丧生；查特顿失去了他的婚姻和他的资金，而且有几次差点失去生命。人们常常问他，为什么他愿意不顾一切去搜寻这艘潜水艇——它上面没有任何金银财富，也没有无价之宝，只有一个识别号码——他告诉他们，发现这艘 U 型潜水艇是他人生中一个重要的时刻，是一个人一生一次的机遇，如果他非常幸运，他就能看到真正的自己。因此，他宁愿在搜寻中死去，也不会在困难面前低头，难道只是因为情况太危险，只是因为这一切看似无法完成，他就要在这艘潜水艇面前转身离去吗？

这艘 U 型潜水艇为查特顿和科勒赢得了国际性的赞誉。在 2004 年之前，他们曾出现在一本书和几部纪录片中，也成为历史频道一档非常受欢迎的电视节目的主持人。因为查特顿又高又帅，他的声音还是悦耳有磁性的男中音，也有商家邀请他进行有偿演讲和产品宣传。自雅克·库斯托（Jacques Cousteau）以来，查特顿是第一个从海里浮出水面、进入主流社会的水肺潜水员：他走在大街上都会有人认出他，孩子们请他签名，女人们把自己的照片寄给他。

大部分沉船潜水员，尤其是那些超过 50 岁的，会在这个最荣耀的时刻停止这项运动，结束自己的整个职业生涯。但是查特顿还在继续前行——身体、技术和本性——他潜入海洋的更深处，探索沉船的更远处。更多的潜水员死去，那些情景历历在目，但他不曾畏惧，甚至抵达了更多从未有人到达的地方。

查特顿上一次重大的冒险是在 2005 年，当时他和科勒整合了一支探险队去搜寻"泰坦尼克号"。这次征程为"泰坦尼克号"的沉没原因打开了新的视角，但是最终也没能将查特顿推向极限。沉船的地点已经知晓。这艘船沉没在水底数千英尺的地方，这也意味着他只能待在俄罗斯潜水器中，让潜水器将他送到现场。他并不是第一个发现它的人。

"泰坦尼克号"搜寻结束回到家后，查特顿开始寻找新的沉船项目，他希望找到一个比过去所有活动都要艰辛和罕见的项目。在一年多里，他一无所获。会计和律师都催促他赶紧退休，用他的钱进行投资。他非常沉得住气。然后他又加倍努力地寻找新的项目。当科勒告诉他自己即将退休，回去打理自家的玻璃修理生意时，查特顿无法假装为他高兴。科勒曾经探索过一艘二战时期的德国 U 型潜水艇，一艘整个世界都不知道它在哪里的潜水艇，然而在这之后，他却要去汉堡王的餐厅维修破损的玻璃窗！这难道是一件令人高兴的事情吗？

　　但是，他开始思索科勒的做法有无道理。大型沉船非常罕见，可能一个人搜寻了几十年，也没能找到一艘。当时查特顿已经56岁了，他已经不会再有几十年了。

　　就在那时，他联系上了马特拉。两人在20世纪80年代初期见过一两次，但是他们已经有25年没有联系了。在 12 2006年召开的一次潜水研讨会上，两人又重新认识了彼此；在那个周末快要结束的时候，他们已经将各自的生命和所有的积蓄押在了一个主意上：他们将会在多米尼加海域——世界上仅剩的最后几个可以搜寻宝船的地方——找到一艘西班牙大帆船。他们愿意不惜一切代价，只为找到这艘船。

　　马特拉的人生更是波澜壮阔，在他还不满驾车年龄的时候，他所度过的岁月已经比好莱坞的电影都要精彩纷呈了。他的家乡在纽约的斯塔顿岛，他的父亲是一个屠夫。在十几岁的时候，马特拉就做起了高风险的生意，挣了几十万美元，还拥有几家社交俱乐部和酒馆——虽然法律不允许他这个年纪的孩子进入这样的场所。在23岁时，马特拉卷入了一场历史性的战争——纽约甘比诺犯罪家族中不同派系的斗争。当时他面临着艰难的选择：他可以不管不顾地投入暴力斗争，但他的另一个选择更加疯狂——成为一名警察。马特拉做出了这次重要的抉择，加入了执法机构。到30岁的时候，他已经成为收入极高的私人保镖，保护对象是社交名人和企业界大亨。

　　自始至终，历史和潜水一直救赎着马特拉。当非常年轻

的他在人生的岔路上迷茫不知所措的时候，他在历史书本中
找到了自己的主心骨。他常常去图书馆，能在那里待上一整
天，仔细阅读一本又一本历史书。对马特拉来说，历史不仅
仅是一大堆老故事；历史是对人类本质的洞察，是一个能够
同时透露过去和未来的水晶球。另外，他还学习了水肺潜
水——并不是为了观看热带度假村里的漂亮鱼类，而是为了
更深地进入冰冷的海域，在那里，他可以自由地在沉船残骸
中游来游去，亲身触碰那些已经沉没的历史。

　　"俄勒冈号"（*Oregon*）是马特拉第一次深海探险之旅
的目的地。那是一艘豪华邮轮，1886 年沉没于深海中，其
沉船残骸所处的深度足以令一个颇有经验的潜水员丧命。
当时马特拉只有 14 岁。法律明文规定，禁止潜水游艇搭载
未成年人，所以那天早上，马特拉从父亲的肉铺里取了一
箱啤酒和一个装满三明治的冷藏箱，来到码头上。他用带
来的东西贿赂船长，于是 1 小时之后，他就来到了公海海
域，睡在自己的床铺上，旁边的走道里挤满了人，有自行
车骑手，有潜水组织成员，还有其他久经沙场的硬汉——
他们是东海岸沉船潜水的开拓者。在三天的潜水探险中，
马特拉连续猛击"俄勒冈号"的舷窗，寻找任何可以解释
该船沉没原因的蛛丝马迹。这次旅程让他非常着迷。在那
之后，无论人生将他带去哪个地方——到高科技摄影学校
学习，到第三世界国家为美国政府签订合同，到光鲜亮丽
的国际性场所保护名人客户的安全——他都会回到历史和
潜水这两件事上，在这个充满危险的世界里，这两件事永
远都会对他真诚以待。

13

第一章　史上最伟大的海盗故事

到了 40 岁，马特拉出售了自己的保安公司。这是一个错误：对方提出的价格太诱人了，他们无法拒绝，而且他的合伙人也很想将公司出售；但是在那之后，一切都变了。虽然他银行账上数额巨大，但是每天早上 5 点一睁眼，他都无处可去，这种情况在他的人生中还是头一次发生。从孩童时期起，他就梦想着生活在一个足够温暖的地方，晚上也能在室外读书，四周则围绕着各种各样的沉船。他曾经在多米尼加共和国工作过，他非常喜爱那个地方的人民和历史。而且那里有许多沉船——那里是哥伦布登岸的地方，是通往新世界的大门。几个月之后，他搬去了多米尼加共和国的首都圣多明各，开始了闲散、安逸的生活。

这样的生活只持续了两个月。马特拉是蓝领阶级——他需要工作，所以他在多米尼加共和国的南海岸开了一家名为"海盗湾"（Pirate's Cove）的潜水度假村，开始推出潜水项目。顾客可以支付一定费用，在他的带领下潜水到那一海域有几百年历史的沉船中游览参观。然而，似乎很少有游客对这些历史遗迹感兴趣；客户们更喜欢待在度假村附近的海域观看漂亮的珊瑚，只需要几分钟的路程，他们就能看到那些岩石上的刻痕。马特拉还是继续以微笑示人，让顾客们尽兴而归。到了晚上，他就会在他的书籍中寻找慰藉。

这时，他开始阅读另一种类型的故事——有关教皇和国王、探险家和征服者，以及那些勇敢无畏却消失在大海上的船长。这些都是有关大帆船的故事，那些传奇的西班牙宝船在 16 世纪和 17 世纪从新世界运载大量的财富驶回西班牙。多米尼加共和国——当时被称为伊斯帕尼奥拉岛

（Hispaniola）——正是所有海上交通的交叉路口。

14 　　马特拉整理出了一个计划。无论付出多少代价，他都一定要找到一艘属于他自己的大帆船。如果他搜寻成功的话，金钱上的报酬将会非常可观——足以让他买下他钟爱的纽约大都会棒球队，还能剩下好几箱财宝。更重要的是，一艘大帆船的发现将是历史性事件，只为了这一点他就愿意拿自己的一切去冒险。

　　而就在这时，查特顿出现在海盗湾的一家潜水工作室——那是马特拉一直资助的一家店。两人已经有几十年没有见过面，但是只需一顿海边午餐的时间，马特拉就想起了查特顿身上令他崇拜的地方。查特顿非常热爱沉船，但是他只会关心那些与历史相关且搜寻难度极大的船只。他一旦下定决心去探索一艘沉船，就绝对不会放弃，无论这艘船有多么复杂，无论它在多么深的海底，更甚者，哪怕这次探索会夺去他的生命，他都不会犹豫半分。最重要的是，查特顿对稀有的事物怀抱着信仰：对他来说，"很难找到"就等于美丽，因而他愿意在全世界搜寻其他人都找不到的美丽事物。

　　此时两人在迈阿密机场里排着队，还在为鲍登所说的海盗故事，尤其是那位胡作非为的海盗船船长约瑟夫·班尼斯特感到震惊。想象一下，一个正直的英国绅士，私自盗取了托付他掌管的船只，摇身一变，开始了旋风般的犯罪狂欢，然后和两艘皇家海军战舰相抗衡，最后还取得了胜利。即便在约翰尼·德普的电影里都无法见到这样的情节。

　　到航站楼的时候，他们在礼品商店里转了转，为查特顿

第一章　史上最伟大的海盗故事

的妻子卡拉（Carla）和马特拉的未婚妻卡罗琳娜（Carolina）买了点东西。当抵达登机口的时候，他们知道是时候给鲍登打电话了。他们必须坦率地面对他，向他解释他们为什么无法放下自己的宝船搜寻工作。像鲍登这样老到的寻宝猎人应该比任何人都更能理解他们的苦衷。他们拨通了鲍登的电话，打开了免提，打算一起向鲍登表达他们的遗憾。

鲍登在第一声铃响时就接通了电话。

"特雷西，我们是约翰·查特顿和约翰·马特拉。我们打电话来是想说有关那艘海盗船和那位船长班尼斯特的事情。"

"你们决定了吗？"

"是的，我们决定了。"

显示航班抵达的屏幕上出现了航班号，飞往圣多明各的航班开始登机了。查特顿看向马特拉，马特拉也看向查特顿，两人都在等待对方开口。

"特雷西，"马特拉说道，"我们会找到你那艘海盗船的。"

第二章

班尼斯特的岛屿

16   2008 年 3 月的一天，黎明之前，在多米尼加共和国北海岸一个美丽的热带地区，一个皮肤粗糙的渔夫嘴里叼着烟，身体靠在他的木质小船上，正倾身将渔网撒向山美纳海湾①（Samaná Bay）。在过去的几个世纪里，他的祖先们每天都在这里重复着这件事情。无论在哪个方向，他都只能看到自己和海浪在移动。

但是很快，他的船就开始摇晃，一开始比较轻缓，然后他逐渐产生了一种预感——有大船要来了。他可以看到远处有一艘破浪前进的船，船的航行灯正在不断逼近，他甚至能听到船外引擎的轰鸣声。这样的画面让他非常惊讶，因为在山美纳海湾，他从未见过有人那么匆忙，这真是奇怪的场景。在这里，没什么可急的，这也正是山美纳海湾的美丽之处。

他站起身，用手电筒向他们示意。看到了这边的亮光，那艘飞快行驶的船重重一顿，然后向右边大转弯。只有海军

———————
①　又译为萨马纳海湾。——译者注

的船才会像那样行驶，但是这艘船看上去并不像用来追捕毒品走私犯或者检查船货的。看到这艘船长长的后甲板和较浅的吃水线，渔夫觉得，这艘船像是用来出海寻找东西的。

　　当那艘高达 30 英尺的玻璃钢船飞快地经过时，渔夫的小船差点翻船，但是他仍然看清了船侧用红字刻上的名字——"深海探索者号"（*Deep Explorer*）——还有船首正向他招手的两个人。在黑暗中，查特顿和马特拉驾驶这艘船的方式并不正常，尤其是在他们完全陌生的区域，但因为还有一艘黄金时代的海盗船等着他们去寻找，所以他们都不愿意等到太阳升起再出发。

　　哪怕到现在，两人都觉得不可思议——他们竟然接下了这个任务。他们已经花费了两年来进行准备，也耗费了大部分积蓄，制订了寻找宝船的计划，但最后为了搜寻一艘没人听说过的海盗船而彻底放弃了这项计划，只因为一个老男人的直觉和预感——还是一个用浴缸储存财宝、需要使用可见的路标来找路的老人。

　　但是，当他们看着仪表盘上闪烁的红光和蓝光，看着他们的船越来越接近那艘海盗船沉船的岛屿——3.8 英里，3.7 英里，3.6 英里——他们都确信，自己做出了正确的决定。要在水下找到一艘海盗船，无疑是最难的事情，没有之一，但海盗船也是人们能够找到的最最珍贵的东西。而且，虽然西班牙大帆船几乎已经被人们忘却，但是海盗的召唤似乎从未停止，他们的声音挑动着孩子们和其他人的想象，这些人都相信，只要一个人敢于从码头走上船，这个世界就会变得惊心动魄。

17

海盗猎人

当清晨的红日投下第一缕阳光的时候，查特顿和马特拉喊来两个船员，让他们用双筒望远镜观察远处岛屿的轮廓。第一个走出船舱的是海科·克雷奇默（Heiko Kretschmer），一个38岁的潜水教练，也是经验丰富的水手，作为一个东德人，他在18岁的时候曾经冒着生命危险逃离民主德国，来到西德寻求冒险和更好的生活。无论是发动机、调节阀、变速器，还是水泵——只需一卷布基胶带和一把老虎钳，克雷奇默就能修好所有这些东西，他拥有出色的修理能力和恪尽职守的职业道德，马特拉认为他是自己聘用的最有价值的船员。

跟在克雷奇默后面的是霍华德·埃伦伯格（Howard Ehrenberg），他今年也38岁了，来自长岛。他是一个电脑奇才，过去一直是"感恩而死"（Grateful Dead）乐队的追随者，除此之外，他还是一家迷幻制品商店的老板、一个可靠的技术员。他和查特顿是在一次潜水慈善活动上结识的，交谈之后两人一拍即合。一想到要在一个遥远的地域寻找财宝，他就感到热血沸腾，于是他询问查特顿是否需要一个会潜水的技术人员。

18 　"你有没有操作过侧向扫描声波定位仪、磁力仪或是海底地层剖面仪？"查特顿问道。

"从来没有。"埃伦伯格回答道。

"好吧，对我们来说，你已经很完美了。"查特顿说道，于是埃伦伯格成了船组的一员。

现在他们已经能够看清利凡塔多岛了，班尼斯特的海盗船就是在那里沉没的。查特顿减小油门，然后他们站在船头

第二章　班尼斯特的岛屿

欣赏岛屿上白色的沙滩和随风摆动的棕榈树。自从该岛出现在巴卡尔第酒广告中，多年以来它已经成了一个豪华度假胜地，四处都是波光粼粼的游泳池，还有一座专为游艇建造的码头。

"这个地方看上去比以前《花花公子》杂志上的那些广告还要漂亮。"马特拉说道。

"你还有心思想那些广告？"查特顿问道。

他们的船慢了下来，靠向岛屿，一行人跳到甲板上，开始准备下海搜寻。直到大约 20 世纪 70 年代，寻宝猎人们在工作时还是会戴着通气管，或是利用一个底部是玻璃的水桶进行观察，又或者，如果是著名的寻宝猎人泰迪·塔克（Teddy Tucker），他会坐在窗户清洗工的椅子中，让热气球带着他晃来晃去。而且他们多半是在寻找直直的线条，而不是寻找沉船的残骸；大自然从不会制造任何直线形状的东西，因此当看到直线的边缘和直角的形状时，他们就知道那是人造的东西。

科学技术改变了这一切。21 世纪是一个转折点，到了这个时候，寻宝猎人只需使用两个基础工具就能找到沉船。其中一个是侧向扫描声波定位仪，它利用声波绘出海底的图像，但是对于山美纳海湾这样底部不够平坦、遍布珊瑚的海域来说，侧向扫描声波定位仪并不适用。另一种技术工具是磁力仪，在寻宝猎人的武器库中，磁力仪或许是最重要的一件武器，查特顿和马特拉正打算依靠它来发现班尼斯特的海盗船。

磁力仪有着流线型拖鱼体的设计，可由船只拖曳。当它

经过一个铁质物件的时候，它能够感知该物件对地下磁场造

19 成的影响。最好的磁力仪配备最精密的部件，拥有最灵敏的
感知度，哪怕是水下的一把螺丝刀，它都能够探测到。虽然
磁力仪无法感应像金和银这样的贵重金属，但是殖民时期那
些武装精良的船只配备的船锚、加农炮、炮弹和其他有磁性
的物件它都能立刻感知，在这方面磁力仪可谓个中翘楚。豪
华版的磁力仪，其价值可能超过一辆全新的梅赛德斯奔驰
车。如果没有一个很好的磁力仪，寻宝猎人就会像失去了双
目和方向一般，盲目搜寻。查特顿和马特拉从顶尖的几种磁
力仪中选择了美国 Geometrics 公司的 G-882 铯光泵海洋磁
力仪，它自带一个测高仪，包括软件和升级服务，价格几乎
高达 7 万美元。

　　买下这个磁力仪只是最简单的一部分，磁力仪的牵引是
一门艺术。操作者需要事先在海域中划定网格，然后慢慢地
有技巧地来回拖曳仪器，这一过程被称为"割草"。当磁力
仪感知到下面有含黑色金属的物件时，物件所在位置就会被
船用计算机记录下来，船用计算机随后会制作一张标明位置
的图表。与此同时，船长也必须在航行中一直保持磁力仪在
最适宜的高度，大约是距离海底 10 英尺的地方。这样一来，
调查常常会变成与海洋的一场不间断的华尔兹。最出色的船
长就是那些会跳这支舞的人。

　　查特顿、马特拉和他们的船组人员打算沿着 75 英尺宽
的几条线路开始行动，每一条线路都延伸 1 英里的长度，然
后他们潜水到磁力仪发现的每一个地点，寻找"金羊毛号"
残骸留下的任何铁质物品。如果按照第一次拖曳的位置，没

第二章　班尼斯特的岛屿

有发现任何残骸的痕迹，那他们就会设置邻近上一个位置的新拖曳位置，重新探测这片区域，而且他们将不断扩大搜寻范围，直到找到这艘海盗船。

一般来说，这一类搜查可能要求他们探测整座岛屿周边的海域，这是一片广阔的区域。但是鲍登给他们提供了历史记录上的信息，以便缩小搜寻的范围。他告诉他们，那艘"金羊毛号"：

——沉没在 24 英尺的水底
——甲板上散落着步枪
——在迎战皇家海军的战舰时船有倾斜

对他们来说，最后一条是最重要的线索。木船在热带海域航行的时候会受到一种名为"蛀船虫"的船蛆、藤壶和其他海洋生物的困扰，这些生物附着在船体的底面，会减缓船只航行的速度，侵蚀船体的木材。如果未能及时处理，这些微小的祸害能够毁灭最坚固的船只。为了避免这种损害，船组人员需要经常清洗和维修船体的外壳，方法是将船只搁浅在高潮位的地方，在退潮后将船只倾向他们这边，这个过程被称为船只侧倾修缮。因为"金羊毛号"是在侧倾修缮的过程中沉船的，这就意味着船的位置可能就在靠近海滩的海域中。

最重要的是，这一点线索让他们有信心能很快发现这艘船。通过研究航拍照片，他们可以看到岛屿的北海岸并没有任何海滩，那里遍布岩石，因此船只不可能在那里进行侧倾

20

23

修缮。南海岸虽然有海滩，但这些海滩是在过去 10 年内人工制造的，主要用于旅游观光，因此岛屿的南海岸也被排除在搜寻范围之外。

该岛屿的东海岸有一片大沙滩，但是那片区域多岩石，而且暴露在海风和雨水中，如果一个海盗要躲避官方的追捕，这个地方未免太过冒险、不切实际。

于是他们考虑的范围就只剩下西海岸的沙滩，那是唯一有可能的地方。它处于岛屿的背风面，因此能够免受风雨和海浪的侵袭。而且这个地方似乎完美地躲开了开放的大西洋海域，经过的船只无法看到这片区域。如果一个海盗船船长打算在利凡塔多岛侧倾修缮他的船，那么西海岸就是他每次都会选择的地方。所以现在，那里也是查特顿前去搜寻的地方。

他指挥着"深海探索者号"向西海岸南端行进，并让船在海岸边停靠。等到船只安顿好，克雷奇默就准备好了磁力仪，同时埃伦伯格也启动了软件程序来收集数据。仅在破晓时分，温度就达到了 80 华氏度①，这还是一天内最清凉的时候。

21　　马特拉提醒他们，这艘海盗船沉没于水底 24 英尺处。像这样靠近岛屿的地方，水域的深度多变，底部的形状通常是无规则的起起伏伏，因此他们在与海岸相隔一定距离的地方开始了探测，然后循序渐进靠近海岸。用这样的方法，他们就不会错过任何符合海盗船沉没深度的区域了。

他们已经准备就绪。马特拉拿出了他的尼康 D300 相

---

① 约为 26.7 摄氏度。——译者注

机，设置了延时拍摄的模式，然后和其他人一起拍了一张合照。听到相机的"咔嚓"声后，他从冷库里拿出四瓶无糖汽水，一一递给其他人，然后举瓶祝酒。

"敬班尼斯特船长！"他说。

"敬班尼斯特船长！"其他人附和道。

"这个倒霉的浑蛋。先是被皇家海军追捕，现在轮到我们来追捕他了。"

他们进行了几小时的搜索。中途只停下来狼吞虎咽地吃掉那些受潮的金枪鱼三明治，然后继续搜寻，直到海水变得波涛起伏，而磁力仪也开始在水面上窜来窜去。虽然要在这么早的时候就停止工作有点让人沮丧，但是这个海湾的这些地方只有在下午早些时候才会保持平静，如果海水不够平静，他们仪器的读数可能会有偏差。对查特顿和马特拉两人来说，探测的工作就是科学，他们都无法忍受有任何不精确的地方。因此他们拉上了传动装置，掉转了"深海探索者号"的方向。

20 分钟之后，他们将船停在一个距离岛屿 4 英里的小海峡中。非常幸运的是，马特拉未来的岳父曾经是多米尼加共和国的海军中将和参谋长，他在这个海湾拥有一座小别墅，所以在团队搜寻"金羊毛号"的过程中，他们将暂时住在这里。这座房子就嵌在悬崖上，俯瞰着海水，只有一条狭窄的道路可以抵达，这条路弯弯扭扭，还穿过了一片杧果园。房子里面有一片宽敞的半开放空间。所有的卧室都有私人露台。太阳落山的时候，他们可以看到非常壮观的景象。

不久之后，马特拉未来的姻亲们就会向他要回这座房子。

22　　他们卸下了装备，但是今天的工作还没有结束。埃伦伯格还需要处理他们收集到的所有数据，利用定制软件制作一份地图，标明磁力仪探测到的地点。一两天后，整个团队就会潜水去各个地点搜寻。就算是地图上一个小小的点，他们也不会放过。

　　查特顿和马特拉走到阳台上，给他们的另一半打电话：在这个偏僻遥远的地方，他们的手机根本收不到信号，只有当他们站在对的地方，然后微微向月亮倾身，才能收到一格手机信号，这一格信号可能刚好够他们打一通 5 分钟的电话。

　　查特顿打给了卡拉，她正在他们缅因州海岸边的房子里。卡拉蜷缩在沙发上，旁边坐着的是他们那条黄色的拉布拉多寻回犬"辣椒"，他们正一起看电影。卡拉非常想念约翰。查特顿告诉她，连续三天晚上他们的晚饭都是冻麦片，卡拉听到后不许他再这么做。

　　马特拉则打给了卡罗琳娜，她正在他们圣多明各公寓的书房里看书。卡罗琳娜问他有没有找到"朗·约翰·西尔弗"（Long John Silver）①，马特拉听后哈哈大笑。但是这个问题也刺激了他。哪怕是用尽寻宝猎人在寻找真正海盗船时所有的运气，他和查特顿可能都无法实现目标。或许，他们也是在寻找挪亚方舟。

　　即使是在海盗猖獗的黄金时代，也就是 1650～1720 年，

---

① 《金银岛》中的大反派。——译者注

海盗都是非常罕见的。虽然没有确切的数字，但是根据英国历史学家彼得·厄尔（Peter Earle）所说，在 1700 年前后，"无论何时，他们的船都不太可能超过 20 艘，海盗的数量也不可能多于 2000 人"。相比之下，当时在大西洋和加勒比海区域的合法船只上工作的海员和海军多达 8 万人。在为期70 年的黄金时代，究竟总共有多少艘海盗船在海上航行，我们不得而知，但是无论如何，海盗的数量必定占据少数，很有可能不超过 1000 人。

并不是所有的海盗船都消失或是沉没了。有的船被政府当局捕获，有的船被海盗出售或是交换，后来都有了合法的用途。因此，消失的海盗船只是那些曾经航行过的海盗船中极小的一部分。要找到其中任何一艘都是很难成功的尝试。要确定一艘海盗船的身份更是近乎不可能，其原因就在于罪行本身的阴暗性质。

海盗船要讨生计就必须隐秘行事。为了存活下来，海盗船必须隐姓埋名，在人们的视线中隐形。海盗船船长们不会公布船员名单或是撰写航行计划，也不会用油漆在船体涂上海盗船的名字。只要有可能，他们就会秘密地航行。这些措施帮助他们躲避追捕，但是这也意味着，当海盗船沉没之后，它们不仅仅是沉到了海底，更是从人间蒸发了。因为它们不属于任何国家，所以没有一个政府会去搜寻它们。就算有人目击了海盗船的沉没，他们也无法精确地描述当时的位置——因为在那个时候经纬度的定位方法并不可靠。如果在沉船事故中有哪个海盗幸存，他们也不会向政府当局报告海盗船的丢失。

23

从这里开始，大自然就接手了这些海盗船。也许只需几年的时间，泥沙就会彻底埋葬一艘沉船的残骸。

但是，这并不意味着一艘沉没的海盗船就永远无法重见天日了。在过去的岁月里，我们几乎可以确定，探险家、渔民，甚至是浮潜爱好者都曾偶然发现过黄金时代海盗船散落在各处的碎片。然而极少有人知道这些碎片是特别的，几乎没有人能够鉴别他们发现的东西。海盗船上的许多东西——碗碟、绳索、工具、压舱物、硬币、武器，甚至是加农炮——商船也会携带，这就意味着即使发现者有胆量认为自己发现的是一艘海盗船，要证明这个想法也几乎是不可能的。

除了一个人。

美国人巴里·克利福德还是个孩子的时候，就已经听过海盗船船长"黑山姆"贝拉米（"Black Sam" Bellamy）的故事，他知道贝拉米船长的海盗船于 1717 年消失在科德角附近的海域。待他成年，克利福德出门探险，在他童年时候的居所附近找到了贝拉米的海盗船——"维达号"。1984 年的这次发现引起了全球范围的反响，船上发现了精美的手工艺品和成堆的银器，船员们在暴风雨中突然死亡的事情也成了人们津津乐道的故事。但是真正点燃人们想象力的是克利福德从沉船中拖出来的一座钟，上面刻有"维达号战船1716 年"的字样。这一发现确定了"维达号"的身份，这艘失事的装甲舰也成为史上第一艘被发现的沉没的海盗船。克利福德简直是世界上最幸运的人。

不过，这并没有使能人异士们放弃他们的尝试。

克利福德发现海盗船之后的几年里，有研究队伍声称发现了两位历史上最著名的海盗使用的海盗船。然而这两支研究队伍最终似乎都无法证明沉船的身份。

第一次发现是在 1996 年的波弗特海峡（Beaufort Inlet），也就是北卡罗来纳州海岸附近。在那里，一家沉船探险公司发现了一艘沉船，其残骸看似海盗黑胡子的旗舰，即于 1718 年搁浅和沉没的"安妮女皇复仇号"（*Queen Anne's Revenge*）。

北卡罗来纳州的州长几乎立刻公开宣布，这艘声名狼藉的海盗船已经被找到。但与此同时，一些专家也很快对沉船的身份提出了质疑。在他们的反对声音中，大抵有这些论点：从船上找到的手工艺品可能来源于当时任何一艘商业船只；那艘与黑胡子的海盗船共同沉没的船只——"冒险号"（*Adventure*）——却毫无踪迹；而且打捞上来的加农炮之中，有一门加农炮似乎标有 1730 年或是 1737 年的字样，说明这艘船是在"安妮女皇复仇号"沉没至少 12 年之后才失事的。关于这艘船身份的争论渐趋白热化，来来回回的专业研究也根本没能解决这个问题。2005 年，专家们在《国际航海考古学杂志》（*The International Journal of Nautical Archaeology*）上写道："没有任何直接证据或间接证据能够证明这艘沉船确实为'安妮女皇复仇号'，这是无可争议的事实。"他们还提到了钱的问题，他们指出该项目迄今为止已经收到将近 100 万美元的资助，而且项目组打算再募集将近 400 万美元的资金。"可以推测，"作者写道，"已经到手的投资，加上未来经济获益的可能性，也许正是这些促使他们继续强调该沉船的身份，这也正是为什么他们一直拒绝承认沉船的身份可能有误。"

但这一切都没能打消北卡罗来纳州官员和企业家的念　25

头，他们还是继续开办展览会、巡回展览、再现历史情景——甚至搞了黑胡子海盗主题的迷你高尔夫球运动；而且游客们也都喜闻乐见、蜂拥而至。

第二艘可能是海盗船的沉船是 2007 年在多米尼加共和国被发现的。当时，印第安纳大学的一支探险队来到了他们认为是"奎达商人号"（*Quedagh Merchant*）沉船的地方，这艘船是臭名昭著的威廉·基德船长的海盗船，于 1699 年沉没。诸如美国国家公共电台、美国有线电视新闻网和伦敦的《泰晤士报》这样的媒体纷纷大肆报道这个故事，描绘探险家们是如何找到这艘船，如何研究基德船长可能是无辜之人的理论，以及如何叙述基德船长被英国人绞杀的（英国人第一次试图绞杀基德船长的时候绳子断了；在第二次尝试成功之后，他的尸体就被悬挂在泰晤士河上，足足挂了三年之久，以警示那些向往海盗生活的人）。

后来，这支探险队与多米尼加共和国制订了计划，决定将沉船的位置改造成一座国家水下公园，但即使如此，印第安纳大学的探险队似乎还是不太愿意说出能够证明沉船身份的确切证据。探险队的队长查尔斯·贝克尔（Charles Beeker）说道："作为一个考古学家，我无法确切地说这就是基德船长的海盗船，但是作为一个赌徒，我会把赌注押在这艘船上。"

四年之后，印第安纳大学官方以更加强硬的语气谈论该沉船的身份，虽然他们手里依然没有确凿的证据。尽管如此，这次发现带来了超过 200 万美元的资助，多米尼加共和国也趁势推动了当地的旅游业发展，还在印第安纳波利斯的儿童博物馆安排了一次永久性展览，名为"《国家地理》全球宝藏"。

第二章 班尼斯特的岛屿

多年来，还有其他一些人声称找到了海盗船，所有这些发现都是基于间接证据，没有任何发现有直接证据佐证。

但是资金、展览、环境证供和迷你高尔夫球运动都不能阻止查特顿和马特拉前进的脚步。两人都不愿意在惶惶一生中，只能想着自己可能找到了一艘海盗船。他们都无法想象，每晚入睡时还要怀疑自己是否真正实现了梦想。

然而这就是寻找海盗船的障碍。无论此人是谁，也不管他付出怎样的努力，他几乎肯定找不到任何能够证明海盗船身份的证据。即使查特顿和马特拉确实发现了"金羊毛号"，即使历史学家在书籍中记录下他们的事迹，即使博物馆给他们办了个人特展，只要没有确凿的证据，怀疑就会永远存在。而这样的结局是他们任何一个人都无法忍受的。

等查特顿和马特拉挂掉与爱人的电话之后，埃伦伯格高高地举着他的手提电脑，走到别墅的阳台上。电脑屏幕上显示的是一个类似罗夏墨迹测验的图案，上面标注着磁力仪当天采集到的据点。他们看了看屏幕上的内容，又难以置信地再看了一遍。只见图上有一些据点集中在一个区域，而这个区域正好是一艘大型木帆船的大小。一直以来，查特顿和马特拉都非常明白，寻找沉船的事情不会进展得那么顺利，他们也做好了充分的心理准备——毕竟没有人第一天就能找到他们想要找的东西。但是现在，他们直勾勾地盯着那块美丽的斑点区域，实在克制不住内心的激动。他们认为自己已经做到了，他们已经找到"金羊毛号"了。现在他们只需等到第二天早上，就能出门找到它了！

第三章
这一切都说不通

27   日出的时候，他们往"深海探索者号"上装好设备，准备向海岛出发。虽然一行人嘴上没说什么，但他们心里都隐隐盼望自己能在第一时间打捞到"金羊毛号"的吊钩或是加农炮。哪怕是一把珠子——黄金时代的海盗们总是用这些五颜六色、鲜艳亮丽的小玩意儿装饰他们的服装、头发和胡须，这也成为海盗令人恐惧的标志之———都能让他们非常激动。

    当这艘海盗船沉没的时候，谁也没想过能找回它。海军士兵和海盗的骸骨都已经封存在他们曾经战斗的地方，那面画着骷髅头和交叉腿骨的旗帜褶皱着躺在破碎的船桅下。幸运的话，他们可以看见沉船的一部分毫无遮挡地沉没在水底——可能是船锚的锚爪、加农炮的炮口，也可能是船体破碎后散落的木材。他们更有可能看见那些让磁力仪产生感应的物件，也许是小的碎片，甚至是这些东西的阴影。他们所需要的不过是一件人工制品，因为它可以引领他们找到其他所有东西。

    并不是所有人都会立即下水潜行。其中两个人会留在船

的甲板上，保证船体不随处漂移，也防止盗贼上船偷走电子
设备和枪支。在这样野外的环境中，枪支是必需的：出家门
和离开海岸的时候，必须带着它们。

抵达目的地后，查特顿和埃伦伯格做好准备后便下水
了。在图表上的第一个地点，他们带着手持金属探测仪潜到
了 20 英尺的深度。在水底的沙地里，查特顿看见了一个银
质的物体。他径直游向这个物体，发现它是一个类似盒子的　28
东西——像是个财宝箱——于是他加快了游过去的速度，直
到他触到了这个容器，才发现里面并没有装着西班牙古银币
或是绿宝石，而是装了条鹦嘴鱼。他浮到水面上朝他们的船
大吼一声。

"渔栅！"

马特拉在图纸上标注了这一地点，但是等他回头的时候
查特顿不见了，他已经前去下一个地点探察了。查特顿和埃
伦伯格潜到水底，发现海底的一片珊瑚群中冒出了一块直直
的铁片。对于沉船搜寻者来说，直线就是他们梦寐以求的东
西。查特顿逐渐靠近这块铁片，然后从身上取出了一块板，
写道：

　　　　锚

埃伦伯格瞬间两眼发光。查特顿又仔细地观察了一遍，
然后缓缓擦掉了板上的字迹，重新写下了一个单词：

　　　　工作锚

海盗猎人

工作锚是船只常规作业时抛入海中的锚，它很有可能被珊瑚群卡住，或是丢失在海底。查特顿和马特拉在学习如何使用他们的装置时，曾经在多米尼加共和国找到过很多这样的工作锚，虽然能找到这些部件也非常有趣，但是它们基本上与沉船无关。查特顿和马特拉想要找到的船锚应该是平躺在海底的那种，因为这就意味着它是和船体一起沉没的。

埃伦伯格到第三个地点去探察。他也找到了一个工作锚。待查特顿和埃伦伯格回到"深海探索者号"的甲板上，他们发动引擎，把船开到下一组标记点附近，然后由马特拉和克雷奇默负责潜水探察。

结果他们的探察同样一无所获：只找到了一些电话线和一把铁锤。但是，在驶回别墅的路上，整个团队还是难掩兴奋，因为磁力仪的作用得到了证实，而且他们明天还有更多的地点要探察。虽然没有人说出口，但是每个人都相信，找到"金羊毛号"只是时间问题，这艘海盗船迟早会是他们的。

那天晚上，他们难掩激动的心情，根本不想待在住处，于是整个团队来到了法比奥的店（Fabio's），这是一家比萨店，店主的一头秀发活似意大利的男模特（但只有头发这一点像），于是他们就给店主起了"法比奥"这个昵称。他们点了几份肉馅饼和多米尼加共和国特有的"总统之光"牌啤酒，然后轮流列举，如果他们找到了"金羊毛号"，也找到了船上的珍宝，他们该如何使用。以下是每个人发誓一定要努力得到的东西：

马特拉

第三章　这一切都说不通

——在宾夕法尼亚州买一座 500 英亩的大农场

——买一架比奇空中国王 B200 飞机（这一型号的飞机能从迈阿密直接飞到多米尼加共和国）

——买下纽约大都会棒球队下属的小联盟球队宾汉顿大都会球队（一艘海盗船，就算船上有很多珍宝，也不足以购买一支大联盟球队的特许经营权）

查特顿

——在劳德代尔堡（Fort Lauderdale）的经销点买下那辆展示在橱窗里的蓝色玛莎拉蒂（用他的迷你库珀和一袋子金币以旧换新）

——用三个月游览马丘比丘（Machu Picchu）和加拉帕戈斯群岛（Galápagos Islands）

——雇用一个司机（必须戴传统的司机帽）

——买一个纯金的潜水头盔

埃伦伯格

——筹划一场私人音乐会，请"感恩而死"乐队（这是 20 世纪 80 年代末的一个乐队，埃伦伯格已经追随他们三年）剩余的成员演出

——买一辆阿斯顿·马丁 DB5，詹姆斯·邦德的传 30 奇座驾，装备着弹射座椅、机关枪、防弹玻璃和轮胎刺

——买下世界上最好的爵士鼓和一个远离邻居的房子，这样当他玩鼓的时候，就不会受到任何人对噪声的投诉了

海盗猎人

克雷奇默
——带着他的妻子、女儿和继子从多米尼加共和国搬去美利坚合众国

法比奥快关门的时候，他们付清了账单，走入雾气蒙蒙的夜色。能够待在别墅里让他们觉得非常幸运，因为别墅有着好用的水管设施以及面向海湾的宽阔视野。然而他们毫不怀疑，马特拉未来的岳父在不久之后就会要求他们归还这个房子，因为它非常适合家族短期旅行和周末娱乐，不过这也是促使他们赶紧找到海盗船的理由之一。

第二天早上，他们一行人又出现在岛上，搜寻下一组地点。这一次，他们找到了一个工具箱、一根收音机天线和三个渔栅。马特拉在图表上记录下这些结果，然后把其他人喊到了驾驶室。

"我知道这一切都非常让人沮丧，但是我们必须继续前行并勘察这些地点，这都是搜寻活动的一部分。所以我们明天早上再回来。"

查特顿发动引擎，将"深海探索者号"的方向掉转180度，把一行人带到了距离利凡塔多岛海滩50码以内的地方。他们看着日光浴者在大太阳底下舒展身体，享受阳光。

"每个女的都穿着比基尼，"查特顿说道，"可怜的班尼斯特从来没有看到过这样的美景。"

第三天，团队又开始了新的调查。查特顿沿东西方向驾驶"深海探索者号"，在锯齿状礁石附近缩短拖绳的长度，在水域变浅的时候加速前进。此后他们仍旧重复这种做法，

第三章　这一切都说不通

就这样一天接一天，直到他们编成了一套新的目标探测点。其中一些点看上去很明显是无用的——只是一些小碎片，散落在太浅或是太深的区域。但是查特顿坚持要探察每一个点。一旦他们跳过一些东西，就很有可能错过一把能引领他们找到船只装备的步枪，从而错过一门可以引领他们找到"金羊毛号"的加农炮。

他们再一次潜入水里的时候，找到了一把现代的斧头、一个油漆罐和一些排水管。

接下来的一周他们也是这么度过的：更多的探测、因为下雨而泡汤的日子，以及几十个探测点，但是他们仍然没有发现班尼斯特的船。尽管如此，整个团队还是保持着较高的士气，他们知道沉船的残骸无法躲过他们的眼睛。无论如何，要是在最开始探索的那几天就能找到一艘黄金时代的海盗船，听上去也是件荒唐事。只有在电影里才会发生这样的事情。

在之后的三周里，团队向西边扩展探测范围，但是并没有什么重要的发现。一天下午，查特顿加大"深海探索者号"的引擎，朝着东边的大西洋公海海域驶去。在山美纳海湾的入口处，他把引擎拉到空档，停止了所有的探察工作。他和马特拉站在船舷上，回头望着那座岛屿。他们就这样一直凝望着，直到太阳落山。

那天晚上，他们去法比奥的店里吃饭，两人向船员们说明了现在的情况和他们的疑惑。

"这座岛有问题。"马特拉说道。

在班尼斯特的时代，船只只可能在岛屿西面的沙滩进行侧倾修缮，但是那个海滩暴露在大西洋面前，很容易被公海上的往来船只发现：当天他们已经亲身证明了这一点。班尼斯特是一个非常能干的人，他能够成功躲避皇家海军的追捕。按照这样推断，他怎么可能让自己暴露在那么显眼且易受攻击的地方，怎么可能让他的"金羊毛号"搁浅在往来船只的视线中？

　　而且这还不是利凡塔多岛唯一的问题。岛屿四周的海域布满了浅滩暗礁，这些礁石足以毁坏一艘大型航船的船体。班尼斯特能够打败英国的战船，就足以说明他的聪明与智慧，试问这样一个厉害的角色，又怎会冒着如此大的风险让自己的船进入那样的雷区呢？

32　　　还有一个关于海域深度的问题。根据鲍登所说，"金羊毛号"沉没在 24 英尺的海底。尽管海底的深度会随着时间而改变，但是要找到 24 英尺深的海底，他们必须将"深海探索者号"开到距离海岸 0.5 英里的地方——对于一艘正在岸上进行侧倾修缮的船来说这一距离未免太远。

　　此时，服务员将比萨端上桌，每个人都狼吞虎咽地吃了起来。

　　"也许出问题的是我们，"马特拉说道，"关于 17 世纪的航海战略，我们能知道些什么？我只是个保镖。查特顿是个商业潜水员。海科，你是个机械师，而霍华德，我没有冒犯的意思，但你只是个技术宅。"

　　"也许是的，"查特顿说道，"但是'金羊毛号'就在那里。如果我们可以找到什么渔栅和锤子，我们就肯定能在某座小岛上找到一艘海盗船。"

第三章　这一切都说不通

第二天早上，马特拉又站在了"深海探索者号"的船舷上。在 1 英里开外的地方，他看到了一艘 20 英尺长的集装箱货船，那艘船虽然在浪花上漂着，却没有移动。马特拉想了想，这可能是一艘观光船或是一艘得到特许的渔船，但肯定不是当地船只，因为这艘船看上去太贵了。当天下午，那艘船仍然停在那里。马特拉喊来查特顿，让他用双筒望远镜观察一下那艘船究竟是什么情况。

"已经几小时了，那艘船都没有动过，"马特拉说道，"把船开过去，慢慢地靠近他们。我想看看他们在干什么。"

查特顿转动船舵，朝那艘船开过去。但是那艘船马上开走了，只留下后面一层层的白沫。

"你觉得，他们是不是在监视我们？"马特拉问道。

"我不知道，"查特顿说道，"但是从现在开始我要监视他们。"

在接下来的两周里，船员们收集了磁力仪感应较强的地点数据，但是当他们到探测点潜水探察的时候仍然一无所获。每一次失败都加深了他们的挫败感，尤其是查特顿，夜晚他辗转反侧，百思不得其解，他和其他成员究竟在哪个地方出了差错，为什么他们还是没有得到任何结果？"换个思路想想，"他告诉自己，"用约翰·查特顿的思考方式想想。"但是他仍然没有得到答案。

一天晚上，他们正在研究岛屿的航空摄影图。此时，别墅又停电了——基本上每天都会如此。

"该死！"查特顿大叫，把一堆照片猛地摔在地上。这一晚，他又什么都不能盖，窗户大开，仅靠一顶蚊帐抵挡蜂

33

拥而来的蚊子。几分钟后，他已经汗流浃背，嘴里满是些咒骂的脏话。海盗们听了这些话都会脸红。

对整个团队来说，此次前往山美纳的行动并不容易。抛弃财宝，去寻找海盗，这样突然的决定对于四人来说相当于要将他们的人生连根拔起——而他们的人生早就已经失去了根基。他们原本计划在圣多明各附近搜寻财宝，那座现代化的城市有着接近 300 万的人口，生活便利，还有令人眼花缭乱的夜生活。与此相对，山美纳是通往过去的一扇大门。要去往那里，他们必须从圣多明各向北出发，经过 6 小时危险的车程才能到达，沿途都是南瓜大小的坑洼，城镇里到处都飞跑着家禽，而且在如此炎热的环境中，冰块对于他们来说几乎是奢侈品。

仅仅是抵达这个地方，就需要他们拥有探险家的意志。为了到达这里，他们把所有的行李都装在一辆卡车上，然后选择了一条临时道路前行，在这条路上，他们经过了那些废弃的村庄，遇到了凶猛的野狗，也穿越了非常泥泞的悬崖峭壁——在那样的地方，一次小小的轮胎打滑都有可能让他们掉入万丈深渊。他们连续不停地开了几英里，都没有发现任何有生命的东西。在去往山美纳的半路上，马特拉开车碾过了一头冲到卡车正前方的野猪。1 小时后，一群拿着大砍刀的人凶悍地占了道，拒绝为卡车让路，马特拉不得不取出了自己的手枪。（随后他直接绕过了这群人，都没有回头看他们一眼就绝尘而去。）在山美纳的郊区，他们还遇到了一头徘徊在公路上的公牛，它甚至低头亮出犄角挑衅他们。如果不是山美纳海湾跳跃的海豚、年迈的渔民和如水晶般透明的

第三章　这一切都说不通

海水，让他们觉得这简直是自己见过的最美丽的地方，仅仅是这里的蚊子就足以让他们为之"疯狂"。

马特拉敲了敲查特顿的房门，邀请他和自己一起到那辆敞篷卡车里睡觉。

"那辆三菱汽车哪有那么大空间？"查特顿说道，"车的座椅不能往下调。两个成年男人怎么睡得下？"

马特拉耸耸肩膀，然后走开了。那辆卡车停在私人车道上，他上了车，把他的格洛克手枪放在自己的右大腿下——在这个国家的这个地区，一辆机动车就足以成为歹徒的目标。马特拉开启了车里的空调，没几分钟就陷入沉睡。他睡 34得很香，直到一个奇怪的人开始猛力击打后座车窗。马特拉伸手摸到了自己的手枪，然而同时他也发现那个人就是查特顿，他正站在私人车道上，身上除了内裤和一顶蚊帐什么都没有。

"我的天，约翰，你是想吃枪子儿吗？"马特拉说道，把车窗摇下来。

"吃枪子儿？那我就能脱离苦海咯！我能睡在这里吗？"

"当然。但是我们必须抱在一起。"

"别逗我，马特拉，我一笑又要流汗了。"

查特顿爬进了卡车，两人并排坐着，凝望着星空。

"我们找的地方不对，"查特顿说道，"我在这里待了这么长时间，以我的经验，我要告诉你——这一切都说不通。"

第二天早上，山美纳海湾大雨倾盆。于是，在一个月的辛苦探察之后，他们终于有了一天的假期。此时，查特顿无论如何都需要在这里开一个银行账户了，而马特拉也要进城办事。

查特顿像往常一样洗了个冷水澡，然后给卡拉打电话。他的手机没有电了，于是打开手提电脑给卡拉发了封邮件，但没发出去。

随后，两人来到了当地的银行。他们在里面排队排了将近 1 小时，结果客户经理向他们解释，查特顿必须提供更多的文件才能开一个银行账户，但是不管怎样，他都需要等上几个星期才能搞定那些文书。马特拉甚至都能看到查特顿脖子上的青筋已经暴起了。

"约翰，你得适应这些，"马特拉说道，"这里不是美国，我们等同在野外生存。这可是第三世界啊！"

查特顿向那位经理表示感谢，然后和马特拉走出了银行。

"开一个该死的银行账户要三个星期？"查特顿问道，"我给他们钱，竟然还要这么折腾吗？"

第二天早上，两人又回到了海水中。现在，他们只剩下
35　西海岸的边缘需要探察。查特顿在北面边缘处停下了"深海探索者号"，然后设置网格，在太阳升起的时候他们又开始了"割草"行动。现在，他们已经对磁力仪显示的物体光点和数据峰值非常敏感了，只需扫一眼数据面板，他们就能判断磁力仪感应的是渔栅还是船锚。但是他们仍然会潜水探察每一个点，因为他们担心第一次跳过的那个点原本会成为引领他们找到那艘海盗船的关键。

第三章　这一切都说不通

　　而就在那时，他们的磁力仪出现了一个格外强烈的信号。从他们开始搜寻到 4 月末的此时，已经过去了将近两个月，这样的数值还是头一次出现。这一次，马特拉隐隐有种感觉。他和克雷奇默下水探察。在水下不远的地方，他们看见一个形状明显的物品，露出沙子 4 英尺。马特拉在他的题板上写道：

　　　　小心！

　　那是一个抓升钩，一个类似船锚的装置，有着尖锐的机械爪。从外表上看起来，这可不是什么好东西，甚至还有点吓人，通常打捞人员——或者是那些懂得投机取巧的海盗——就用它来打捞沉船上的物件。

　　马特拉缓缓地靠近那个钩子，然后从泥土里把它拔了出来。杆子上伸出的四个机械爪虽然已经失去了光泽，但仍然像剃刀一样锋利。看到海底蔓生着碎石颜色的珊瑚，马特拉的心跳不自觉地加快；根据他自己的估计，这个钩子最起码已经有 300 年的历史了。他瞥了一眼随身携带的深度计，上面显示：24 英尺。

　　他示意克雷奇默把其他人也喊下来，很快四人都聚集在水中，围绕着那个抓升钩。他们一个接一个地检查了它手工锻造的黑铁和年代久远的设计。但最令他们兴奋的还是这个钩子的所属年代。这样的抓升钩属于某个特定的时代，那就是班尼斯特的时代。

　　他们愿意不惜一切代价将这只钩子打捞起来，但是没有人敢让它暴露在空气中，因为他们担心这只抓升钩会立即氧化，然后直接碎裂在他们的手中。他们只能克制住内心的冲动，用相机拍下了钩子的照片，然后又将它重新埋藏在海底。回到海面之后，他们在笔记本上清晰地做了记录，但是谁也无法抑制住内心的激动之情。就在他们脚下的深海中，在那个正确的深度，有一个切实的物件能够证明 17 世纪末有一艘船在这个岛屿旁沉没。没有人大声说出这个想法，但是每个人都在想一件事：他们已经找到了"金羊毛号"的一部分。

那天晚上，一行人在外面待到很晚，不断向班尼斯特船长和他的海盗船员们祝酒致辞。回到别墅后，几人洗漱完毕躺到床上，而马特拉却在别墅的小书房里找到了一本关于船锚的书。虽然别墅已经停电了，但是马特拉就着手电筒的光翻阅了这本书。书里有一页展示了一只和他今天早上找到的钩子几乎一模一样的抓升钩。马特拉一手拿着手电筒，一手拿着书，走到查特顿的房门前敲了敲门。查特顿没有回应，马特拉就径自开门走了进去。查特顿被他吓了一跳。

"我的天，马特拉，你怎么跟雅各布·马利（Jacob Marley）① 似的！"

"看看这本书。"

查特顿把脸凑近了书页，看见上面有一张抓升钩的照片，那个抓升钩跟他们当天找到的简直一模一样。书的作者

---

① 查尔斯·狄更斯 1843 年发表的小说《圣诞颂歌》中出现的鬼魂。——译者注

认为它属于 17 世纪末期。

查特顿拿拳头捶了一下马特拉。

"兄弟，你知道吗?"他说，"我觉得我们真的找到了那艘沉没的海盗船。"

第二天早上，他们一行人很早就向利凡塔多岛出发了，这一次，他们围绕那个抓升钩设置了新的网格，线路更窄——他们必须搜索到目标。如果这个抓升钩属于"金羊毛号"，那么附近一定还有其他零散的碎片。

他们花了几天进行搜索。但是这一回，他们甚至连个渔栅都没有找到。使用抓升钩的船只，一定是年代久远、踪迹难寻的。查特顿脱下他的潜水装备，坐在船尾，像是自言自语地说道："在那么宽阔的大西洋里我都找到过沉船，哪怕是好几百平方英里的水域，我都找到过。为什么现在在一片甚至没有中央公园大的区域里面，我竟然找不到一艘海盗船?"

查特顿没有心情开船，克雷奇默只好接手船舵，制定了　37
回航的路线。当海水变得波涛起伏时，克雷奇默轻轻松了油门，但是海水依然拍打着船体，甚至扑到了船里面。查特顿顿时暴走，冲进了舵手室。

"你到底在干什么，海科?水都打到船里面来了!我们有价值 1 万美元的电子设备在里面你知道吗!你怎么回事!"

马特拉举起了他的双手。

"咳，约翰。这是大自然在搞鬼;不是谁的错。他驾驶得非常好。"

"不，他驾驶得不好。我们的电子设备一旦接触到咸水意味着什么你知道吗？意味着我们都完了！海科，如果你不能驾驶，就别握着那个该死的船舵。"

马特拉示意克雷奇默离开舵手室，然后在他身后关上了门。

"约翰，你必须冷静下来。你再这样下去很可能在这里患上动脉瘤，等你把口水流到身上的时候我还要给你喂燕麦粥，天哪，我才不想做那事呢！"

查特顿告诉马特拉，他只是希望事情都能正确、顺利地进行——任何的不完美都有可能让他们找不到那艘踪影全无、几乎不可能找到的海盗船。在过去，他一直执着于完美——他坚持所有的事情都应该完成得漂亮，而不仅仅是做得对就行了——也正是因为这种精益求精，他才能够抵达常人无法到达的地方。

查特顿花了几分钟平静下来，然后深深吸了口气，走出了舵手室。他发现克雷奇默正在船尾，吸着一根万宝路。

"海科，对不起，刚才吼了你。"他说。

"没事，约翰。不用担心那个。"

"不，真的，我真的很抱歉。"

"这事都过去了。"

"谢谢你。我觉得我刚才会吼你，是因为我生了疹子。"

克雷奇默很困惑地看着他。

"不好意思，你说什么？"他说。

查特顿慢慢地转过身去，然后把短裤拉下去一点，露出自己的臀部。这时他脸上露出一个大大的微笑。

"海科，我是不是长疹子了？"

克雷奇默被他的举动惊呆了，随后他又觉得异常惊恐。其他人毫无顾忌地笑了。这就是标准的查特顿式幽默——他会突然把紧张的氛围转变为闹剧。

"海科！"查特顿叫道，屁股还露在外头，"抱一个！"

查特顿一边叫着，一边靠近克雷奇默，但克雷奇默拼命跑开。查特顿开始追着克雷奇默跑，他下身几乎都露在外面，看上去格外性感。

"快跑，海科！"其他人大声加油。

"我有枪！"克雷奇默出声警告查特顿，但他现在也是大笑着，而查特顿可不会就这样停下来。克雷奇默逃脱的唯一办法就是跳进水里，于是他一头扎入水中。

查特顿在船上大声喊道。

"海科！来抱一个！"

自从团队开始在岛上工作以来，已经过去了两个月。查特顿和马特拉都认为现在是时候让鲍登了解最新的情况了，尽管两人都不乐意这么做。要跟鲍登汇报情况其实很容易，因为他正驾着自己的潜水船在这片区域工作。

第二天晚上，他们在托尼餐厅见到了鲍登。这家餐厅非常精致，就在山美纳的主街上，服务员端上来的苏打水中都放有冰块。鲍登看起来就像是个等待拆开生日礼物的孩子，他的期待也让两人更难开口说出那个令人失望的答案。但他们还是告诉了他。他们还告诉鲍登，如果"金羊毛号"确实是在利凡塔多岛西海岸附近区域——无论哪里——沉没的，那么他们老早就能找到它了。

鲍登问起岛屿的其他地方。查特顿向他解释他们团队的想法——在17世纪，这个岛屿的其他地方都不适合船只侧倾修缮，而且无论如何，没有一个海盗船船长，至少没有一个出色的海盗船船长，会让自己待在非常暴露的危险环境中。

鲍登点了一杯红酒。他看上去有点烦躁，尽管他还是保持着绅士风度。

39　　　"你确定你们几个人没有错过任何东西吗？如果再次尝试，结果会不会有所不同？"

马特拉可以看到查特顿的脸都变红了。他连忙插话：

"当然，特雷西。别担心，我们会成功的。"

接下来的晚餐时间就是在讲故事中度过的，鲍登说了一些很早以前他在东海岸做沉船潜水时的英勇故事。在笑声和故事声中，他们添了一杯又一杯酒。鲍登不断地告诉他们，在搜寻沉船的时候，耐心是非常重要的。而在这些时候，查特顿唯一能做的就是止住自己的话头。

那天晚上，在开车回家的路上，查特顿和马特拉谈起自己对鲍登的喜爱和崇拜。他是个迷人的暖男，而他的那些故事总是充满珍珠般的智慧，关于海上打捞、人的本性和人生，他有很多的体会。但是，让他们像他建议的那样在岛屿上重新进行一番探察是没有意义的。马特拉说，他觉得他们没必要这么做。一直以来，他都在思考，偶尔这种想法也会出现在他的脑海中——对于约瑟夫·班尼斯特，他和查特顿根本一无所知。他们这样搜寻下去是不会有任何结果的，所以，他们或许应该转变思路，先搜寻这个人，而不是这艘船。也许，这位海盗船船长的故事会对他们有所帮助。

查特顿非常赞同马特拉的想法。他询问马特拉他们需要如何开始搜寻班尼斯特船长的故事。

"我们需要时间来阅读一些书籍。"马特拉说道。

说话间两人已经开到了别墅"之"字形车道的入口。

"我已经等不及要到书里去寻找我们的海盗船船长了。"查特顿说道。

"我也是，"马特拉回答道，"你知道为什么吗，约翰？一直以来，我都有很好的直觉。而这一次，我对这个人有很强烈的第六感。"

第四章
一位备受尊重的英国绅士

在山美纳度过了与世隔绝的两个月之后，马特拉来到了圣多明各——多米尼加共和国的首都。而此刻对于他来说，这个城市就像是曼哈顿、伦敦和香港合为一体了，他需要一点时间来适应现代化的景象和声音。

他的第一站是家，他接上卡罗琳娜，与她共进早餐。在这世界上，他可能再也找不到像卡罗琳娜这样支持他的未婚妻了。她从来不会催促他赶紧结束海盗船的搜寻活动，不仅如此，她还一直用实际行动支持他们——她常常亲自下厨，为别墅送去烤鸡和通心粉沙拉，而且她向马特拉许诺，如有需要她会帮助他们进行研究调查。今天，他就是为了她当初的承诺而来的。卡罗琳娜已经在巴黎索邦大学①获得了经济学硕士学位，她能说一口流利的英语、西班牙语和法语，而且精通意大利语和中文。她是个优雅美丽、婀娜多姿的女人，留着长长的黑发，深色眼眸大而有神。而她最好的一点

---

① 即巴黎第四大学，1976 年从巴黎大学中拆分出来，因位于巴黎而被称作"巴黎索邦"。2018 年与巴黎第六大学合并成为索邦大学。——译者注

就是，她也喜欢沉船。

早餐之后，这对情侣来到皇家博物馆（Museo de las Casas Reales），这是多米尼加共和国最好的博物馆和档案室之一，位于圣多明各古老的殖民区。马特拉和卡罗琳娜在那里搜索了上千份资料，希望能够找到有关海盗船船长约瑟夫·班尼斯特的参考信息。但是除了少数无足轻重、一带而过的文字以外，他们找不到其他任何有用的东西了，找来找去，还是那些马特拉已经知道的事情。如果他还想知道更多，那么他就必须扩大搜索范围。

几天之后，马特拉搭乘飞机只身前往纽约。一下飞机，他并不急着到酒店办理入住，反而乘坐出租车径直来到他最喜欢的一个地方：纽约公共图书馆主要分馆之一、位于第四十二街的图书馆。自孩童时代起，他就非常喜欢这个图书馆标志性的学院派风格。同时，图书馆收藏了大量的、近乎无穷的文献、手稿，甚至还有旧的棒球卡，这一点也深深地吸引了他。和很多人一样，马特拉认为这是世界上最棒的图书馆。

他从与航海相关的区域开始找寻，这是他高中时期就养成的习惯。他已经很多年没有来过这个地方了，但这里的味道还是没变——那些古老的书籍已经发霉，散发出一种独特的香味，木质书架散发出油的味道，而新洗净的地板则散发出漂白剂的味道。哪怕是在 20 世纪 70 年代，当很多人都觉得纽约城无人管理、肮脏不堪的时候，这个地方始终保持一尘不染，从来不会受到时间的影响，只是安安静静地储藏着历史的痕迹。

马特拉踮着脚，将书库里的书一叠又一叠地取出来。整整两天，他都在图书馆里跑来跑去，就连最远的区域也不肯放过，无论哪本书有提到班尼斯特的只言片语，他都会一字不落地抄录下来。

第三天早上，他又是第一个站在斯特兰德（Strand）书店门口排队的人，这是一家位于第十二街和百老汇的著名书店。斯特兰德书店于 1927 年开业，号称店里有各类书籍，新的、旧的和罕见的书籍名称排起来竟有 18 英里长，而马特拉已经做好准备，要一一浏览这些书籍。马特拉与斯特兰德书店的缘分可以追溯到他 12 岁那年，当时他在斯特兰德买下了罗伯特·马克斯（Robert Marx）的《西半球的沉船》（*Shipwrecks of the Western Hemisphere*），据他估计，截至此时，他累计待在斯特兰德的时间已经相当于一个月了。在接下来的几小时中，马特拉搜寻了书店里每一个与海盗、航海历史、伊斯帕尼奥拉岛、加勒比海、沉船和皇家海军相关的部分。尽管最后他只找到一两卷提及班尼斯特的书籍，但这也为他正在构建的那个故事增加了不少信息。

那天晚上，马特拉约了一个儿时伙伴在斯塔顿岛一家餐厅共进晚餐。他们聊起往昔的时光，回忆他们自小就知道的那些海盗。他们就这么聊到了天亮，当两人都不得不回去工作的时候，他们才起身拥抱告别。

那一天，马特拉拜访了那些贩卖珍贵地图的交易商，然后租了一辆车，开始向西南方出发，一路上，他顺便走访了许多图书馆和二手书店。几天之后，他来到了曾经的殖民地——弗吉尼亚州威廉斯堡的档案室，在那里他找到了英国官员描述自己如何追捕海盗的一些信件。然后他又前往伦敦，走访了各种各样的档案室，发现了一些属于 17 世纪的重要文件和来往信件。虽然这些资料并没有对班尼斯特进行详细的描述，甚至都没有提供更多的内容，但是将这些资料整合起来，马特拉发现自己一路上收集的信息讲述了一个非凡的故事。

在事业的开端，约瑟夫·班尼斯特扮演的角色恰恰属于海盗的对立面：一位备受尊重的英国商船船长。他负责运输一些贵重货物，例如动物皮草、洋苏木、靛蓝染料和食糖，有时也会搭载一些富裕的乘客在伦敦和牙买加之间来回航行，这条贸易航路非常有利可图。在 1680 年之前，他每年大概有两次横渡大西洋的航程，他掌舵的那艘船就叫"金羊毛号"，那是一艘非常昂贵且全副武装的船，为几位有可能是在伦敦做生意的富商所有。这些船主必然对班尼斯特非常信任——每一船的货物都价值非凡，而"金羊毛号"更是价值连城。

他们的信任看起来确实是有理有据的。普通人在成为一位商船船长之前需要花多年时间证明自己的能力和忠诚。他或许是从船上底层的侍从做起，凭着自己的能力赢得其他人的信赖，一步步往上爬，逐渐成为值班驾驶员，甚至成为大副。如果他确实优秀，那么完全有可能成功当上船长。到那时候，他可能已经 30 多岁，而且已经多次向船主证明了自己的忠诚。

只有那些最优秀的船长才被委以横渡大西洋的重任。这

43 样的一次旅程短则三个星期，长则三个月，时间长短取决于天气的情况和船只登陆的精确程度。要掌管船上六七十人的船员团队，像班尼斯特这样的船长必须是一个能与一流海员比肩的领导者。而且，像"金羊毛号"这样的船常常会陷入危险，海底的暗礁、狂暴的飓风都有可能粉碎最结实的船只，而那些潜行在海面上等待掠夺的海盗也会伺机掠夺这样富有的船只，如果遇到这种情况，"金羊毛号"或许只能听之任之。那么，为了避免被大自然毁灭，班尼斯特这样的船长肯定会依靠积累多年的经验，在气象和地图图表的辅助下做出决定。而为了避免海盗的侵扰，最好的方法就是学着从海盗的角度思考问题，以便永远保持比他人领先一步。

考虑到班尼斯特的职业，他很有可能来自伦敦周边地区或是英国的另一个港口城市，也许是布里斯托尔，也许是利物浦。他掌舵的这艘船体积非常庞大，其长度几乎达到100英尺，船上装载了多达28门加农炮，粗略估计，其大小和火力应该与一艘小型的皇家海军战舰相同。选择攻击这样一艘船的海盗只会让自己陷入危机。

这艘船的名字"金羊毛号"来源于一个经典的希腊故事，17世纪末期的很多人应该都能理解这个名字的含义。在这个故事中，伊阿宋和他的一帮英雄，也就是阿尔戈英雄们（the Argonauts），乘坐"阿尔戈号"搜寻一只披有纯金羊毛的神羊。在17世纪，受过教育的人都非常熟悉这个故事。在牙买加和西印度群岛的其他地方，这样的名字也很常见，在那里，奴隶们也常常获得类似卡西乌斯（Cassius）、赫拉克勒斯（Hercules）或是布鲁图斯（Brutus）这样的经典名字。

在 1680 年之前，班尼斯特一直在跑伦敦到牙买加的航线，作为一位杰出的船长，他的收入也非常可观，甚至有可能分享这艘船的盈利。如果他能顺利、健康地活着，并且继续航行，避开自然灾害或是海盗的魔爪，他完全可以工作到五六十岁，然后退休，在英格兰海边的一座小房子里养老，每天看着窗外的海洋度过余生。

1680 年 3 月的某一天，班尼斯特在牙买加的皇家港口（Port Royal）抛锚停泊。他在安全登陆的过程中似乎并没有什么异样。"金羊毛号"的船员们就在那里开始进行擦洗工作，正在这时，船突然失去控制翻了过来，船桅插进了水里。班尼斯特站在船帆的顶上，成功躲过一劫，但是其他 8 个人在这次意外中淹死。一艘小型皇家海军战舰"猎人号"（Hunter）的船员们开船来到现场，帮助班尼斯特扶正及修复"金羊毛号"。

很快，这艘船得到修复，在接下来的 4 年中，班尼斯特继续以伦敦与牙买加为起止点进行航行。向西的航程在皇家港口终止，那里是加勒比海贸易和船舶运输的中心，通常，船长们需要等上几个星期或是几个月才能等到要运回英格兰的足够多的食糖或是其他货物。然而，很少有人抱怨在皇家港口拖延耽搁。17 世纪末期的皇家港口可能是全世界最有活力、最热闹的地方了。而这里，也正是班尼斯特人生转折的地方。

1655 年，英格兰入侵牙买加，并从西班牙手里夺走了

44

这个地方。这次胜利将英国人植入了加勒比海的核心区域，这样的地理位置有利于他们破坏西班牙的海运、攻击西班牙的殖民地。

但是仅仅过了一年，曾经攻陷岛屿的很多战舰就被迫退休或是返回英格兰。负责管理牙买加的总督是位英国长官，他孤立无援，只能思考其他能够保卫岛屿的方法。并且事不宜迟，他必须马上行动。

所以，他将目光投向了东北方向300英里的龟岛（Tortuga），那是一座居住着英国、法国和荷兰几国谋杀犯的蛮荒之岛，他们全靠攻击西班牙的船只为生。人们称这些掠夺者为巴肯尼亚海盗（buccaneers，意为熏肉者），取自法国的单词"boucan"（熏肉），因为那个地区的掠夺者用木质烤架做烟熏肉。这位英国长官向这些海盗提议：利用你们荷枪实弹的船只保护英国人在牙买加的利益，作为交换，你们可以将皇家港口作为你们掠夺行动的基地。

来自龟岛和其他地方的硬汉们都排着队接受他的提议。有的人从英国皇室那里得到了官方的佣金，从此作为私掠船船长而出名。其他人则独立工作，只听命于自己，不受他人掣肘，他们被称为海盗。无论头衔是什么，这些人都非常投入地开始了他们的工作，不断骚扰和抢劫西班牙的船只，对西班牙殖民地发起进攻，从而保卫着英国人在牙买加的安全。很多人因此致富。他们中最厉害的那些人，包括传奇海盗亨利·摩根，其富裕程度简直超乎想象。

所有人似乎都将他们的好财运传播到了皇家港口，所以接下来，城里的很多人也就富裕了起来。商人、政府官员和市民通过倒卖大量劫掠而得的物品而发财。这个城镇逐渐扩张，在那些靠近港口的曲折的街道上，人们可以买到任何东西：合法的商品或是骇人听闻的物件，只要有人想要，就有人提供。似乎每周都有新的海盗和私掠船船员带着战利品归来。他们每个人都需要一个地方来花费自己的钱财，而皇家港口也完全能够在这方面满足他们的要求。

妓院、酒馆和赌场迅速萌芽，无处不在。有一个前来游览的英国人曾这样描述皇家港口："事实上，这个港口本身非常散漫，而且由于那些私掠船船员和放荡野蛮的花花公子……这地方现在竟比索多玛①更加狂暴和粗鲁，充满了各式各样的堕落……有这样一群肮脏的淫妇和普通妓女，这个地方已经完全被污染，几乎没有可能开化。"

皇家港口的一些妓女甚至蜚声海外。玛丽·卡尔顿（Mary Carleton）可能是其中最出名的，人们说她"就像理发师的椅子一样谁都能'坐'：一个才刚刚出来，另一个又进去了"。在一个居民不到 3000 人的城镇上，单单一个妓院就雇用了 23 个妓女，妓院老板是一个叫约翰·斯塔尔（John Starr）的人。

但是这一切对于海盗来说仍未足够。他们过着如此危险的生活，常常在海上漂泊几个月，所以一旦有机会，他们总是恣意放纵地花费钱财。一位研究皇家港口海盗的同时代历史学家曾经说过："酒和女人耗尽了他们的财富，往往是在顷刻之间，他们中的有些人就沦为乞丐。据说，他们一个晚

---

① Sodom，源自《圣经》，指罪恶之地。——译者注

上就能花掉两三千枚西班牙古银币，为了看娼妓的裸体，有人甚至愿意给出 500 枚的高价。他们常常买一大桶酒（105加仑），然后把酒桶放在大街上，每个经过的人都可以喝。"

甚至连皇家港口的鸟儿都会喝酒。据说，荷兰探险家扬·范·里贝克（Jan van Riebeeck）曾经形容过这样一个场景，岛上的鹦鹉都"聚集在一起，兴高采烈地喝大木桶里的麦芽酒，就像常去酒馆的醉鬼一样"。

47

酒精充斥着每一个地方。岛上有种特制的朗姆酒叫作"魔鬼终结者"，因为含有火药成分而为人所知，人们一般都用巨大的酒杯来喝它。"那些西班牙人，"牙买加总督写道，"一开始弄不明白我们的人怎么能那么恶心，直到他们了解我们喝的酒有多么烈，但是在那之后他们又更加怀疑，为什么这些人喝了这样的酒还没死光。"

何止是没死，整个城镇和居民们都因为掠夺抢劫而更加强大，一直保持着繁荣兴旺。不久之后，皇家港口的每四座建筑中必有一家妓院或是酒馆。一名牧师摊了摊手，无奈地写道："这个城市是新世界的索多玛，而且大部分居民都是海盗、杀人犯、妓女和整个世界上最邪恶的一些人，就算我一辈子待在这里传教，也毫无用处。"

然而，除了这一切邪恶和堕落，皇家港口似乎包容和宽恕了所有人。随着皇家港口成为新世界最富有的城镇，贵格会信徒、天主教徒、无神论者、犹太人——只要他们乐意，他们每个人都有信仰和礼拜的自由，而且他们能在皇家港口和平共处，比邻而居。海盗和强盗仍源源不断地来到这里，他们受到城中民众的欢迎。城里居住的人们都非常清楚自己的财富来源，他们就是要在这群亡命之徒中维持自己柴米油盐的普通生活。

多年以来，皇家港口可算是海盗或私掠者为数不多的好去处，几乎没有其他能与皇家港口相比的城市。但是在17世纪70年代初期，牙买加和其他地区的贸易逐渐发展，反对势力也逐渐形成，他们开始打压这些海上的盗贼。牙买加渐渐成为食糖的主要生产国，任何蓄意造成破坏或是妨碍贸易的行为逐渐被强势的商人和政府官员视为威胁。英格兰和西班牙之间签订了和平条约，以保护小岛少受侵害。另外，官方还颁布了抵制海盗的法律，那些没有放弃这类交易的人将被起诉和绞死。

海盗们可不会轻易离开，但是伦敦向皇家港口派去了战舰和海员，海盗们的日子更艰难了。截至1680年——在那一年班尼斯特差一点在皇家港口海湾失去了他的"金羊毛号"——很多海盗和私掠者已经被驱离出岛。那些继续干这行的人其实冒着巨大的风险。 48

尽管如此，机会仍然诱人。跨洋贸易逐渐增长，穿越大西洋和加勒比海的船只也以前所未有的速度增加，很多船只都装载着巨额货物，还有一些运载着珍宝。一个具有相当勇气的人，如果能够弄到一艘强大的船舰，且有能力激励一班船员，完全可以继续在公海上靠劫持这些船舶来发财。但问题是，在17世纪80年代这样稍纵即逝的机遇中，是否还存在这样一个人呢？

截至1684年，班尼斯特在伦敦—牙买加这条航线上至少已经航行了四年，在此期间，他运送了无数批货物，也建立起了良好的声誉。然而，在那一年的 6 月，牙买加的枢密院议长收到了岛上总督托马斯·林奇（Thomas Lynch）发来的一封信，那封信真是令人不安："有一位名为班尼斯特的船长驾驶一艘名为'金羊毛号'的船出逃，船上配有三四十支枪，他中途还带走了单桅帆船上和（皇家港口）背风面的100 多人，而且已经获得了法国的委任和私掠许可。"

事实上，班尼斯特并没有收到任何委任，但几乎可以肯定的是他偷走了"金羊毛号"，而且他这么做的唯一目的就是变成一个海盗。他简直是胆大妄为！一个横跨大西洋航行的船长做出这种行为可以说是闻所未闻，尤其是像班尼斯特这样备受尊重和信任的船长，哪怕是在皇家港口这样什么都有可能发生的地方，也极少有人见过这种事情——绅士船长"下海"（指成为海盗）了。

林奇并没有闲坐着等待班尼斯特良心发现、浪子回头。相反，他下令让"红宝石号"（Ruby）——牙买加舰队中吨位最大、武力最强的战舰即刻追捕"金羊毛号"。"红宝石号"简直是一个怪物，它的排水量达到 540 吨，搭载着 48门加农炮和 150 名船员，大到武力装备，小到木材原料，都是海盗的克星。

班尼斯特并不打算让林奇的强力执法舰轻易得手。在偷走了"金羊毛号"之后，他得到了一些额外的船员，抢劫了一艘西班牙船舶，并前往开曼群岛（Cayman Islands）抓了一些海龟、收集了些木料。但是"红宝石号"在那里突袭了班尼斯特，船长大卫·米切尔（David Mitchell）和手

49

第四章　一位备受尊重的英国绅士

下船员们抓捕了班尼斯特，给他为期 6 周的海盗生涯画上了句号。

林奇感到非常开心。

"昨天晚上，"他写道，"'红宝石号'把班尼斯特带了回来。他们在开曼群岛抓到了他；他的船上有 115 人，大部分都是西印度群岛上最无耻的歹徒。我已经下令将这艘船和船上的人移交至海事法庭，并且要求法官马上对他们提起诉讼，不然我们不知道该如何拘禁这么多人并确保他们不会逃跑。我们断定他们将以海盗罪被判刑。"

他们对班尼斯特的指控是无懈可击的。他不仅偷走了"金羊毛号"，还攻击了一艘西班牙船并挟持了两个西班牙人。被挟持的两人提供了证词，单单是这些证词就能确保班尼斯特被定罪。事到如今，班尼斯特唯一的希望就是总督的宽大处理，但显然林奇不会如他所愿。班尼斯特选择在林奇的眼皮底下变成海盗，这就是个错误。

"我希望将他作为反面教材，如果证明了他的罪行，就能警示那些船长及其副手、军官，以及其他所有犯下其他罪行的人，"林奇写道，"我希望通过这样杀一儆百的方式震慑一下其他活跃在西印度群岛的盗贼。"

林奇这么说意味要将班尼斯特绞首示众。而他的船员们如果幸运的话，可能会受鞭刑、监禁，或是带上镣铐、行动受限；如果不幸运的话，可能要跟随班尼斯特的脚步踏上绞刑架。

这群海盗被押回皇家港口，被拘在"红宝石号"上等待审判。有人觉得这时候班尼斯特可能会利用仅剩的时间写几封告别信，或是憧憬一下来生该怎么过；相反，他一直保持着警觉，等待看守人失察的空隙，成功把话带给了海岸上的同伙，告诉他们去贿赂那两个对他不利的西班牙证人。这是一个非常鲁莽的计划，考虑到那两个西班牙人已经被皇家海军解救，即使班尼斯特的同伙能成功联络上两人，他们的目的也很有可能无法达成。

50　　　在审判过程中，法官对海盗们提出了严厉的指控。但是当法官传召两名西班牙人出庭做证的时候，他们"反反复复地"发誓是他们把自己的船和货物卖给了班尼斯特，而且班尼斯特雇用他们作为"金羊毛号"船上的船员。

　　如果说那份证词震惊了公诉人，总督至少仍然可以仰仗陪审团做出决定，因为他们肯定会看穿班尼斯特的诡计。但这里是皇家港口，在这里，每个老百姓都记得是谁让他们的城镇富裕起来，又是谁给这个地方灌输了精神和灵魂，所以他们依然把海盗当作自己的邻居和朋友。陪审团最后裁定：班尼斯特无罪。班尼斯特就这样逃过了绞刑。

　　生病的林奇听说裁决的结果之后，陷入了"神志不清"的状态。根据当时的记录，一个星期之后他就去世了。不管怎样，林奇的继任者应该会放班尼斯特一马，然而，新上任的亨德·莫尔斯沃思（Hender Molesworth）试图说服陪审团推翻之前的裁决，但是陪审员们并没有改变他们的立场。更糟糕的是，班尼斯特威胁说要起诉"红宝石号"的船长，"好像（班尼斯特）是这个世界上最诚实的人一样"。这已经超出了莫尔斯沃思的承受范围。莫尔斯沃思只能打了个法律的擦边球——如果说没有违反法律的话——他重新逮捕和指控了班尼斯特。保释金定为 300 英镑，在当时，一个海员一年的收入可能只有 20 英镑，300 英镑可是一笔巨款。

但班尼斯特还是以某种方法筹集了足够的钱，至少他暂时是自由之身了。然而，政府不允许他离开皇家港口，当然，无论如何他目前的财务情况也不允许他离开这里。为了确保他没有任何想要逃跑的意思，政府官员减少了"金羊毛号"的航行次数。到 1685 年 1 月，距离第一次指控已经过去了 5 个月，班尼斯特还是被困在皇家港口，等待着再次审判。

他仍然在等待。在 1 月底一个漆黑的夜晚，他穿过皇家港口那些狭窄的街道出发了。当他蹑手蹑脚地经过酒馆、妓院和一个个熟睡的家庭时，已有 50 人在"金羊毛号"的甲板上忙碌着，他们虽然行动迅猛，但是没有发出任何声音。没过多久，班尼斯特就走到了泰晤士街，那是城镇北边码头沿岸的道路。班尼斯特飞快地冲向被紧绑在码头上的"金羊毛号"，偷偷登上了他往日的座舰。他们扬起船帆，剪断绳索，这艘船很快就迎着微风向海湾驶去。

东边的海域被陆地所包围，要从海湾出去，他们只有南边一条路可走，于是班尼斯特操纵着船舵向南边进发。为了驶入宽阔的加勒比海海域，他只能希望城里没有人注意到"金羊毛号"失踪了，更希望没有人看到有船在深夜移动而拉响警报。但即使正如他希望的那样，他还需要经过配有 26 门加农炮的詹姆斯堡（Fort James），这已经是不可能的事情了，然而在那之后，他还需要转向南方，经过配有 38 门加农炮和几百人驻扎的查尔斯堡（Fort Charles）。在沿途的任何地方，他都面临着被皇家海军战舰发现的危险，那些船就停泊在西边1英里的地方，如果皇家海军战舰没有发现他，他也有可能被附近那些在乔古拉塔穴（Chocolata Hole）工作的人发现。如果说在17世纪的皇家港口执行一个近乎自杀的计划，那无疑就是约瑟夫·班尼斯特正在进行的这个。

一般来说，夜晚皇家港口都近乎无风，但是这天晚上，班尼斯特迎着一阵轻风出发，开始沿着城边的码头向西行进，他的速度也许已经达到了每小时5海里或6英里。没过多久，他就抵达了詹姆斯堡。或许是因为正值深夜，又或许是因为那里的驻防部队从未料想会发生如此匪夷所思的事情，没有人朝"金羊毛号"开火，他们甚至都没有注意到它。截至此时，班尼斯特和他的船员们还是安全的。

他们现在绕着皇家港口的西海岸行进，随后班尼斯特掉转船头，向南边的查尔斯堡驶去。查尔斯堡距离他们大约半英里。此时看来，班尼斯特可能只需要15分钟就可以冲向自由了，但是他至少还有15分钟要度过——这是他人生中至关重要的时刻，成功与否将决定着他和船员们的生死。

很快，他就看到了查尔斯堡上的火炮，这里是牙买加守卫最为森严的地方。班尼斯特的船距离海岸只有几百码，他命令船员们准备好他们的"塞子"，当查尔斯堡的加农炮开火的时候，他们的船势必会被打成蜂窝，所谓"塞子"就是些块状的垫子或木头，届时可以用来堵住船身的破洞。

52　　过了片刻，班尼斯特抵达查尔斯堡的北端，他一面全速前进，一面等待着加农炮的攻击，但是在航行过程中除了风的呼呼声和海浪拍打船身的声音，他什么都没有听到。粗略估计，他现在距离获得自由只有 10 分钟了，但这可能是他人生中最最危险的 10 分钟。

经过第一门加农炮的时候，他准备接受毁灭性的攻击。查尔斯堡的任何枪炮在半英里的距离内都可能是致命的。如果 38 门加农炮一起瞄准一个仅在几百码开外的敌人，那么对方就只有死路一条了。

班尼斯特继续航行，经过了越来越多的火炮，等待着攻击。但是他距离加勒比海公海也越来越近了。现在"金羊毛号"已经到了查尔斯堡的正面，班尼斯特或许开始期待自己可以完全不被发现地溜走，但是当他经过第 14 门加农炮的时候，查尔斯堡有人发现了他并通知了贝克福德少校（Major Beckford）——查尔斯堡的指挥官。过了一会儿，贝克福德拉响了警报，命令手下炮手采取行动。

查尔斯堡的枪炮从未如此猛烈地发射过，炮击声响彻天际，一连串的震荡让整座皇家港口摇摇晃晃，城市中的居民们肯定都以为有外来势力入侵了皇家港口。听到声响，当地的民兵被值勤员叫起来，带上步枪就飞速冲向查尔斯堡。既然现在皇家港口已经处于警戒状态，班尼斯特唯一的希望就是夜色可以隐藏自己的踪迹。

但他不可能如此幸运。

炮弹猛烈地撞击着"金羊毛号"，一下、两下、三下……不过班尼斯特的船员们迅速用他们的"塞子"堵住了裂开的洞口，以保证船可以继续航行。与此同时，尽管加农炮还在继续轰鸣，但查尔斯堡的弹药渐渐不够了，于是几分钟之后，"金羊毛号"就抵达了公海海域，又过了几分钟，它就消失在茫茫大雾中。此时，海军战舰终于奋起采取行动，但是他们几乎全都被停泊在港口内，根本没法立即动身，于是"金羊毛号"载着它的船长很快离开了人们的视线。

53 班尼斯特的逃脱让莫尔斯沃思总督措手不及。尽管他不愿承认，但他还是勉强对这位船长有着一点尊重。在给英国殖民官员写去的信中，他是这样形容这个逃犯的："（对我来说）这是一次令人咋舌的奇袭，因为我完全以为班尼斯特对名誉的渴望会阻止他再次将这艘船驶向大海……但是现在，他从一些邪恶的人那里赢得了声誉，而且还全面装备好了他的'金羊毛号'。这一切的一切竟完成得如此巧妙，又如此狡猾，甚至都没有人对此产生怀疑，否则我早就会找个借口将他留在我们的眼皮底下。"

　　虽然班尼斯特的出逃给莫尔斯沃思留下了深刻的印象，但后者还是立刻发起追捕行动。他派遣爱德华·斯坦利船长（Captain Edward Stanley）驾驶一艘配有 4 门加农炮的单桅帆船"博尼塔号"（Boneta）追捕"金羊毛号"。"博尼塔号"是一艘空载船，船员大约 10 人，很有可能是牙买加舰队中最小的一艘船。但是在几个月前，班尼斯特几乎没有抵抗就向海军投降了，所以莫尔斯沃思觉得这一次当然也一样。

　　因为尺寸较小，"博尼塔号"行动非常迅速，没过多久就追上了"金羊毛号"。然而，斯坦利船长经过慎重考虑，决定先不要惹毛那艘更加强大的船及它那近 30 门加农炮。他给班尼斯特送了封信，提醒后者除非他愿意驾驶"金羊毛号"回到皇家港口，否则这样出逃的行径会让他再次面临海盗罪的指控。班尼斯特不承认自己已经变成海盗，他告诉斯坦利船长他只是要去往洪都拉斯（Honduras）的海湾做洋苏木生意。斯坦利船长孤立无援，已无计可施，只能两手空空地驶回皇家港口。

班尼斯特几乎没有浪费一点点时间，他很快就壮大了自己的海盗团队，雇用了一些渴望冒险并寻求致富捷径的硬汉。这些勇敢的人都明白，班尼斯特再度出名了，皇家海军正在追来的路上，而且还有很多无情的追杀者一心想把他们一网打尽。

现在看来，莫尔斯沃思一定已经意识到了班尼斯特的决心，这一次绝对不能轻饶他了。莫尔斯沃思派遣战舰根据班尼斯特每一次抢劫的报告前去追踪，但是当护卫舰抵达的时候已经太晚了，班尼斯特早已扬长而去。这样的情况持续了几个月，而班尼斯特横跨加勒比海和大西洋，已经获得了许多战利品。

然而在 4 月，莫尔斯沃思终于交了回好运。"红宝石号"跟踪班尼斯特来到瓦什岛（Île-à-Vache），这是一个位于伊斯帕尼奥拉岛（现在是海地）西南角的小岛。那里是臭名昭著的海盗巢穴，曾被亨利·摩根用作作战基地。但是当米切尔船长包围小岛的时候，他发现的可不是一艘海盗船，而是五艘海盗船，每一艘的规模都与"红宝石号"相当。"金羊毛号"就是其中一艘，而班尼斯特身边还有四位

54

法国的私掠船船长陪同，包括那位声名狼藉的米歇尔·德·格拉蒙（Michel de Grammont）。

要和这些海盗船中的任意一艘对抗，"红宝石号"都是有优势的。但是如果五艘船联手，"红宝石号"能不能存活下来还是个问题。因此米切尔要求格拉蒙——他很有可能是把船停到一边大喊——以接受外国委任的罪名逮捕班尼斯特，并将班尼斯特移交给他。格拉蒙和其他的法国海盗拒绝将班尼斯特交给"红宝石号"，米切尔并不感到意外。对于一位像米切尔这样颇有涵养和声望的海军上校来说，那些人对英国权威的侮辱和蔑视一定会令他非常痛苦和怨恨，但他觉得"不过于坚持"是非常谨慎和明智的。

三个月后，在1685年7月，格拉蒙在墨西哥港口城市坎佩切（Campeche）协助发动了一次历史性的海盗袭击，700名海盗组成登陆部队，将整个城市洗劫一空，城里的居民全被俘虏。他们带着抢夺而来的战利品凯旋，用一把火烧毁了整个城市。那些入侵的海盗有可能甚至极有可能包括班尼斯特和他的船员们，因为在这次抢劫前的几个月中，班尼斯特一直和格拉蒙在一起。不过没有人能够确定此事。

那年年末，有人发现"金羊毛号"在牙买加西海岸附近独自航行。这一次，莫尔斯沃思派遣两艘战舰追捕班尼斯特，但是他们都没有找到他。每过一个月，班尼斯特的战利品就增加一些，他利用高超的策略制造飘忽的行踪，灵巧地躲过追捕，莫尔斯沃思、皇家海军和英国政府都束手无策。转眼就到了1686年1月，莫尔斯沃思似乎已经彻底失望。

第四章　一位备受尊重的英国绅士

"米切尔船长将会收到……有关逮捕班尼斯特的命令，"他写信告诉伦敦的一名官员，"这一次航行碰到班尼斯特的可能性应该就和其他几次一样。"意思就是，他根本不可能找到班尼斯特。

但莫尔斯沃思还是继续为这一天筹划。无论可能性有多么微小，他都要抓捕班尼斯特。这一次，他不会让班尼斯特再有机会贿赂目击证人，或是被成功保释，他会成功将班尼斯特带上法庭，让他"猝不及防"，这一次的法庭也不会是皇家港口的法庭，而是另一个城市的法庭，它的陪审团"会对人们因商船抢劫而受到的伤害更为感同身受，而不是像皇家港口的大多数人一样认可海盗的存在"。

到了5月，莫尔斯沃思可能已经完全放弃了抓捕班尼斯特的希望，但是就在那个月，两艘来自都柏林的船抵达皇家港口，带来了船长们的一份报告——那些船长都曾被班尼斯特抢劫。这一消息本来不应该让莫尔斯沃思感到惊奇，但最后一点点信息让他在颓唐中惊坐起来。那些人说，班尼斯特正要前往山美纳海湾进行侧倾修缮——这一过程可能需要几个星期，而且在那时，他的船也只能固定在原地，不能移动。莫尔斯沃思给两艘海军强力战舰——"福尔肯号"（*Falcon*）和"德雷克号"（*Drake*）——下达了命令。它们的任务是：找到并摧毁班尼斯特。

收到莫尔斯沃思的命令后，这两艘护卫舰迅速驶往山美 纳海湾。"福尔肯号"战舰由查尔斯·塔尔伯特船长（Captain Charles Talbot）指挥，这艘战舰最多可搭载42门加农炮；"德雷克号"由托马斯·斯普拉格船长（Captain

皇家海军战舰"福尔肯号",大约在 1677 年由荷兰航海美术家
老威廉·范·德·费尔德 (Willem Van de Velde the Elder)
绘制。这位画家在所有炮门上都画上了加农炮,但是实际上
船员们会特意留出一些炮门,以便需要时转换和移动武器

"德雷克号"战舰,大约在 1681 年由小威廉·范·德·费尔德
(Willem Van de Velde the Younger) 绘制

Thomas Spragge）掌舵，可以搭载 16 门加农炮。

几天后，他们抵达山美纳海湾，发现了班尼斯特和"金羊毛号"，还有一艘规模较小、身份不明的船，两船"已经准备好继续侧倾修缮了"。这就是莫尔斯沃思一直苦苦等待的机会。一艘正在进行侧倾修缮的船——即使是一艘像"金羊毛号"这样威武强大又指挥得当的海盗船——是非常容易受到攻击的。于是，两艘战舰开始逼近"金羊毛号"。

对于一个普通的海盗船船长来说，这意味着世界末日。但是班尼斯特懂得未雨绸缪，早就采取了预防措施，他命令船员将船上的几门加农炮移至陆地上两个不同的位置，并将加农炮掩藏在树丛里面，炮口瞄准海湾方向。而他是否企图用这些加农炮来对抗两艘皇家海军的护卫舰——以多达 58 门加农炮武装起来，并由航海精英操纵的两艘战舰——就完全是另外一回事了。

如果班尼斯特现在投降，他还有一线希望。等他被带上法庭，他可以否认自己成为海盗的事实，或是声称自己被法国人强迫不得已而为之，或是乞求莫尔斯沃思宽大处理，或是花钱收买证人或陪审团。如果现在他选择战斗，他根本无法确定全体船员会不会愿意跟随他去和在数量和战斗力上都远超他们、压制他们的对手战斗，毕竟像皇家海军这样一支世界级的军队可不是开玩笑的。对于普通的海盗来说，在皇家港口遭受抨击和惩罚要比留在这里死路一条好得多。

两艘战舰渐渐靠近。此时是下午 3 点前后，如果班尼斯特想投降的话，海军船长们应该已经能看到投降的旗帜了。

57

但是恰恰相反，他们听到了喇叭声。

　　班尼斯特的加农炮在树丛后面咆哮起来，而且在炮声之后枪声也突然响起——海盗们一齐攻击，枪林弹雨打在了海军的战舰上。两艘护卫舰也开火回击，待操作到位后向傍晚的天空齐射火炮，每一方都在猛力抗击另一方，死伤无数，"金羊毛号"和在它旁边的那艘小船受到了海军炮弹和枪火的猛烈攻击。不管怎样，这场战斗原本应该在1～2小时之后就结束的，但是到了第二天早上，战况依然处于白热化阶段。

　　战斗一直持续到了第二天，血流成河，惨不忍睹，直到"福尔肯号"和"德雷克号"两艘战舰都耗尽了所有的火药和炮弹。到了这个时候，海盗们已经杀死或打伤23个海军士兵，而且他们斗志昂扬，随时可以继续杀戮。两艘护卫舰无法再进行任何进一步的攻击，只能扬帆而去——对海盗们来说，这是一次令人惊叹、几乎难以置信的胜利。

　　至少在那一刻是这样。

　　班尼斯特知道，那些海军战舰会立马重整军备、修复船体，尽快回到这里。这就意味着他和剩下的船员们必须马上撤离山美纳海湾。但是"金羊毛号"受到严重的损坏，几乎就要沉没了。不过那艘小船一定还能航海，因为班尼斯特和大部分船员似乎都是乘坐那艘小船逃脱的。

　　待回到皇家港口，海军上校们因为没能抓捕或杀掉班尼斯特而受到了"强烈谴责"。谴责是一件非常严肃的事情，而相应的处罚轻则削减薪水，重则驱逐出境甚至判处死刑。然而，政府官员们非常欣赏塔尔伯特和斯普拉格，因为他们

第四章　一位备受尊重的英国绅士

耗尽了所有的火药和炮弹坚持战斗，而且面对这样一群天赋异禀的海盗仍然没有畏惧。因此，莫尔斯沃思并没有给予他们严重的惩罚，而是命令两艘护卫舰重新修整，补给弹药，然后再次将两位船长派到伊斯帕尼奥拉岛，只为"找到并毁灭海盗班尼斯特"。

"德雷克号"率先抵达山美纳海湾。到此时为止，大部分海盗已经逃离该岛。斯普拉格船长在之前的战场上找到了"金羊毛号"，但是它已经被完全烧毁并沉没了。他的报告没有提及找到任何珍宝（沉船货舱的位置可能太深了，当时单靠屏住呼吸潜水的海员们无法到达），不过他的船员们回收了这艘船的很多加农炮。班尼斯特一如往常地不见踪影。

然而莫尔斯沃思总督可不会就这么算了。班尼斯特的罪行，一桩桩、一件件都历历在目。他偷走了自己的商船（还是一艘英国船），躲过了审判和很有可能的死刑，把林奇总督气得早早地进了坟墓，威胁要起诉政府官员，和臭名昭著的海盗们厮混，在公海到处抢劫，还在战场上打败了皇家海军。就算要把接下来的人生都搭进去，莫尔斯沃思也要找到这位海盗船船长！

不过他也不需要等上那么久。

那年年末，"德雷克号"追踪班尼斯特到米斯基托海岸（Mosquito Coast），那里是一个布满热带雨林和沼泽的无人区域，位于现在的尼加拉瓜和洪都拉斯东海岸。1687 年 1月，斯普拉格及其船员抓到了班尼斯特和几个船员，他们被带上"德雷克号"，跟着斯普拉格船长回到了皇家港口。

这一路上，班尼斯特很有可能为他即将迎来的合法审判而使出阴谋诡计。但是莫尔斯沃思不愿意冒任何这样的风险。因而，他向斯普拉格下达了命令，在"德雷克号"驶入皇家港口的时候就地处决班尼斯特——没有罪名，没有审判，也无须裁决。英国官员对一个英国公民采取这样的行动是十分不寻常且完全违法的。唯一的问题就是斯普拉格船长是否愿意执行莫尔斯沃思总督的命令。

59　　1687年1月28日，"德雷克号"驶入皇家港口的码头。行刑者将套索挂上战舰的桁端和支撑船帆的水平梁，用绳子绑住了班尼斯特的双臂。然后，面对着整个皇家港口，面对着居民们的注视，班尼斯特和他同伙的三个人被强行拉起，颈部的绳子将他们活活勒死。最后，行刑者将他们的尸体砍断，扔进了大海。

莫尔斯沃思总督感到非常高兴，他向伦敦发去一份报告。他说，那次绞刑"对所有善良的好人来说是令人非常满足的壮举，而对所有喜爱海盗的人来说就是恐怖的噩梦，班尼斯特被惩罚的情景将会大大打击其他与他相似的人，这也是我授权斯普拉格船长行刑的原因"。

无论他的行动是否合法，莫尔斯沃思不愿意再在法庭上审判班尼斯特。"我从他（班尼斯特）写的信中发现……他试图在法庭上狡辩，说他所做的一切都是法国人逼迫的。这种说辞能在多大程度上说服皇家港口的陪审团，我不得而知，但是我非常庆幸这样的情况没有发生。"

约翰·马特拉找到的有关班尼斯特的信息就这么多。所以，在花费了将近一个月进行搜寻研究之后，他整理好包裹，订了一张从伦敦飞往多米尼加共和国的机票。在去往机场的出租车上，他给查特顿发了一封电子邮件。

"伙计，"他写道，"我有个故事一定要和你讲讲。"

第五章
老渔民的智慧

为了能尽早听马特拉谈论他了解到的关于海盗班尼斯特的故事，查特顿迫不及待地从山美纳出发，开了6小时的车到圣多明各机场接马特拉。但是在他们正要开始谈论的时候，马特拉的手机响了。马特拉未来的岳父维克托·弗朗西斯科·加西亚－阿雷孔特（Victor Francisco Garcia－Alecont）打来电话，他要求两人到市中心与他会面。他的急迫语气让马特拉倍感惊讶，不过至少他知道卡罗琳娜一定没事，否则未来岳父就会让他单独过去碰面。

过了一会儿，两人来到一家小餐厅，餐厅与加勒比海隔街相望。加西亚－阿雷孔特已经坐在那里，他是餐厅里唯一的顾客。

在这个国家里，很少有人像加西亚－阿雷孔特一样令人肃然起敬。他曾经是多米尼加海军的中将和参谋长，也曾是一名移民主管，还做过华盛顿地区文化专员，写作并出版过多本有关多米尼加海军礼仪和战术的书籍。加西亚－阿雷孔特是一个严肃的人，他与两人会面绝不会是为了和他们讨论在马特拉和卡罗琳娜即将举办的婚礼上桌子该如何摆设。

第五章　老渔民的智慧

这位海军中将开门见山。通过高层的政治和军事信息渠道，他了解到多米尼加共和国愿意在联合国教科文组织制定的国际条约上签字，就此杜绝国内所有私人搜寻沉船的行为。虽然双方的协商尚未得出最终结果，而且时间还不确定，但毫无疑问这将是未来的政治风向。很快，像查特顿和马特拉这样的普通人就无法继续在多米尼加共和国搜寻古代大帆船了。

这一消息让他们措手不及。他们原本打算在找到"金羊毛号"之后重新开始寻找宝藏。而且，尽管他们一直清醒地意识到联合国教科文组织的影响，却从未料到这座大山会这么快压下来。但是现在，眼前的加西亚-阿雷孔特——一个与政府有着密切联系的人——正告诉他们，他们必须在海盗和宝藏之间选择一样——因为时间所剩无几，他们可能无法两者兼得。

有好一会儿，大家都没有开口说话。然后马特拉从他的挎包里拿出了一本笔记本、一些图纸和一张地图，在桌子上一一摆开。

他列出了班尼斯特的时间轴，甚至还表演了某些场景：他假装在"福尔肯号"上大声下达向"金羊毛号"开火的命令，然后拿了桌子上的盐瓶和胡椒粉瓶充当加农炮，向海军战舰开火。等到马特拉完成这一系列演示，服务员过来将桌子上的午餐菜单换成了晚餐菜单，但他们每个人似乎还是没有吃东西的胃口。他们只想谈论班尼斯特的事情。

"这个人原本已经成功了，"查特顿说道，"他得到了钱财，得到了人们的尊重，也得到了社会的赞美。他只需要一

77

直这样航行直到结束，这就是他完美的一生啊。但是他不能这么做。有什么东西在召唤着他。他完全有机会做更伟大的事情——一件超出他平生想象的事情；他只需要弄清楚那是什么就可以了。而在17世纪，你能做的最艰难却最有影响力的事情就是变成海盗：整个世界都会追逐你，各个国家都会签署联合条约来对抗你，你知道他们一旦抓到你就会绞死你。但是想想看，一旦你变成海盗，你的人生也是他们根本无法企及的！"

"我是这样想的，"马特拉说道，"这个人从孩童时期起就一直是中规中矩的好人——他们不会随随便便给你一条横跨大西洋的商船航行路线，除非你确实是一个负责任的人。然后有一次，他的船在皇家港口翻了船，而他的一些同伴因此丧命。自此他明白人生是多么短暂。同时，他看到皇家港口的这些海盗正在创造历史。他们及时行事，名留青史。而现在他有机会去做同样的事情，这些事情哪怕过了好几个世纪仍然会被人们铭记在心，甚至被写进书里。"

两人都等着加西亚－阿雷孔特开口，将话题引回联合国教科文组织的国际条约上来。但这位已经退休的海军中将静静地凝视着窗外的加勒比海。

"班尼斯特是天生的领导者，"加西亚－阿雷孔特说道，"他有着引领人们成就伟大事业的天性和本能。如果你有这样的品质，你必须将它发挥出来。但是仅仅靠在大西洋上运载食糖和兽皮，你是做不到的。而且，如果你已经是35岁或40岁的人——我猜测班尼斯特当时差不多就是这个岁数——要在海军里混出点名堂已经太晚了。不过你可以在一

62

第五章 老渔民的智慧

艘海盗船上实现你的抱负。只要人们相信你，你就能继续做下去。如果人们相信你，你甚至可以打败皇家海军。"

他们几人终于把服务员喊来点了餐。但是，哪怕在享受铁板烧章鱼、聊棒球比赛和即将迎来的大选时，每个人所想的都是班尼斯特。晚饭后，一行人走到停车场取车，查特顿和马特拉就长时间借住别墅一事向加西亚－阿雷孔特道歉，但是马特拉未来的岳父摆了摆手。

"我家就是你家①，"他说，"快去找到你们的海盗。"

无论班尼斯特的人生有多么令人着迷，如果这些信息都没能帮助或指引查特顿和马特拉找到"金羊毛号"，那么他的事迹也只能成为书面的文学故事，没有实用价值。那天晚上，在开回山美纳海湾那几小时的车程中，两人在前排座位上摊开了有关山美纳海湾的图表，开始连接所有的标记点。

现在他们很清楚的一点是，作为一个经验丰富、技能娴熟的船长，班尼斯特不可能在利凡塔多岛这样一个如此暴露、如此易受侵害的地方对他的海盗船进行侧倾修缮。但是这并不意味着"金羊毛号"当时的位置距离岛屿很远。北边仅仅 1 英里的地方，是多米尼加本土海滩延伸出来的一部分，那位海盗船船长很有可能在那里侧倾修缮他的船。查特顿将每一个看上去足够隐藏一艘巨型航船的地方都标记了出来。如果"金羊毛号"确实沉没在其中任何一个地点，那

63

---

① 原文为西班牙语 Mi casa su casa，热情好客的主人常用这句话欢迎客人。——译者注

么他们仍然可以说船是在利凡塔多岛失踪的，正如鲍登一开始就坚持的说法那样。天亮的时候，他们一行人就可以开始一次新的搜索，除非找到班尼斯特的海盗船，否则他们绝对不会停下来。

第二天清晨，当整个团队在装载"深海探索者号"的时候，马特拉的保安克劳迪奥（Claudio）把一个当地的渔民带到了别墅。这个人告诉他们，几天前他曾在利凡塔多岛西海岸边看见一艘价值不菲的潜水船。他没有看见任何潜水员，但是看到船员们从水中拖出了电子仪器。

对查特顿和马特拉来说，渔民看到的这一幕有两种可能的解释。这艘船可能是周末出动的业余潜水员租来出航的，他们在海上用商店销售的金属探测器搜寻沉没的珍宝——在这些地方，这是一种寻常的旅游项目。或者，这艘船也可能属于一家和鲍登竞争的海上打捞公司，他们听说鲍登快要找到"金羊毛号"了，就打算强势霸占这艘海盗船。如果是第一种可能性，两人完全不会在意；但如果是第二种，那就是巨大的威胁。

在30多年的寻宝生涯中，鲍登一直与多米尼加共和国政府签有租约，这份合约赋予他专享的海上打捞权，鲍登可以在包括山美纳海湾的广阔区域内打捞任何沉船。从书面的意思看来，这就意味着其他任何人或组织都没有权利在这些区域搜寻沉船。而事实上，要阻止其他人继续尝试几乎是不可能的。这里的水域太过宽广，当局根本无法做到处处巡防，而且无论如何，驻扎在这一区域的少数海军船只都没有足够的燃料或资源用以保护寻宝猎人的活动。

第五章　老渔民的智慧

但这还只是麻烦的开始。

如果一个外来者正巧在承租人的区域发现了一艘沉船，或者甚至只是声称自己已经接近了那艘沉船，他就可以向掌管国家文化遗产的多米尼加共和国文化部（Ministerio de Cultura）提出申请，请求文化部授予其打捞沉船的权利。一般来说，文化部为了保护承租人的利益，会拒绝这样的请求。但是如果这位外来者有很好的证明文件——也许能证明他代表的是一家正规的海上打捞公司，或是大学的研究人员——而且能够向当局证明如果没有他坚持不懈的努力，这艘沉船可能永远都不会被找到，那么他的行动就可能获得许可。这正是查特顿和马特拉最担心的一点。在过去几年里，鲍登一直在多米尼加共和国的银堤（Silver Bank）寻找西班牙大型帆船"康塞普西翁号"（*Concepción*），那个地方距离山美纳海湾有 100 多英里。半路杀出的"程咬金"很容易找到理由为自己的行动辩护，他们完全可以说鲍登早就放弃了在山美纳海湾寻找"金羊毛号"的活动。如果文化部赞成前者的观点并将打捞沉船的权利授予对方，那么查特顿和马特拉的海盗船梦想也就到头了。

虽然如此，但一艘潜水船在岛屿附近停留本来不应该让他们感到如此担忧，尽管它装载着许多高端电子仪器。专业学者和研究人员也常常将他们的船只停在这个地方，研究鲸鱼或其他海洋生物。然而一年前发生的那件事让人记忆犹新，给他们留下了严重的心理阴影。

在圣多明各附近一个叫作璜多里奥（Juan Dolio）的小镇上，有一家马特拉赞助的潜水工作室。事情发生在某天夜里，一个年轻男子突然到访，他把马特拉和查特顿拉到一旁并告诉他们，有人向文化部举报马特拉的未婚妻卡罗琳娜小姐。她被指控在潜水中心附近的海岸上拿走了刚刚洗净的金币，但是没有向政府报告——这是偷盗文化遗产的罪行。文化部的人甚至称她为"璜多里奥的海盗公主"。这一消息激怒了马特拉——卡罗琳娜从未找到过任何金币，而且她从不偷盗，哪怕是一个贝壳——他着急地质问那个人，指控卡罗琳娜的人是谁，但是提供消息的人只知道这么多了。随后马特拉就去找加西亚－阿雷孔特商量对策，而加西亚－阿雷孔特当时正在酒吧享受美酒。

如果说两人听到消息的反应有任何差别的话，那就是加西亚－阿雷孔特比马特拉还要愤怒。过了一会儿，他在海滩上踱来踱去，一边走还一边大声地打着电话。加西亚－阿雷孔特的人脉非常广，认识很多政府内部人士，毫无疑问他现在就是在联络那些人。他回来后告诉查特顿和马特拉，针对卡罗琳娜的指控是匿名提出的，基于目前的情况，他有理由相信对方是寻宝猎人的竞争对手，因为不满美国人带来的新竞争而挑起事端。加西亚－阿雷孔特已经向文化部澄清事实，并且警告文化部不许再侮辱他女儿的名誉。但是他告诉查特顿和马特拉，从那一刻开始，他们必须弄清楚两件事情：第一，在多米尼加共和国，他们有可能对个人发动攻击——尤其是外国佬——而且速度非常快；第二，在这个国家，已经有人盯上他们了。

现在回想起那段记忆，马特拉立即掏出了一沓现金，交给那位带来消息的渔民，感谢他告知利凡塔多岛那艘潜水船的情况。马特拉用他那还凑合的西班牙语请求渔民和他的伙伴们时刻注意岛屿周边的船只，而这位渔民也保证会按马特拉说的做。

他们一行人又重新将潜水齿轮和计算机装上"深海探索者号"，出发到新的目标区域，那里距离利凡塔多岛北边只有几千英尺。虽然需要搜索几英里的海岸线，但是他们的目标区域必须符合以下条件：

（1）包含一片适合船只侧倾修缮的海滩；

（2）可以完美躲过来往船只的视线；

（3）有良好的区域可供架设用于防御的加农炮；

（4）水深约 24 英尺（"金羊毛号"沉船的深度）。

一行人来到海滩的 U 形延伸处，长度大约为 1/4 英里。距离他们上一次拖出磁力仪已经过去了几周，但是现在每个人依然非常自觉默契地忙活着，插上电源，连接所有的电缆，这一切都像是寻宝猎人的一场芭蕾舞表演。

磁力仪有反应的地点逐渐增多，而这队人在第二天早上再回来潜水搜寻这些地点。在水中，马特拉跟随着手持金属探测仪的光点信号移动，直到他在靠近海岸的地方找到一堆砂岩板。他将一块砂岩板举到氧气面罩前面，透过面罩，他能看到石头上雕刻着一位天使，还有一段模糊的字迹，他无法辨认是哪种文字。他又拿起另外一块，这一块的形状像十字架，马特拉用手指拂过石头表面雕刻的字迹。这一次他还是无法解读这些文字，但此时他已经知道自己站在什么地方了。这里曾经是一片墓地，是几个世纪以前人们在陆地边缘建造的，后来沉入了海底。

66

海盗猎人

这一发现深深吸引了他们一群人，但他们的搜寻还是没有进展。查特顿和埃伦伯格也在水下不远处搜寻，他们的成果也没有好到哪里去。不过他们仍然探察了仪器有所感应的每一个点，但最终一无所获，捞到的只有垃圾而已。

这就意味着他们需要移动到西边更远的地方，到海岸线上另一片有可能的区域。那天晚上，他们在别墅里研究图表。他们试图将注意力集中在一个地区，但是等他们想要深入研究的时候，房子的灯又熄灭了。

"去他的！"查特顿说。

1 分钟后，负责安保的克劳迪奥走进屋子，手里拿着手电筒和一瓶防晒油。

"老板，格兰·巴伊亚（Gran Bahia）酒店还有电。"

过了一会儿，他们开车抵达位于别墅对面海峡的一个度假胜地。只有登记入住的客人才有资格进入，但是他们早有准备——一行人穿着百慕大式短裤，胸前挂着相机，拿着防晒油，完全装作游客。保安挥挥手让他们进去。在大厅的一个角落里，他们在一张桌子上摊出了他们的地图和图表，专心研究海滩的另一个延伸处，也就是在他们发现的古墓地西边 1.5 英里的地方。这个地方隐藏在一个小岛后面，而且从地图上看来，周围的水域恰好是合适的深度。最重要的是，在马特拉的一张旧图表上，这里被称为卡勒内洛 - 山美纳（Carenero Samaná）。马特拉解释道，carenero 的意思就是侧倾修缮的地方（careening place），而"金羊毛号"被皇家海军击沉时，正在进行侧倾修缮。

"如果是我，我会在那里和英国人对抗。"马特拉说道。

84

第五章　老渔民的智慧

"很可能就是这里，"查特顿说道，"我们明天早上就过去。"

他们回到别墅时，电还是没有来，因此查特顿和马特拉又在三菱卡车中睡了一晚。第二天太阳刚升起时他们就出发了，此后几天，他们都在卡勒内洛－山美纳潜水搜寻，但是仍然一无所获。

按照计划，查特顿将要飞到美国做一次演讲，不过这也不妨碍他们的搜寻活动，反正根据图表，他们在利凡塔多岛附近根本找不到另一个合适的区域了——哪怕是能符合一半标准的地方都没有。马特拉让埃伦伯格和克雷奇默休息了几天，而他自己在山美纳唯一可以做的事情就是和那些老渔民聊聊天。

他带着一瓶布鲁加尔朗姆酒（Brugal rum）和一个锈迹斑斑、装满汽油的油桶，从他之前找到的那个古墓地附近开始寻找目标。在海岸边，他看到了两个年迈的多米尼加老人，他们正在给鱼钩装饵。马特拉十分敬佩这样的人——他们都是辛苦的劳动者，他们操控的钓鱼线都简易地装在塑料瓶里，当船耗尽汽油的时候，他们会用蓝色的防水布做成船帆，让船继续航行。有的渔民，哪怕到了70多岁的高龄，仍然能够在水下使用捕鱼枪猎杀鹦鹉鱼或是鲷鱼——与此同时，他们还能在水下屏住呼吸。

马特拉走上前，将手中的朗姆酒和汽油递给他们，然后用不太标准的西班牙语碰碰运气。

"那些失踪的船只在哪里？"

渔民们问他要找的是什么类型的船只。

"海盗船。"

两位老人笑了笑，但是未能给出答案。

马特拉带着朗姆酒和汽油，询问了一个又一个渔民，得到的答案都是"对不起"。但是在别墅不远处，他找到了一位年迈的老者，这位老人挥了挥手，开口和他谈论海盗船的事情。这位老人告诉马特拉："我有个外甥在林孔（Rincón），他的祖父知道山美纳海湾有一艘海盗船。我外甥现在虽然老了，但是他会帮助你的。"渔民在纸上写下电话号码交给马特拉，马特拉想给他钱作为谢礼，但是渔民怎么也不肯接受。

马特拉等不及回到别墅，就在卡车上拨通了电话，对方是另一位年迈的老人，他的英文还凑合。这位老人告诉马特拉，对于在山美纳海湾沉没的海盗船，他可能知道一些事情。老人提出当天晚上和马特拉见面聊聊此事，指挥马特拉前往林孔海湾一个靠海滨的聚会场所，马特拉往北面开45分钟就能到达。

68　　马特拉知道林孔海湾。听说那里沉没过很多西班牙大帆船，而且当他和查特顿在制订寻宝计划的时候，他们曾经考虑过到那里工作。林孔海湾非常漂亮，但是也同样危险。它位于半岛的最末端，同时也是陆地的终点，在那里，走私犯和杀人犯常在狭窄的水湾里做生意，因为地界偏远且过于危险，政府当局无法巡防。马特拉同意到那里去，但是他必须带着陪伴他多年的格洛克19手枪（Glock 19）。

然而，他的三菱卡车一时启动不了，所以他取来了加西亚-阿雷孔特那辆梅赛德斯奔驰C230的车钥匙。虽然要去

第五章　老渔民的智慧

林孔海湾这样的地方，开一辆破旧的老式汽车就够了，他也舍不得开这么贵重的车，但是他还有什么选择呢？如果他把这次会面推迟，那个渔民很可能会改变主意。"对不起，维克托，"马特拉自言自语地说道，"我会好好利用这辆车的。"

1小时后，马特拉从林孔海湾附近的主道上开了下来，驶入通往海滩的一条碎石边道。在远处，一个年轻人走到路上，向马特拉招手让他过去。这个年轻人很有可能是那个渔民派来的，但马特拉还是谨慎地放慢了梅赛德斯的速度，缓缓驶向前去看个究竟。在车前灯的照射下，马特拉看到那个年轻人吸了很长的一口烟，然后把烟头轻轻弹掉。当烟火落到地上的时候，整条路燃起了火光，一道火墙拦阻了马特拉的去路。凭直觉判断，马特拉猛地将车掉头——他知道自己中了埋伏——而当他的车轮陷入碎石的时候，又有6人跳到路面上向他跑来，每个人都挥舞着棍棒和刀，同时还有人向他扔来燃烧的瓶子。马特拉急速向后移动了40码，然后漂移般将车子旋转起来，可惜当他想要换挡前行突出重围的时候，变速器不堪重负，梅赛德斯当场熄火。在这个地方，亡命之徒很有可能为了10美元杀人，所以马特拉必须当即做出选择。他可以试着重新启动车子，或者用他知道的最好的办法和那些人理论。

马特拉拉下了紧急手刹，将车门推开一半。他一只脚踏出车门，蹲伏在车旁，一只手将自己的T恤举起来，另一只手取出手枪，瞄准那些猛冲过来的暴徒前面的路面开火。听到枪声，攻击者们停下了追击的脚步，匆忙地向火光处后

69

退。马特拉等待着对面枪口的火光——对方回击的标志——但是对方没有任何反应，而且在短短几秒钟里整条路就安静得只剩下野狗的吼叫声。马特拉深深地吸了一口气，更换了武器的弹匣，然后回到车上，重新启动车子。如果他现在离开，他还能够在任何人上门寻仇之前安全回到家。

如果他不去参加那个关于海盗船的会面，他完全可以这么做。但是他不会放弃这次机会。

他将车驶离来时的道路，找到了另一条通往海滩的路。汗水沿着他的脸颊流了下来，他毅然向老渔民告诉他的那个地方开去。那是一个简易的酒吧，那位皮肤黝黑的老者已经坐在里面慢慢地喝着啤酒，看上去大概有 70 岁。两人见面后握了握手。当渔民询问马特拉在寻找这个地方的时候是不是出了什么问题，马特拉说道："路上遇到了几个海盗。"

两人坐了下来，开始谈论他们的话题。老渔民说他的祖父是一个很会讲故事的人。他所说的故事中，最好的一个就是关于山美纳海湾海盗船的故事。

"他怎么知道那是一艘海盗船？"马特拉问道。

"那是他的祖父告诉他的。"

这就是马特拉希望听到的东西。在多米尼加共和国的这些区域，故事就是世代传承的财富。那些最棒的沉船就是这样被找到的。

"您的祖父告诉了您什么？"

这位渔民笑了。他说他的祖父每次说的故事都不一样，但一些细节一直是一样的。一个伟大的海盗船船长在那里与他不共戴天的敌人打了一仗，很多人在战斗中丧生，海盗船

第五章　老渔民的智慧

船长最终顺利逃脱，但是那艘海盗船因此沉没在海底。

"沉没在山美纳海湾的哪个地方？"马特拉问道。他几乎是屏住呼吸在等待对方的答案。山美纳海湾很大，几乎已经占据大西洋沿岸 30 英里的水域，其海岸从北向南延伸了超过 5 英里。如果这位渔民不能详细指定一个区域，他的故事就毫无价值可言。

"在利凡塔多岛附近。"

没错。现在马特拉需要更确切的位置。这也意味着现在他们要开始谈生意了。如果这位渔民要求马特拉预先支付一大笔钱，他的信息很有可能没什么帮助。自查特顿和马特拉两人联手的两年以来，有很多当地人都曾找到他们，表示愿意指引他们找到消失的沉船——他们几乎总会开出自己的价格。有人甚至承诺会带他们找到那艘名为"圣米格尔号"（*San Miguel*）的西班牙大帆船，那可是迄今为止世界上消失的最有价值的一艘船，而对方要求两人现金支付 200 万美元的报酬。对于这些提议，他们通常会一笑置之。对他们来说，如果一个人确实知道真实的信息，他没有必要要求预先获得一笔费用；他完全可以和寻宝猎人达成协议，获得沉船的一部分。如果他们的信息并不真实，那么就和这个国家偏僻地方常常发生的事情一样，也不过是一次抢钱的诡计。

"您想要什么？"马特拉问道。

"等你找到那艘船之后，给我你认为我应得的部分。"这位老者说道。

两人握了握手，然后马特拉拿出一本小小的黑色皮面笔记本。几分钟后，他获得了一幅区域示意图，这个地方在别墅附近不到 1 英里的地方，而别墅就在海湾北面的海岸上。这里距离利凡塔多岛几乎有 4 英里，已经超出了他们团队搜索参数的极限，但水域的深度似乎是对的，那里有一块合适的海滩可供船只侧倾修缮，而且也有足够的掩护让海盗们向英国的战船开火。

马特拉感谢并告别了渔民，回到自己的车上，他检查了手枪的弹匣以保证它是满的，然后将手枪上膛。他从边道开下去，用膝盖操纵着方向盘，一只手握着手枪，而另一只手保护着寻找海盗船的说明。他不打算松开任何一只手，两样东西他都要紧紧握住。

第六章

无处可去

查特顿从美国回来后，整个团队装备好他们的"深海探索者号"，打算前往老渔民的祖父所说的海盗船沉没位置进行潜水探察。

一行人从海岸边大约 200 码的地方开始探察，水深 30英尺。磁力仪的读数变化之快，以至于埃伦伯格几乎无法看清。这里的水域中似乎有一个很大的金属物件，这一点非常肯定。他喊来其他人一起潜水查看。

通常，他们都会等上一两天来完成搜寻。但是查特顿和马特拉当即决定脱下他们的 T 恤和短裤，穿上了潜水装备。埃伦伯格和克雷奇默还没来得及祝他们好运，两人就从船的一边跳下水，去寻找那个沉没在水底的巨大物件。

他们着陆在水下温软的泥地上，然后核查了当下的深度——28 英尺——差不多符合他们对"金羊毛号"沉没深度的判断。

现在他们的工作就是专注搜寻每一个磁力仪感应到的点。他们随身携带着手持型磁力仪，而当他们拿着磁力仪前前后后感应的时候，仪器开始发出声音，提示声从查特顿的

耳机里传出来，马特拉在 3 英尺之外都听到了。两人跟随着
声音追寻来源，直到他们看到远处出现了一个形状，像是有
一堵墙从泥地中露了出来，而且从底部伸出了 20 英尺，那
是一个很大的东西，从它明显的直角边缘看来，它还是人工
制造的东西。随着他们靠近，这面墙的轮廓逐渐清晰起来。
对查特顿和马特拉来说，它像是一艘大船的舷缘或是上沿，
当他们抵达目标位置时，他们知道自己想的没错，只不过这
个舷缘让他们泄了气，因为它是由钢铁制成的，而钢铁的大
规模生产是从 19 世纪中期开始的，那是"金羊毛号"出海
后过了 150 多年的事情了。

　　但是两人仍然越过舷缘继续探察。向下看去，他们可以
看到一排排长椅，每一排能坐五六个乘客。查特顿和马特拉
都是在纽约长大的，他们知道渡船就长这样。他们只希望这
是艘空船，或者至少上面的乘客都已经在船沉没之前逃脱
了。

　　在他们多年的潜水经历中，两人都曾在沉船上看到人类
遗体，而现在他们下定决心，准备面对更多的遗体。在船沿
旁边，马特拉看到一个像是人类大腿骨的东西。他伸手想将
这些残骸移开，但是当他靠近时，一波沙土在他手边涌了出
来，一排锋利的牙齿朝他的脸猛扑过来，撞得他向后摔了个
四脚朝天。等马特拉重新站稳，正好看到了攻击者——一条
4 英尺长的梭子鱼，而这条鱼已经开始回身再次攻击他了。
当地传说这里的梭子鱼非常疯狂，它们食用了感染毒素的鹦
鹉鱼，因此变得丧心病狂——这种病被称为鱼肉毒中毒——
如果逮住机会，它们甚至可以直接撕烂一个人的脸。此时马

特拉可不想检验这一传说的真实性。他挥动着相机的大镜头，击中了梭子鱼的鼻子，将它赶出了沉船。

"对不起，兄弟，"他说，"我们只是在寻找海盗。"

两个潜水员都没有找到人类尸体。不过接下来的两天，他们仍然搜寻了周围，以防"金羊毛号"沉没在附近，但是磁力仪感应到的每个地点都属于那艘渡船。他们打了几个电话咨询，才知道在20世纪70年代有一艘渡船曾在这一区域沉没。山美纳的官员非常感激他们发现了这艘船，因为他们一直无法找到它。然而这也意味着，他们一行人现在无处可去、无处可找，而且没有人知道他接下来该做什么。

就算他们继续向西搜寻山美纳海湾，也没有什么意义了——他们已经从利凡塔多岛延伸了太远的距离。在岛屿的东边有1~2英里的海岸线，但是班尼斯特似乎不可能把船开到那里，因为那里太接近开放的大西洋，停泊的船容易受到狂暴天气的摧残，也容易被过往的船只发现。马特拉非常希望自己能够避免这一时刻的来临，可是他再也不能拖延了。在别墅，他把查特顿拉到一边说话。

他告诉查特顿，他需要歇一段时间。这并不是为了度假或是给自己时间整理思绪，而是为了带游客潜水挣钱。这次打捞的开销已经超出了两人的预算，他们的银行账户每个星期都有上万美元的支出。船只、发电机、电子仪器、燃料箱，还有他们需要填饱的肚子——这一切都需要不断的修理或填充，而且每一笔开销都不是小数目。磁力仪的电缆已更换了三次，每次都花费将近4000美元。每个月仅所有船员的电话费和网络费用就超过了700美元。与此同时，海水还

73

在腐蚀所有的东西。查特顿和马特拉一起合作已经超过两年。算上两人共同的花费，他们已经投入了将近 100 万美元。但是两人都没有得到一丁点儿的投资回报。

"你是要退出吗？"查特顿问道。

"不，"马特拉说道，"但是我们必须在还有能力的时候挣点钱。我有一批客户，他们愿意出高价到这里来和我们一起潜水。我的意思是，他们希望和你一起潜水。你才是真正吸引他们过来的原因，你就是最好的宣传手册。"

查特顿摇了摇头。

"我们现在正为了我们的生命而战斗，他们随时随地都能取消特雷西的租赁权，联合国教科文组织正紧紧追在我们后头，而且那些贼人很有可能正虎视眈眈地要抢走我们的成果。现在你还想要带那些游客出去观赏漂亮的珊瑚礁吗？"

74　　"我不想，但我必须这么做，"马特拉说道，"只需要一个星期，约翰。笑一笑，给几本书签签名，讲讲故事。我们得把能做的事都做了。"

如果你不是急着要在这里找到一艘海盗船，山美纳海湾的景色会让你觉得非常惊艳。查特顿和马特拉花了一周的时间，带领一群富有的美国人在海底潜水，观赏他们找到的那艘渡船、沉在巴尔科－佩尔迪多浅滩（Barco Perdido Shoals）附近的加农炮，甚至还有鲍登找到的西班牙大帆船之一"图卢兹伯爵号"（Tolosa）①。两人都笑容满面，查特顿还说

---

① 该船全称为 Conde de Tolosa。——译者注

了一些有关探索 U 型潜水艇和"泰坦尼克号"的惊险故事。但当两人可以忙里偷闲说上两句的时候，他们还是会讨论搜寻"金羊毛号"的下一步计划，虽然最后都没什么结果。

一周的游览结束时，两人带领他们的客人到托尼餐厅吃晚饭。店里停电了，他们一行人就在黑暗中吃饭，在啤酒变得不再冰爽前抓紧时间喝完"总统之光"。渐渐地，几人谈论的话题转到了最近登上国际头条的一起新闻事件。

2007 年，奥德赛海洋勘探公司（Odyssey Marine Exploration），一家海上打捞的上市公司，打捞了一艘 19 世纪初期在直布罗陀海峡沉没的船，获得了价值 5 亿美元的银币，创下了打捞史上最高纪录。现在，在过去了一年多之后，西班牙政府声称沉船属于西班牙，并要求奥德赛海洋勘探公司将所得财宝悉数归还政府。奥德赛反对这一要求，因此双方只能对簿公堂。这起诉讼很有可能决定私人寻宝活动的未来。

其中一名客人询问查特顿和马特拉是否害怕"金羊毛号"会被某国政府抢走，查特顿摇了摇头。他解释说，这就是海盗船的迷人之处，它不属于任何一个国家，没有哪国政府可以宣称对其拥有所有权。

"所以，那些宝藏都会变成你们的？"另一名客人问道。

"也有可能什么宝藏都没有，"马特拉回答道，"而且除此之外，财宝也不是我们的目标。"

这一回答让这位客人更加困惑了。　　　　　　　　　　75

"每时每刻都有珍宝被人找到，"马特拉说道，"但是一艘黄金时代的海盗船？那是一生一次的机遇。那才是永恒的东西。"

两人迫不及待地回去继续搜寻他们的海盗船，但是当他们想要制订一份计划的时候，发现根本已经无处可去。利凡塔多岛附近的每一个可能区域他们都已经搜寻过了，磁力仪感应的每一个地点他们也已经潜水探察过了。自从五个月前他们抵达山美纳海湾开始，这还是第一次整个团队都没了主意。

在一个星期里，他们一行人都无所事事，除了擦洗船只，就只能整理别墅的地下贮藏室，他们的设备就放在那里。在处理这些琐事的时候，他们开始猜测四人中谁会是第一个提出退出的人。他们想念自己的家庭，而且现在他们没有任何收入。他们住在一个不为人知的破地方，每天都靠比萨和麦片过活，与此同时还要忍受成群结队的蚊子。查特顿的妻子卡拉和马特拉的未婚妻卡罗琳娜已经开始询问他们是否可以更频繁地回家。

查特顿和马特拉约在法比奥的店里见面，讨论下一步的行动。他们每个人都不止一次地想过，如果他们放弃寻找海盗船，在联合国教科文组织禁止私人打捞活动之前重新去搜寻宝藏，事情或许就会变得简单很多。虽然两人都不愿往这方面想，但他们甚至可以趁手头还有钱做点正经生意的时候急流勇退，回归最初两人联手合作之前的生活。

他们点了几份比萨，几乎是默不作声地吃着，头顶上那个歪掉的电视机正在播放夏奇拉（Shakira）的视频，嘈杂的声音是他们周围唯一的声响。但是过了一会儿他们就开始

第六章　无处可去

讨论起来：如果说海盗船沉在了 24 英尺的水中，那么可有证据证明？还有，是否有证据证明沉船事件确实发生在利凡塔多岛？鲍登似乎对这一切都深信不疑，但是为什么呢？马特拉收集了这么多的信息，却没有一条提到了这个岛屿，只提到海盗船沉在了山美纳海湾。在搜索的这段时间里，他们从未就这一问题质疑过鲍登给出的信息——所有信息——那么，"金羊毛号"确实是在利凡塔多岛沉没的吗？查特顿拿出他的手机，给鲍登打了个电话。两天后，他将和马特拉登上飞往迈阿密的飞机，去和鲍登聊聊他确切知道的消息。

　　三人约在迈阿密南部的丹尼餐厅吃早饭。查特顿和马特拉开门见山，直奔主题。他们需要知道鲍登为什么确信"金羊毛号"沉没在 24 英尺的水中。而且他们也要知道，鲍登为什么认为这艘海盗船沉没在利凡塔多岛。

　　"关于'康塞普西翁号'的真实故事，你们知道多少？"鲍登问道。

　　"康塞普西翁号"是鲍登确立自己名望的三艘传奇宝船之一。他花了好几年的时间，勤勤恳恳地打捞这艘船的残骸，用近乎完美的手法精细地恢复了上面的残留物，这一事件也让他扬名天下。鲍登自己还曾执笔写下一篇长文，按照时间顺序记载了他的打捞经历，这篇文章被刊登在《国家地理》杂志上。

　　"我们知道大概的故事，"马特拉说道，"但是这和'金羊毛号'有什么关系？'康塞普西翁号'沉没的时间比班尼斯特的年代还早 50 年。"

确实如此，鲍登解释道。但在它沉没后的几十年里，没有人能够找到"康塞普西翁号"或是船上装载的巨大财富。然而在1686年，当威廉·菲普斯（William Phips）与英格兰国王达成一项几乎不可能的交易并获得寻找该沉船的许可之后，这一切都改变了。威廉·菲普斯来自缅因州，几乎没有受过教育，当时是一艘小轮船的船长，之前则是一个牧羊人。在前往寻找"康塞普西翁号"的旅程中，菲普斯曾在山美纳海湾停留，当时他想在那里和当地居民交易些东西。就在那里，他的船员们碰巧发现了"金羊毛号"的残骸。

"他们看到船了？"查特顿问道。

"他们不仅看到了，"鲍登说道，"而且距离非常近。"

77　　他把手伸到比米尼群岛（Bimini Bay）衬衫的超大口袋里，拿出了一张折叠好的纸和他的眼镜，然后开始阅读"亨利号"（Henry）的航海日志，"亨利号"就是菲普斯的航船之一。

　　下午3点，菲普斯船长给他的大艇和舰载艇配备好人员及武器，将他们派去海岸边巡航，看看他们能否发现任何方便侧倾修缮的地点。在距离主船2英里的位置，他们在4英寻的水中发现了一艘沉船，这艘船已被烧毁，只剩下炮台甲板，船员判断这是一艘重约400吨的船。同时他们还发现了两三枚炮弹，表面印着宽箭头，还发现了一些燧发枪……从各个条件看来，他们都认为这艘沉船属于海盗班尼斯特，当时他正在给船只进行侧倾修缮，而突然出现的英国护卫舰让他猝不及防。

第六章　无处可去

这样一篇简单的航海日志竟然蕴藏了这么丰富的信息，查特顿和马特拉十分吃惊。记录中分明指出他们亲眼见到了"金羊毛号"的残骸，而且是在它沉没的短短几个月之后，他们的描述也非常详细。1英寻等于6英尺，因此沉船确实是在24英尺深的水底。船的甲板上可能留有加农炮炮弹，有的带着箭头的标志，那是皇家海军使用的标志。从外观来看，整艘船被火烧过，而且还很有可能装载着海盗用来对付英国海军的步枪。

所有这些细节都让两人心驰神往。但这些细节还是没有指明究竟在哪里可以找到这艘沉船。于是，他们问了鲍登那个可能是所有问题中最重要的问题：他似乎非常确定"金羊毛号"是在利凡塔多岛沉没的，为什么？

鲍登也有他自己的理由。几十年来，也可能是几百年来，海上打捞者一直在那里找寻这艘海盗船的踪迹；在寻宝行业中，这种持续了好几代人的搜寻常常能很好地暗示些什么。还有，这个岛屿的名字意为"漂浮"，暗示着这是一个常被用来给船只做侧倾修缮的地方。还有一个理由是和环球小姐（Miss Universe）有关的。

20世纪80年代，一部电影的制作团队来到了多米尼加共和国，他们拍摄的是电视纪录片《海洋探索》（Oceanquest）系列中的一集。节目主持人是25岁的肖恩·威瑟利（Shawn Weatherly），她当时刚被评为环球小姐，即将出演《海滩护卫队》（Baywatch）及其他电视节目。然而现在，她的工作就是要穿上潜水装备（和一件紧身游泳套装），"克服最强烈的恐惧"去探索世界上最危险的水下区域之一。在拍摄期间，鲍登的工作就是带着她在水下到处转转。

他将威瑟利带到了利凡塔多岛。在那里，当他们在水下探索岛屿最西端的时候，威瑟利在海洋底部发现了一个很大的陶瓷罐，它就那样完整无缺地埋在泥地里。鲍登曾经在书中和拍卖商品目录上看到过类似的样品。用肉眼看来，这个陶瓷罐来自欧洲，时间可以追溯至 17 世纪，正是"金羊毛号"可能装载的那一类型。从那以后，他就在那个区域搜索了很多遍，但是再也没能找到和它一样的手工艺品。

马特拉在一张餐垫的背面潦草地记录着谈话的内容。"几个世纪以来人们一直在利凡塔多岛寻找。'利凡塔多'的意思就是'漂浮'。环球小姐。"而查特顿一个字也没写。

"你能记住这些吗?"鲍登问查特顿。

"我没必要记住这些。我不认为你的证据能够帮助我们。"

查特顿说，人们一直相信的一些事情并不一定是真实的。根据他的经验，最有价值的东西从来都是在其他人想都不曾想过的地方被发现的。至于岛屿和它的名字，这个地方过去可能的确是用作船只的侧倾修缮，但是以海盗班尼斯特的才干，他也很可能没有在这里进行过修缮和清洁。最后，他想起肖恩·威瑟利的事情——她的确是个美丽的女子——她发现的陶瓷罐很有可能是当时其他经过的船只遗落在海底的。

鲍登摇了摇头。他告诉两人，他对利凡塔多岛有一种强烈的第六感。但是对查特顿来说这根本不重要，他并不依靠第六感来行动。他尊重鲍登在其职业生涯中取得的一切成就，但是他更尊重现实的证据。在过去 5 个月中，他和马特拉收集的所有信息都在告诉他们，"金羊毛号"并不在这个岛附近。

鲍登小口抿了抿咖啡，他盖上笔帽，然后从衬衫口袋中 取出了另一张纸，这是一份山美纳海湾古老地图的影印件。这幅地图绘制于法国统治伊斯帕尼奥拉岛期间，大概是 1802 年，图纸上的标签和文字都是用法语写的。但是当他在桌子上展开图纸的时候，查特顿和马特拉都不需要翻译就能认出那个法国人给利凡塔多岛取的名字。那几个大大的字母非常清楚地展现在他们面前："班尼斯特岛"（Cayo Banistre）——班尼斯特的岛屿。

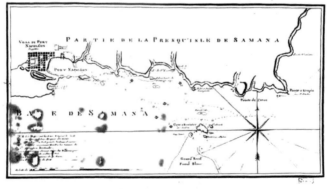

法文版的山美纳海湾地图，大约于 1802 年绘制。
利凡塔多岛被称为"班尼斯特岛"

他们紧紧盯着桌上的图纸，无法移开视线。这张地图不仅仅是一种第六感或最有可能的猜测。这张地图是真实的证据，是多年前了解情况的人画下来的证据。

"我不知道该说什么，特雷西。"查特顿说道。

鲍登笑了笑。

"也许你们漏掉了一些东西。干这行有遗漏很正常。"

在飞回多米尼加共和国的途中，查特顿和马特拉都感到了前所未有的迷茫和无措。在利凡塔多岛周围 2 英里的区域里，他们已经找到了所有的围栏和渔栅，却仍然无法定位一艘 100 英尺的海盗船——何况这艘船上还有铁制的枪、加农炮炮弹，甚至是加农炮。在开回山美纳的 6 小时车程中，他们讨论着岛屿附近的其他可能的区域以寻找灵感，但是所有剩下的区域在班尼斯特的时代都是没有海滩的地方。他们做好准备，不管怎样还是到那些地方搜寻一番，然而即使他们花了几个星期"割草"，搜寻了多岩石的峭壁、参差不齐的珊瑚礁和其他所有"金羊毛号"完全不可能前往的区域，却仍然一无所获。

现在只剩下唯一的选择了：把他们已经完成的搜索再进行一次，正如鲍登暗示他们应该做的那样——他们认为鲍登是这个意思。其实他们对这一建议都毫无兴趣。他们知道他们的"割草"行动并不完美，但是他们不可能错过一艘巨大的沉船——在利凡塔多岛这样狭小的区域里。没有人知道他们接下来该怎么办。就在这时，查特顿为了之前答应要参加的一次潜水表演而飞回美国，其他人也非常庆幸可以趁机喘口气。

在这场演出中，查特顿遇到了以前 U 型潜水艇搜寻工作中的同伴里奇·科勒。一天晚上，两人在吃晚饭时，查特顿告诉科勒自己在搜寻"金羊毛号"及其伟大的海盗船船长，他已经投入了自己的全部，而且愿意承担任何风险，不惜一切代价都要找到它。查特顿和科勒就是凭着这样义无反顾的精神找到那艘 U 型潜水艇的。这也正是为什么查特顿总能取得其他人无法取得的成就。

　　"约翰，你现在已经 57 岁了。"科勒说道。

　　"没错，"查特顿回答道，"所以我不会做出任何让步。"

　　"你有备用方案吗?"

　　查特顿摇了摇头。

　　"我从不准备备用方案。"

第七章

约翰·查特顿：

明天对任何人来说都是未知的

约翰·查特顿似乎注定要过与众不同的生活。他的父亲是一位非常英俊的航天工程师，毕业于耶鲁大学，母亲是国际名模。他们一家人生活在纽约州长岛的加登城（Garden City），这里是一个富裕的社区，当地居民前程远大，他们的子女也能自由追逐梦想。约翰聪明风趣，长相也非常出众。但是，几乎是从 1951 年他刚出生的那天开始，他就对世界上大部分的事情都漠不关心。

对他来说，孩子们之间似乎没有什么不同。他没有心爱的书籍，没有喜欢的电视节目，也没有支持的球队。他和其他孩子一起玩耍，却没有最好的朋友。他才 8 岁就已经对寻常的事情感到厌烦，而且他在加登城看到的大部分事情对他来说都平凡无奇。

但是当他看到海洋的时候，这一切都改变了。

几乎每个夏天，约翰的母亲都会开车带他和弟弟到长岛南海岸的海滩度假。在那里，约翰喜欢远远眺望地平线，他看到了一个永恒延伸的世界，一个每天不论他站在哪里看上

去都非常不同且没有尽头的世界。当人们询问他为什么这么
喜欢海滩的时候，他回答说他到那里去观察各种事物。

约翰开始在海滩上探索奥妙。他在沙滩上建造迷宫，自
己学着做长矛猎杀比目鱼，还试图走上很远的距离，直到自
己都不记得回去的路。加登城的孩子们几乎不知道该如何形
容约翰在夏天做的事：他叉鱼？他整天盯着海洋看？他想让
自己迷路？

约翰9岁时，父母给他买了一个潜水面罩和水下呼吸
器。那个夏天他就用那套装备探索海洋。他到达的每一个地
方都能让他发现一些出人意料、神秘未知的东西。秋天，学
校又重新开课了，但学业的吸引力远远不及海洋的魅力。海
洋是一个完全不同的世界——他的世界——现在，约翰已经
知道该如何走进这个世界了。

而正是在这个时候，他的父母离婚了。于是，他的母亲
比以往任何时候都更希望她自己的父亲能成为儿子们的榜
样。瑞伊·艾米特·阿里森（Rae Emmett Arison）是一个退
休的海军少将，在第二次世界大战期间曾被授予美国海军十
字勋章（Navy Cross）。约翰曾经问过外祖父，成为英雄是
怎样的感受，阿里森告诉他说，自己并没有做什么特殊的事
情，只不过做了自己认为正确的事。当约翰问，自己是否有
一天也会变得非常勇敢，他的外祖父跟他保证他完全可以。

中学时期约翰开始搭顺风车旅行，有的时候方向随机，
一走三四十英里，直到抵达一幢老旧废弃的屋子或是一家被
关闭的工厂，然后他会在里面探索，即使走进去意味着一定
程度的危险，他也要试一试，想象曾经在里面生活和工作的

人过去的日子。对约翰来说，这就是历史——比教科书上所说的总统和国王的故事好很多，因为他可以站在那里，他可以亲身感受这些地方。对约翰来说，这种对一个地方的感受就是他前去的理由。

1965 年，约翰进入了加登城高中（Garden City High School），学校的教学还是和以前差不多——回忆、反复述说和接受别人说的故事。他常常旷课，只上一定数量的课以免成绩单太过难看。虽然他从未出严重的问题，老师们却认为他的问题是所有人中最严重的——他有很好的头脑，却没有正确地使用它。

83　　约翰的父亲警告他说这样下去他没有可能上耶鲁大学，然而在中学三年级的时候约翰就开始怀疑自己是否应该上大学。当时美国面临的最大问题就是越南战争，但是那些声称知道解决方法的人中没有几个去过那里。约翰开始考虑入伍，不过在没有亲自判断这场战争的情况下他对战斗几乎没什么兴趣。作为英雄外祖父的外孙，他完全可以做一份和海军有关的办公室工作，但是这样的话他能够得到什么呢？这时他想出了一个方案。

他可以作为医护人员上战场，在战地为受伤的士兵提供帮助。这样的话，无论他能发现什么，他至少是在帮助别人，而不是在杀害别人，同时他还能在前线或是战场中央近距离地观察战争。学校的辅导员想要劝说他放弃这样的想法，他们告诉他，去上大学，忘记这场战争。但是这世界都已经战火连绵了，那些地方和那些人都等待着人们去了解——如果他放弃了这个想法，没有去战场，他怎么了解那些人和事呢？越南就是他的目的地，他决意要去那里。

　　1970 年年初，查特顿到日本朝霞市 249 号综合医院（the 249th General Hospital in Asaka，Japan）报到。那里距离越南有 2000 多英里，但是他每天都能看到战争的面目。战地运载车每天都会运来满车的伤员，那些年轻的美国士兵有的被炸毁了后脑勺，有的被打碎了脊椎骨，还有一些已经面目全非——他们曾经都是活生生的人啊。当查特顿给伤员清洗的时候，有时他们会问他，一个跛子能成为什么样的丈夫，或者问他，他们现在的样子是不是连父母都会受不了。查特顿曾经为了寻找答案而参军，但是现在他能说的只有："对不起，兄弟，我也不知道。"

　　但是他必须去了解。在神经外科病房待了 6 个月之后，查特顿要求调到越南战争的最前线。朝霞市的伤员们都劝他重新考虑一下。"别把事情搞砸了，"他们说，"你还有一条命呢。"但是每当有新的伤员抵达战地医院，查特顿就更加确信待在这里不能让他更了解真相，他越来越不明白人类为何要自相残杀。于是，1970 年 6 月的一天，他离开了那里。当病人们问起查特顿列兵去了哪里的时候，有人告诉他们，他搭上了一架飞往越南南部茱莱（Chu Lai）的飞机。

　　查特顿被带到老挝边境附近的一个重火力点。几分钟 84 后，他被告知一名医师已经阵亡。"带上你的装备，"一名军官告诉他，"该你上场了。"当时查特顿刚刚成为步兵师第三十一步兵团第四营的成员，才过了 1 小时，就已经到了他上场的时候。

海盗猎人

和查特顿一组的人似乎都不太乐意看见他，没有人上前和他握手，他们只是告诉他"我们走吧"，然后就开始向前走，从不回头看看他有没有跟上，也从不相信他会奋不顾身地冒险。小组中的其他医护人员甚至都不愿意和他嘟囔几句。"他们不了解我"，查特顿心里想着，但是他的双腿不受控制地颤抖着，他非常怀疑他们是不是知道一些他不知道的事情。走了几英里的路程，穿越了鳄鱼大批出没的河流和被炸弹炸毁的村庄，他一直努力回想着他的外祖父是否曾经相信他可以变得很勇敢。

在靠近一个村庄的时候，医护小组停止前进。对查特顿来说，这些人更像是地狱的黑天使，而不是士兵，所有人都留着一头长发和脏兮兮的胡子，裤子早就破破烂烂。突然，枪弹的射击声从周围响起，所有人都趴在地上，从任何可能的地方给予回击。当枪声停止的时候，一行人又重新开始前进，他们的表情甚至都没有发生变化。查特顿几乎无法呼吸。当他跑起来追上他们的时候，他非常担心自己根本不敢去营救受伤的士兵，因为他现在已经知道自己有多么想要生存下去。

第二天早上，当他们一行人穿越一片水稻田的时候，狙击手从一个山坡上向他们开火。有两发子弹击中了小队长约翰·洛科（John Lacko）的臀部，他是一名来自新泽西的裱糊工人，当时 28 岁。洛科躺在草地上隐藏自己，伤口不住地流血，而其他人则在一个土堆后面寻找掩护。有人呼喊医护人员上前急救。

"去他的！我才不要去那里！"另一名医师告诉查特顿。

第七章　约翰·查特顿

洛科暴露在空旷的田地里，任何去帮助他的人都很容易成为敌人的目标。"杀掉一个医护人员就能让整个小组都失去士气"，一个朋友曾经这样告诉查特顿，而现在敌人正等着这么做呢。

查特顿的胸口起起伏伏。他都没有办法吞咽口水了。他感觉自己的身体都变得轻飘飘的。

就在这时，他冲了出去。

他带着身上所有的东西冲了出去，跑到开放的田地里，径直奔向洛科。子弹如期而至，在他四周击起了地上的尘土和杂草，但是查特顿还在继续向前跑，此时整个小组开始还击掩护他的行动，他的双腿像是着了火一般，急救包猛烈地颠簸着。他一直等待着死亡的到来——或许他已经死了——但他的双腿还是不停地移动着，整个世界似乎只剩下自己的呼吸声，其他所有声音都消失了，直到他滑到洛科身边的草丛里。

"坚持住。"查特顿说道。

他检查了洛科严重受伤的动脉，回头看了看田野那头的医疗小组。

"我们必须回去，"他告诉洛科，"现在就走。"

查特顿身高 6.2 英尺，但是他 165 磅的体重让他无法靠肩膀背起一个比自己重的人。于是，他只能从后面用自己的双臂勾住洛科的双臂，拖着他穿越开阔的田地。枪声不断响起，泥土和杂草被击打得四处飞溅。查特顿知道他可能马上就要死了，但他还是继续拖着洛科撤退，试图穿越 50 码几乎全被越南人掌握的地盘。他始终等待着自己被击倒，然而他的双腿仍然在不断移动，哪怕他已经无法感受到自己的身体，他还是坚持拖着洛科撤退，直到回到小组附近，隐藏在土堆后面。因为极度缺水和精疲力竭，当眼镜蛇攻击型直升机队到达战场与敌人交手的时候，他几乎没有听到任何声音。但是他感觉到小组的人轻拍他的肩膀，把他眼睛里的泥土擦去，他还听到他们喊他"医生"。

在接下来的两个星期中，每一次巡逻查特顿都会参与。虽然他们都警告他，这样做很有可能会让他很快被装进裹尸袋，但是他根本听不进去。他只知道他非常擅长自己的工作，而且这份工作也非常重要。他不仅继续志愿参加每次行动，而且在巡逻时走在队伍的最前面——从未有过医护人员像他这样。他频繁的行动让他不时暴露在诱杀陷阱、地雷和狙击枪火中，但是这也让他脱颖而出，站在了人们的视线里。他屡次勇敢上前救出战友。当一个人拥有变得更加优秀的机会时，整个世界都会变得生机勃勃。

86　　查特顿只花了一两个星期就找到了他一直渴望的答案：越南并不适合美国人。士兵们成了英雄，而普通的人们却被当作动物。但他还是继续走在最前面，继续观察人们如何生存和死亡，如何做决定，在重要关头又是如何看待自己的。几个月以来，他从身边那些生生死死中总结了一些事实，将它们列成一个简短的清单——这就是他的生存原则：

　　——如果一份事业非常简单，那么早有其他人将它完成；

　　——如果你追随其他人的脚步，你就会错过一些真正等待你解决的问题；

——优秀来源于准备、奉献、专注和坚韧，在这些方面的任何妥协都会让你变得平庸；

——有时人生会出现需要你做出重大决定的时刻，在命运的十字路口你必须决定是停是走，这些决定之后将永远伴随你的一生；

——亲身检验一切，并不是所有事都和看上去或听起来的一样；

——如果你的决定是基于自己最诚实的是非判断，那么这个决定是最容易让你接受和承认的；

——总是紧张不安的人通常容易被杀，那个不在乎任何事、任何人的人，那个会说"我已经死了——我生或死的事实与世界其他一切无关，而唯一重要的事情就是我对自己的看法"的人才拥有世界上最强大的力量；

——世界上最糟糕的决定就是放弃。

这一年查特顿大部分时间都在战场上度过，之后他回到加登城休假，等待着军队为他做下一步的安排。

他几乎不说话，大部分时间都待在地板上。有时他会突然崩溃啜泣，然后又转而默不作声。他再也没能回到越南，反而到布鲁克林的汉密尔顿堡（Fort Hamilton）服满兵役，对那些精神病学家说些他们想听的话，和一个他几乎不了解的女人结婚又离婚，他想知道那个曾经那么需要去了解一切的人变成了什么样子。

87

海盗猎人

----

5 年里，查特顿都在做着小时工，他不停地换工作，从不长时间待在一个地方，也从不和人真正地交流。一直到1978 年，他突然意识到自己的人生很可能会像这样流逝掉——被愤怒和黑暗记忆所束缚——他现在这样虚度人生完全玷辱了那些没能从越南归来的人。

他到新泽西海岸线最南端的五月岬（Cape May）去做采摘扇贝的渔夫。在海上，渔民们用渔网捞取一大堆东西，然后一一拣选，把扇贝和垃圾分开。对查特顿来说，垃圾才是最重要的东西。"你们介意我留下那个东西吗?"他会这样问。很快，他的房子就被加农炮炮弹、火枪、破碎的瓷器和燧石枪填满了。

扇贝一直如金子般珍贵，直到1981 年软体动物的市场崩溃。但是那时，查特顿已经知道他想要靠水维生了。他报名到南卡罗来纳州卡姆登（Camden）的商业潜水学校里学习。当他的女朋友凯西（Kathy）问起这个专业需要准备什么的时候，查特顿坦白地告诉她自己也不知道。

学校的指导老师说，为了提高商业潜水的能力，一个人必须完成水下建设、水下焊接和水下修理。为了成为优秀的商业潜水员，他必须在恶劣的环境中随机应变，在工作看似不可能完成的时候找到方法，在千钧一发的时刻当机立断解决问题。"我在越南时就是这样做的，"查特顿想，"这就是我最擅长的东西。"

1982 年毕业之后，查特顿在一家商业潜水公司找到了工作，这家公司的业务主要在纽约港。在那里，他负责拆除

第七章　约翰·查特顿

混凝土、焊接南街下面的支撑梁，以及在水下给港务局直升机场（Port Authority Heliport）包裹桩基。他们常常在一些洞穴或隧道里面干活，每工作 1 小时都需要很好的体力和敏感的触觉，那些地方都因为旋转的淤泥和沉积物而变得黑乎乎的。主管们可以看出查特顿的不同之处——并不仅仅因为他总是毫不犹豫地进入工作困难的区域，或者即使是在身体因为寒冷而变得麻木时也不愿退出，而且因为他看东西的方式不同。在可视度完全为零的情况下，他可以通过自己的身体、头盔乃至他的"鱼鳍"搞清楚工作空间的大概轮廓，将自己触摸到的形状在脑海中组合成三维的图像。通过把自己从视线中解放出来，他用自己的想象看到了周围的景象，而这也意味着，世界上再没有查特顿不能去的地方。

甚至连在家里的时候，他的思绪也完全沉浸在水中。洗澡时，他会思考物体在水中是如何下落的；早餐时，他拿出从公司借来的设计蓝图规划逃生路线。每天早上当他跳进哈德逊河时，他看上去都无所畏惧。这并不是因为他觉得最坏的情况不可能发生——在越南的经历让他知道，这是完全可能的。他只是知道当自己被烂泥掩埋，或无法继续呼吸，或被压制在什么墙面上的时候，他可以顺利地逃脱，因为在脑海里他已经经历过这些，他知道逃脱的方法。

查特顿非常快乐地度过了接下来的几年。他和凯西结了婚，事业也蒸蒸日上。他生平第一次挣到了非常可观的薪水，有了稳定的工作，也享受着丰厚的回报，这些全部基于这份他热爱的工作。

当地潜水商店常常经营一些娱乐性质的包船出海潜水探

索沉船的项目，查特顿开始参加这些活动。包船潜水的主要是身强体壮的男人（和小部分健硕的女人），他们随身带着大锤和撬棍，每条腿上都绑着一把刀。在这里你不会真心与他人合作——度假胜地的游客才需要那种合作——你也从来不会触碰其他人的工具。这些潜水者会研究那些因为巨大的外力而沉没的船只及其甲板布置图，每个周末他们都在海中的尸骨间游来游去。

很快，他开始朝更深的海域推进，但是鲜有项目覆盖这89 些地方——这是有原因的。在 130 英尺的深度以下，减压病、神经损伤、深水晕眩、幻觉、恐惧和惊慌开始威胁人的生命。有的时候遇难者的遗体甚至都无法被找到。船长们不愿接待查特顿这样的新手，这些人空有一腔热情，根本不明白深海潜水要面临多么高的死亡风险。但查特顿无论如何还是会出现。在美国 1000 万名有证书的水肺潜水员之中，只有几百人能潜到 130 英尺以下——那才是真正的深海。查特顿就属于这一小群人。

查特顿热爱那些沉船。或扭曲或折断，有的在两边崩塌——它们就像快照，记录下人们失去希望时的样子，显示着计划、未来和家庭变化的时刻。每一艘沉船都是不一样的，有时甚至每天都会发生变化，它们会随着海洋的性情而改变。很多潜水员探索的目的在于这些沉船上的手工艺品——茶杯、碗碟、舷窗、古老的钟——但是对查特顿来说这些东西根本不重要。对他来说，沉船就是谜题，让他确确实实地挑战自己，而解题的方法就是最好的奖励。越是深入沉船，越是能发现它更多的秘密。没过多久，查特顿就进入了从未有人进入的区域，看到了从未有人看到的景象。

　　查特顿在水中的突出表现主要得益于岸上的工作。他坚持不懈地做准备，研究甲板布置图，预演他的方案，将沉船想象成一个故事而不是一个框架结构——一个有开头、高潮和结尾的故事。他会在脑海中想象沉船最后的时刻，从而看到它破裂的过程，这也意味着，他可以深入探索那些都算不上地方的地方，可以到达那些只有能即时觉察身后危机的人才能抵达的区域。

　　很快，他就做好了挑战"安德里亚·多利亚号"的准备，从很多方面看来，这都是美国水域中最危险的沉船。1956 年，"安德里亚·多利亚号"在楠塔基特岛（Nantucket Island）附近和密西西比州的燃气机轮船"斯德哥尔摩号"（MS *Stockholm*）相撞，这艘大型意大利邮轮向右舷侧翻，最终沉入 250 英尺深的水底。船体的内部很深、很暗，也很危险。一点点小的操作错误都有可能导致昏迷和减压病。船体内部的走道和楼梯都已经扭曲，容易让人失去方向感。水下的泥沙和微粒降低了能见度，有时候潜水者只能看到几英寸以内的东西。"安德里亚·多利亚号"早就声名在外，船上任何一个房间都可能成为潜水者的丧命之处。

　　没过多久，查特顿就开始进入"安德里亚·多利亚号"和其他大型沉船的内部区域——这是其他潜水者都不敢做的事情。对他来说，风险才是真正重要的事情：如果去的地方没有难度，他完全猜得到自己会找到什么，又如何能对这种东西抱有期待呢？到了 1991 年，有人开始称查特顿是他们见过的最伟大的沉船潜水员。打捞船船长比尔·内格尔

90

（Bill Nagle）更是给予他最高的赞扬："如果你死了，我相信没有人能找到你的尸体。"

1991 年夏天，内格尔从一个渔民处得到消息，新泽西海岸边 60 英里处可能有一艘沉船。他找来查特顿，两人制订了方案前去一探究竟。这次旅程光是燃料费用就要花去好几百美元，而找到任何重要物件的可能性几乎为零，但是对查特顿和内格尔来说，人必须去探索。如果你不去探索，你又能成为怎样的人呢？

他们招了 12 个潜水员，这 12 个人每人都支付了 100 美元来分担整体的费用，然后一行人就出发前往目标位置了。查特顿背上他的水下呼吸器，独自潜到 230 英尺深的水底，在那里发现了一艘第二次世界大战期间的德国 U 型潜水艇，它几乎完好无损。查特顿熟知这片海洋及其历史，这个位置方圆 100 英里内都不该有 U 型潜水艇出现，在美国水域发现一艘德国潜水艇相当于发现了圣杯。只需要等潜水员们确定沉船的身份，他们就能够创造历史了。

然而，当团队再度回到现场时，一名潜水员在水底死亡，尸体被水流冲走了。查特顿和其他人冒着生命危险去寻找，但还是没有找到他。这一悲剧让整个团队的气氛都沉重起来。

内格尔让里奇·科勒代替了那位去世的潜水员，科勒是当地一家玻璃厂家的老板，也是大西洋沉船潜水俱乐部（the Atlantic Wreck Divers）的一员，那是一群声名狼藉的硬汉，总是穿着和他们名声相符的骷髅十字骨外套，在东海岸沿线的沉船上引起骚乱。科勒那伙人都是颇有成就的潜水

91

员，但也正是查特顿鄙视的那类人。他们似乎只在乎船上的手工艺品——袋子里已经装了 19 个茶杯，还要冒险去拿第 20 个。这些人在巡航晚宴上搞恶作剧，把毛绒动物玩具当作飞碟射击的靶子，还赤身裸体跳入水中。他们反复在同样的沉船上重复那些事情，因此，查特顿此前从未考虑让他们加入。

如果说有什么区别的话，科勒甚至更加讨厌查特顿。"这个动辄谈论完美和艺术的蠢货算老几啊？"科勒会这样问。他知道查特顿是能力非凡的潜水员，但是他认为查特顿没有抓住重点。沉船潜水应该是关乎快乐、友情和兄弟情义的。如果没有那些，这项运动就会变成苦工，他们难道就应该在周末吃苦吗？"想象一下这个人过的是什么样的生活，"科勒告诉他的兄弟们，"我去他大爷的！让他抱着他的船去死吧！"

尽管查特顿提出了反对意见，内格尔还是让科勒参加了 U 型潜水艇的项目。查特顿和科勒两人分开工作，各自进入潜水艇内部，在那里他们看到了悬挂着的水管、电线和管道（这些东西，哪怕只是一小部分，都有可能缠住他们，让他们永远陷在这艘沉船中），到处都是死路和混乱的过道，一个不小心都有可能触碰到残留的火药，从而引发爆炸。在整个潜水艇中，他们发现了 56 名德国士兵的尸体，有的人仍然穿戴整齐，他们的鞋子一双又一双地摆放在地板上。但是没有能够证明潜水艇身份的证据。

两人开始合作，不仅在水下，也在陆地上——他们一起在政府的档案室、图书馆寻找资料，询问历史学家和外交官，还给年迈的 U 型潜水艇专家打电话咨询。慢慢地，他们开始整理出一段与官方说法不同的历史。两人也逐渐开始理解对方。几个月过去了，几年也过去了，他们有了突破性的进展，但也逐渐意识到，除非他们在船体本身上找到决定性的证据，否则他们有关潜水艇身份的理论只是最合理的猜测，而且两人都不愿意在付出了这么多努力、多次以身犯险后还只能得出不确定的结论。查特顿和科勒认为，一个人可以就自己是谁提出理论，也可以预测特定情况下自己可能采取何种行动，但是除非他接受考验，否则他永远都无法真正知道这些。对查特顿和科勒来说，U 型潜水艇就是他们的挑战，就是他们检验自己的时刻。

92

因此他们继续回到那艘潜水艇里探索，靠着借来的钱支撑燃料和其他开销，许久不能与家人团聚。又有两个潜水员在探察过程中死亡，他们是一对父子。其实，查特顿和科勒完全可以在潜水艇中移走死去海员的尸骨，或是在那些死人的衣服里面搜索一番，说不定可以发现一个刻有潜水艇身份的怀表或是打火机——有的时候这些东西能在冰冷的水下存留几十年之久。但是两人都不愿意这么做。查特顿和科勒在那些尸体中游来游去，渐渐不再把这些死去的海员当作敌人，而是把他们看作某人的儿子、兄弟、父亲或丈夫，这些年轻人的国家差点被一个疯子毁灭，而他们的家人甚至根本不知道他们葬身何处。搜索这些尸体很有可能会打扰这些死去的人，因此查特顿和科勒决定让他们安息。但这一决定也增加了他们的风险——他们有可能死在潜水艇中。但是他们马上就能为整个搜寻画上一个圆满的句号，两人宁愿失去自己的生命，也不愿意以一种卑劣的方式去完成它。他们继续搜寻着。

很快，只剩下查特顿、科勒和少数其他成员还在进行这一项目。查特顿开始深入沉船最危险的那些角落——空间非常狭窄，头上满满悬挂着船的碎片，就连住在里面的鳗鱼都很难找到出来的路。但每多潜一次，查特顿似乎都离答案更远。

他们各自的婚姻状况也不容乐观，夫妻渐渐疏远，关系也非常紧张。为了挽回家庭，科勒退出了U型潜水艇的项目，将潜水装备束之高阁。到了1995年，查特顿发现自己站在一个十字路口，这一次他比以往任何时候都要迷茫。为了U型潜水艇的项目，他已经释放了自己所有的能力，利用了他知道的所有有关潜水和人生的知识和道理。但是他面临失败。

他愤怒地开始反抗这一现状，发现了几艘新的沉船并确认了船只身份，这样的成就足以让其他任何潜水员青史留名，但是查特顿只觉得更加绝望。到了1996年，他和凯西的婚姻走到了尽头，他几近破产，而内格尔，他曾经非常崇拜的人，也在心力交瘁中去世了。当人们试着安慰查特顿的时候，他告诉他们："我现在都不知道自己是谁了。"

但是到了1997年，科勒终于解决了家庭问题，回到这个项目上来。查特顿设计了一个终极方案来确定U型潜水艇的身份，这一方案整合了他所有的生存法则——科勒非常确定这一计划绝对是致命的。在水下，查特顿钻进一间看似根本无法逃脱的屋子，房间太过狭窄，他只能在其中爬行。

93

他发现了一个储物盒子，那里面有最关键的证据，但就在那时查特顿发现自己的氧气马上就要耗尽了。他只能屏住呼吸从一个狭窄的缺口将盒子推出去交给外面的科勒，然后解下自己的氧气罐，拼命地游向他的搭档。回到水面后，他们打开盒子，知晓了一切，这艘 U 型潜水艇也终于有了名字。这次旅程花费了他们六年的时间，带走了三条人命、两段婚姻和两人的毕生积蓄。但是查特顿终于找到了他的答案。

1998 年春，一个朋友邀请查特顿参加在曼哈顿一家酒店举办的派对，说是会提供上好的食物，也让他有机会见见自己认识的一个女人。查特顿非常讨厌正式的穿着和场面上的来来往往，但是他喜欢这位朋友，所以他答应去。

那个星期六的夜晚，查特顿骑着他那辆焦橙色的哈雷 - 戴维森（Harley – Davidson Road King）摩托车来到酒店，下车后把车钥匙给了门口的泊车生。进去之后，他被介绍给卡拉·马德里加尔（Carla Madrigal），一位 46 岁的运营系统经理，她在一家大型商业航空公司工作，公司总部位于华盛顿。她很美，而且正是查特顿喜欢的类型——自然而然，没有太多刻意的装饰——她身段纤细，有淡淡的雀斑和高高的颧骨，脖子上还戴着字母 C 的项链，这条项链吸引了查特顿的注意。

他们聊了好几小时，几乎无暇顾及其他人。那天晚上派对快结束的时候，查特顿表示希望能再见到卡拉。卡拉问他为什么一直盯着她的项链看。他告诉她，在他人生非常迷茫的时候，他找到了一艘沉船。那艘船是"卡罗利纳号"邮

94

轮（SS *Carolina*）；他在邮轮的扇形船尾上找到了铜质字母，字母拼出了船的名字，这才让他确定了邮轮的身份。那铜质字母的字体他从未见过，但就和她项链上字母 C 的字体一模一样。

那个夏天，查特顿同意加入由美国和英国潜水员组成的精英团队，踏上了寻找英国皇家医疗船"不列颠号"的探险之旅。"不列颠号"是"泰坦尼克号"的姐妹船，沉没在希腊的基亚岛（Greek island of Kea）附近，沉船船体向右舷倾倒，沉没在 400 英尺的水下，这一深度已经濒临世界级潜水员的极限了。甚至在项目开始之前，这次探险就被誉为潜水史上最富野心的一次壮举。而对查特顿来说，他非常愿意成为第一个在"不列颠号"上使用水下呼吸器的潜水员。

水下呼吸器利用螺线管、传感器和化学吸收剂管理呼出的气体，可以让潜水员潜入更深的水域，极大地提高了工作效率。这一技术可以说是非常先进的，但尚不完美，很多潜水员都在使用这一新装置的时候失去了生命。在为寻找"不列颠号"而进行训练时，查特顿不断试验使用水下呼吸器的方法，有十几次差点就丢了性命。等下到沉船时，他必须做到毫无差错。

对很多人来说，他的计划似乎是自取灭亡。他想要潜到沉船的锅炉房寻找这艘船如此快速沉没的原因。大家都知道，这艘沉船上最可怕的地方莫过于此。根据甲板布置图，潜水员不得不挤过一条狭窄蜿蜒的消防通道，里面连转身的空间都没有。在深海沉船潜水中，无法转身的失控感往往是一个人临终前的最后体验。

查特顿很快就下到了沉船的位置。他从"不列颠号"船首的一个裂缝进入船体内部，在找到消防通道之后缓缓进入。这条通道甚至比他想象的还要狭窄，身体两边只剩几英寸的空间，他查看了深度仪表：375 英尺。这深度简直太疯狂了！

他缓慢地移动着，穿过了参差不齐的管道、缠绕的电线、倒落的栏杆和刀刃般锋利的珊瑚——从事沉船潜水以来，这是他到过的最糟糕的地方。一个小小的过失，轻轻触碰了一个看不见的障碍物，或是滑进一个悬挂的绳结，他就会陷入困境。而可能要等上几小时才会有其他人过来找他，前提还必须是有人知道该去哪里寻找他。

他花了好几分钟缓慢地向前爬行，爬了 100 多英尺才终于抵达了锅炉房。此刻查特顿查看了水下呼吸器的控制面板。

屏幕一片空白。

控制水下呼吸器的电脑死机了。现在他根本不知道自己吸入的氧气浓度是多少，他需要多少浓度才能存活下来，或是他该如何避免死亡。而且他身上也没有紧急救援氧气罐——这一通道非常狭窄，他只能把备用的氧气罐留在锚线那里。此时此刻，他自己都开始和自己告别了。

但是他难道应该就此放弃，找个地方刻下自己对所爱之人的只言片语然后等死？他曾经见过其他人这么做。他才不会以那样的方式死去。所以他开始手动增加氧气。如果增加了太多氧气，他很可能氧中毒，抽搐，松开呼吸头，然后淹死。如果增加的氧气太少，他则有可能晕过去，然后淹死。他只能猜测自己增加的量是否合适，他逐渐调整混合比，等着看自己是否能活下来。

他依然神志清醒。

现在他必须离开这里。因为无法转身，他开始往后滑动，逐渐向通道外面移去，而出去的过程正如他进来的过程一样痛苦。他的每一条神经都在告诉他快点离开，但是他知道突然的行动可能会让他被悬挂的各种残骸缠住。

几分钟后他终于离开了通道，每一次呼吸他都在怀疑这是不是自己的最后一口气。他游到了锚线处，一把拿过自己的紧急救援氧气罐，然后开始了为时 3 小时的解压上升，直到浮出水面。

那天晚上，查特顿乘坐出租车前往一家店面较小的五金器具店，买了钢锯条和一把焊枪，等回到酒店房间之后，他就开始修理他的水下呼吸器。在修理过程中他还引起了一阵小火，在火扑灭之前，浓烟充满整个屋子，从他房门下面往外翻腾。但是几小时内，他化身科学怪人，把水下呼吸器重新调回了运行模式。

第二天他又回到船上，下海潜水。在这次探险之旅中，查特顿一共在沉船中进行了六次潜水探察，其中三次他的水下呼吸器都出了故障。他一直没能弄明白"不列颠号"为什么沉得那么快，但是他到达了这艘沉船上几乎不可能到达的地方。尽管很多杂志都刊登了这次冒险的照片，然而没有一张照片能够捕捉到他当时的感受。

96

海盗猎人

————————

2000 年 11 月，美国公共广播公司播出了系列纪录片《新星》（*Nova*）2 小时特别篇，专门介绍神秘的 U 型潜水艇。查特顿和科勒就是其中的明星，这一集后来成为该系列史上评价最高的一集。这集播出后没多久，一天早上查特顿在剃须的时候发现自己脖子上有一个鸡蛋大小的肿块。一名外科医生为他做了穿刺活检，然后在那天晚些时候给他打电话，让他再去一趟医院办公室。"我有点忙，我们能明天再见吗？"查特顿问道。当医生说不行的时候，他知道自己有麻烦了。

在医院办公室，医生告诉查特顿，他得了鳞状细胞癌。医生解释了大致的病理，并建议他马上动手术。

"你还没有说这是良性的还是恶性的呢。"

"恶性的。你需要马上进行化学治疗和放射治疗。你存活的概率是 50%。"

查特顿刹那间无话可说。他只有 49 岁。但是当他拿着外套离开的时候，他想着："我可以凭着这 50% 的概率活下去。我的结果一定是好的那一半。"

手术过后他很快就开始了化疗，他常常骑着那辆哈雷摩托车在雪天奔向医院接受治疗，然后在同一天回去做水下建设的工作，无论他的身体有多么虚弱、多么不适合游泳。卡拉来陪伴他进行化疗。她常戏弄他，说那个同性恋药剂师对查特顿有意思。"我觉得没有人会像你一样穿着黑色皮夹克来看病。"她开玩笑说，内心却在颤抖。

97　　化疗之后，查特顿又开始接受放射治疗，一周五次，持续两个月。到最后他甚至都无法举起自己的潜水头盔了。不过医生们对他的病情保持谨慎乐观的态度。幸运的话，查特顿还是可以挺过这关的。

几个星期之后，他到曼哈顿市中心的巴特利公园城（Battery Park City）指导一项大工程。这次的工作地点和寻常的水域不同。它位于世界金融中心（World Financial Center）的下方，从世界贸易中心（World Trade Center）地下穿过西大街。

2001年9月11日那天，查特顿正在公司的拖车上，突然他听到一阵轰鸣，紧接着是爆炸声。他打开车门向上看去，看到一个橙黑色的火球正从世界贸易中心北塔楼（North Tower）一侧喷射出来。爆炸的碎片开始如暴雨般倾泻而下，哗啦啦砸在铁皮屋顶上，他赶忙跑回车内。当那些声音终于停下来的时候，查特顿走出车子，发现自己周围全是混乱和尖叫。他帮助了4位满身是血的日本游客。周围到处都是尸体。

通信工作室在他50码开外的地方，他跑过去打开了无线电广播——还有10个潜水员在水下工作，他必须把他们弄出来。他命令水下工作人员放下手中所有事情回到潜水站。然后他又跑到了外面。

待所有的潜水员离开水域之后，其中一人指向了南塔楼（South Tower）。

"又来了一架!"

查特顿看到了第二次撞击，看到很多人从塔楼上掉了下来。这时消防部门已经征用了查特顿的拖车作为他们的指挥所。但只过了一会儿，倒塌的南塔楼砸中了拖车，车内5位纽约市顶尖的消防员全部丧生。不远处，有个人在水中求救。查特顿和他的潜水员们跑过去将他拉了出来。

在接下来的几小时里，查特顿不停地帮助人们乘上渡船离开，直到没有更多的船只进港。他登上了那天离港的最后一艘船，站在船上回望整个破碎的纽约城。在新泽西，他设法乘车回到了自己的公寓，而后给卡拉打了个电话。卡拉当时正在阿根廷出差。电话一接通，查特顿就听到了卡拉的哭声，她说自己在电视上看到了全部的事情，她已经想到了最坏的情况，但是她从不觉得他会就此丧命，她想到查特顿会去帮助别人。然后她告诉他，她爱他。

几个星期之后，查特顿回去工作，却已经不再有过去的兴致。每天的通勤很糟糕，那些回忆很痛苦，而且更多的时候他是在管理而不是在水里。2002年1月他和卡拉结了婚。然后他制订了一个计划。

他想要成为一名历史教授。他从越南战场回来后曾修过几门大学课程，而且在下水探索过无数沉船后，他已然爱上了这门学科。于是他辞去了商业潜水员的工作，在新泽西州的肯恩大学（Kean University）注册入学。上一次上学已经是20年前的事情了，但是对查特顿来说，这一次会比当年有趣得多。

第一个学期他拿了全A。当他准备开始修第二个学期的课程时，查特顿接到了有线电视历史频道打来的电话。他们正在策划一档有关沉船的节目，想寻找合适的主持人。几天之后，他和科勒——曾经针锋相对的敌人——组成团队前去面试。

制作方非常喜欢他们，和他们签了 8 集的合同。他们给这档节目取名为《深海侦探》（*Deep Sea Detectives*），节目的内容很简单：每一周，两位潜水员都将研究一段与沉船相关的神秘故事，在陆地上做调查，然后潜到水下去探察那艘沉船。查特顿那沉稳有力的男中音正适合做讲解。

这档节目自 2003 年播出以后就大受欢迎。查特顿利用课余时间进行拍摄，但是科勒考虑到自己的家庭和生意，而节目组的拍摄日程太紧，因此他在 8 期节目拍摄完毕后就退出了。35 岁的迈克尔·诺伍德（Michael Norwood）取而代之，诺伍德是一位颇有成就的英国潜水员，他和查特顿在节目组也相处融洽。

查特顿和诺伍德很快成为好朋友。2003 年 12 月，他们去往西太平洋岛国帕劳共和国（Palau）进行拍摄，研究的目标是"培里号"驱逐舰（USS *Perry*），那是一艘第二次世界大战期间的战船，沉没在 270 英尺深的水中。潜水摄影师丹尼·克罗韦尔（Danny Crowell）将与这两位主持人同行，克罗韦尔是一位经验丰富的潜水员，还曾参与 U 型潜水艇项目。

在沉船所在位置，克罗韦尔沿着导索率先下潜，诺伍德和查特顿跟随在后。接近底部的时候，诺伍德用手划过喉咙向他们示意——这是没有氧气的信号——这一举动让查特顿感到非常奇怪：他们下水才几分钟而已。

过了一会儿，诺伍德的调节器从嘴中滑落。查特顿马上将自己的备用调节器给他换上。诺伍德开始吸入气体，但是他已然变得无精打采，眼神迷离。查特顿开始试着帮助诺伍德浮到水面。他向诺伍德比手势、挥手、拖拽他，但诺伍德就是没有反应。

查特顿和克罗韦尔费尽力气想将诺伍德带回水面。两人开始拖着他沿导索回升，但是诺伍德的左手紧紧握着导索，要移动他非常困难。他们把诺伍德的手指一根根掰松，几英尺几英尺拖着他向上移。过了一会儿，他停止了呼吸，这一次他的眼睛圆睁着，眼中没有恐惧或惊慌，只是直直地盯着，永远这么盯着。又过了一会儿，诺伍德开始下沉，他的肺部已经被水浸满。

现在，诺伍德必须到达水面才能活命。用太快的速度将他拖上去很有可能引发致命的减压症，但如果不这样做，他很快就会淹死，所以查特顿给诺伍德的浮力调整器充满气，让他迅速上浮。然后他和克罗韦尔重新下潜，让身体里的氮气逐渐消散，等待的过程虽然痛苦，却是必要的。查特顿祈祷当他离开水面的时候能够看到诺伍德喝着啤酒、说着笑话的样子，诺伍德确实是个很会说笑话的人，但是他刚才看到了诺伍德的眼睛，那样的眼睛通常意味着这个人不会再醒过来了。

当查特顿最终回到船上的时候，诺伍德就躺在甲板上，还穿着潜水装备，但是已经死了。一名救援人员对他进行了心肺复苏，却还是无法救活他。诺伍德只有 36 岁，身体非常好，他从不吸烟，充满生气。

查特顿只能凝望着整片水域，在脑海中重演那些事情，希望找出一个借口或理由或一个可以责怪的人，但是他找不

到。诺伍德所做的每一件事都是正确的。这已经是查特顿目
睹的第 9 起潜水事故了，9 个活生生的人，他们有人生规
划、被人爱着，就这样死去了。就在那艘船上，查特顿开始
问自己："我真的还想继续下去吗？我是不是已经变得铁石
心肠，再也无法看到这些人命背后的真相？潜水这件事真的
值得人付出生命吗？"但是现在，他知道当这些震惊的心情
消散后，他会这样回答："没有人能永远活着。一个人必须
顺从本心而活。我是一个潜水员。"

帕劳共和国当局将诺伍德的死归因于心脏病发作，但那
只是一种猜测。查特顿回到美国后，他和卡拉一致决定搬到
缅因州，照顾诺伍德的遗孀黛安娜（Diana）。

那一年的圣诞节感觉很不一样。在不到 3 年里，查特顿
和癌症斗争，目睹了世界贸易中心塔楼在他面前崩塌，还看
着一个亲密的朋友在自己的臂弯里失去生命。2004 年新年
狂欢开始之时，他给自己的生存法则中增加了一条：

　　——现在就开始行动，明天对任何人来说都是未
知的。

对查特顿来说，诺伍德的过世就意味着《深海侦探》
节目的结束，但是历史频道又重新开始摄制这一系列，最终
还将科勒请回来担任联合主持。2004 年夏天，《影子潜水
者》（我写的关于查特顿和科勒如何努力确定 U 型潜水艇身
份的书）成了畅销书，被译为好几种语言出版。《深海侦
探》收视率依旧高得惊人，而《新星》系列的 U 型潜水艇

特别篇也在公共广播公司多次重播。在不到 2 年里，查特顿和科勒从不为人知的工薪阶层变成了世界知名的水肺潜水员。

　　这一系列电视节目一直持续到 2005 年年末，历史频道决定不再继续制作。《深海侦探》总共拍摄了 5 季 57 期，节目的结束让查特顿没有了工作，这还是 20 多年来头一次。朋友们和同事们都敦促他好好休息，喘喘气儿，不要再参加
101　潜水运动。他现在已经 54 岁了，距离他打败癌症、目睹世贸中心惨案才过去了 4 年。而且无论怎么说，他的年龄太大了，已经不再适合需要冒生命危险的潜水运动了——虽然他曾经是这一行的顶尖人士。

　　但是他并没有听取他们的意见，他制订了一个计划，和科勒一起去找"泰坦尼克号"。这一项目于 2006 年圆满结束。他的朋友们又一次劝说他趁早收手，不要再冒险。他们建议他用钱投资点什么，买一家自助洗衣店或是一栋公寓大楼，买一个只需要坐等收钱的东西。

　　他确实思考了这样和那样的想法。这一切都能说得通，但是这一切都不像约翰·查特顿会做的事。作为一个已经确认神秘 U 型潜水艇身份的潜水员，作为一个在"泰坦尼克号"上取得突破性成就的潜水员，作为一个探索过"卢西塔尼亚号"和"不列颠号"的潜水员，作为一个征服过"安德里亚·多利亚号"的潜水员，他还剩下什么没有做呢？他是不是应该再去潜水探察一遍那些沉船？他现在已经 55 岁了。如果他的身体能撑得住，他或许还能再来一次伟大的冒险。

　　于是，查特顿研究了其他的沉船，与世界各地的潜水员沟通联系，花了几个月整理出可能的潜水项目列表，每一个项目看上去都颇有挑战性，也很有趣，但都不是什么重大项目。他做着一切能做的准备——举重、吃沙拉、每天日出就开始长距离晨跑——等待着他的时刻来临。当他的财务顾问建议他加盟一家邓肯甜甜圈（Dunkin' Donuts）时，他努力让自己礼貌地回绝他。

　　就这样他度过了几个月，直到他在多米尼加共和国遇到了马特拉，马特拉谈了很多关于西班牙大帆船的故事——凡人无法想象这些宝船多么稀有、多么美丽、多么价值连城，至今没有人能够找到这些宝船。为了寻找一艘这样的沉船，查特顿必须付出自己的全部积蓄，和一个完全陌生的人在第三世界国家开始一项几个世纪以来都没有人成功的任务。但是当他在早餐桌旁伸出手与马特拉握手的时候，他的脑海中只有一个想法：现在就开始行动，明天对任何人来说都是未知的。

第八章
一个配得上他的地方

　　这是约翰·查特顿参加潜水节目录制的最后一天，卡拉·查特顿一路超速行驶，中途只偶尔在路边的加油站加油，饿了就买点加热的芝士汉堡充饥，终于从缅因州及时赶到了位于纽约的节目录制现场。在这样的活动中，卡拉总是非常吸引人，她会对经过的人介绍她的丈夫约翰，管理好朋友们的（有的时候是陌生人的）摊位，并帮助他们推销产品。在潜水节目中，卡拉只能和约翰相处几小时，而她愿意尽一切可能享受两人共处的时光。他们已经几个月没见了，对她来说那段时间可不好过。

　　卡拉和约翰挤出了 1 小时在酒店吃晚饭，约翰回多米尼加共和国的飞机将在几小时后起飞。在他开始搜寻"金羊毛号"以来的几个月里，这对夫妇只见过几次面。哪怕是研究"泰坦尼克号"的时候，他也只离开家一个月而已。

　　快要吃完的时候，一个小男孩和他的父亲走到了查特顿的桌子前。他们是查特顿的粉丝，想要知道查特顿现在在忙什么。

　　"您能帮我保密吗？"查特顿问道。

第八章　一个配得上他的地方

待孩子点了点头，查特顿说，他正在寻找一艘海盗船，那艘船的主人是史上最伟大的强盗之一。他给了孩子一张签名，上面写着："激励自己。"

第二天清晨，查特顿乘坐的飞机在圣多明各降落，随后他动身前往山美纳。和多米尼加共和国其他的道路一样，这一条路也是美丽与危险并存——一段充满障碍的路程，路上常有山体滑坡、流浪狗，偶尔还会有一个人躺在翻倒的摩托车旁（在这里摩托车事故非常常见）。等到查特顿抵达托尼餐厅，准备和朋友们一起共进午餐的时候，他只想喝一杯冰爽的啤酒。但是餐厅的冷柜在一次断电的时候烧坏了，而且当查特顿在桌子旁坐下的时候，仿佛是为了配合这个地方温热的麦芽酒，马特拉告诉了他一个糟糕的消息。

查特顿不在的时候，"深海探索者号"一个引擎的下端受损，他们花了 5000 美元进行修理。要替换受损的部位，他们还必须等上一个星期或者更久。但这还不算完，磁力仪的电缆又一次碎成片了，他们预订了新的，价格将近 4000 美元。

查特顿盯着菜单看。马特拉和其他几人都非常明白这些开销和打击已经让查特顿越来越难以承受了，他们都在怀疑，最新一次财务打击是不是会使他退出这个项目。

"关于我们的行动，最近我想了很多，"查特顿说道，"我必须诚实对待自己。我也会对你们所有人坦诚相待。"

桌边几人的心都沉了下去。但是，他们想，至少查特顿还是很有男子气概地回来亲口告诉他们退出的消息。

"我们一直在错误的地点搜索，"查特顿说道，"我们一直以来都想错了。"

他坚持认为，虽然他们已经在利凡塔多岛附近搜索了几个月，但是"金羊毛号"永远不可能在这附近被找到。历史是否证明它确实沉没在那里并不重要。鲍登是不是认为它确实沉没在那里，也不重要。历史和鲍登都错了。

"每个人都曾试图搜寻一艘海盗船，"查特顿说道，"但其实我们并不是要找到一艘船，而是要找到一个人。"

查特顿让其他人好好思考一下约瑟夫·班尼斯特这个人。在短短几年里，这位船长盗走了他自己的船，运用策略击败牙买加的两任总督，躲过了一次国际追捕，然后，在人数和武力均不敌的情况下坚持与皇家海军战斗并取得了胜利。谁要完成这些事情中的任何一件，都必须经过仔细周密的计划和不懈的准备，与此同时，他身边的人也必须是最最优秀、最最出色的。要完成所有这些事情，他必须是一个伟大的人。

"所以我们必须找到一个配得上他的地方。"查特顿说道。

那个地方并不是利凡塔多岛。这也正是为什么查特顿觉得没有人能在那里找到"金羊毛号"。对他来说，班尼斯特当时正处于人生的紧要关头，他的人生都处在危险之中，因此这项任务也至关重要。他绝对不会把自己和手下船员们放在一个不够完美的地方。

"所以，我们的任务就是要找到那个完美的地方。"

"那又怎么解释特雷西给你看的那张图纸？为什么利凡塔多岛又被称为班尼斯特岛？"克雷奇默问道。

"忘了这个吧，"查特顿说道，"沉船不在那里。"

第八章　一个配得上他的地方

"那环球小姐找到的陶瓷罐呢？"埃伦伯格问道。

"别管了，沉船不在那里。"

"那么沉船在哪里呢？"克雷奇默问道。

查特顿解释道，从寻宝猎人菲普斯的航海日志基本可以确定，这艘海盗船确实在山美纳海湾，他们的船员在"金羊毛号"沉船仅几个月后亲眼看到了它。但是如果查特顿的想法没错的话，那个地方应该离利凡塔多岛很远，是一个几乎不可能看得见的地方。

然而山美纳海湾大约有 25 英里宽。在这么大的区域里，可能有 100 多个适合海盗船侧倾修缮的地方。要搜寻每一个可能的位置会花上几年的时间。但是查特顿并不担心这一点。他们团队不需要搜寻每一个可能的位置——只要找那些最好的位置，那些几乎可以让人隐形的位置。

"太棒了，"埃伦伯格说道，"现在我们要找到就是我们连看也看不到的地方。"

"班尼斯特就到过那里，"马特拉说道，"难道说我们不行吗？"

没有人愿意说出这样的话。

但是要这样做他们还面临着一个问题：如何和鲍登解释，他似乎完全确定"金羊毛号"是在利凡塔多岛沉没的，而且他应该不愿意接受任何反对的建议。还有，鲍登是他们的老板——这是他的租赁权、他的水域、他的海盗船。 105

"这件事比特雷西重要，"马特拉说道，"如果一直按照他的方式来进行，我们可能在利凡塔多岛抓破了头也找不到那艘船，而且我们还有后顾之忧。查特顿说得对，我们必须改变思考的方式。现在该我们做主了。"

因此他们几个人制订了一个计划。查特顿和马特拉将在利凡塔多岛之外的地方勘察新的地点——但仍然是在山美纳海湾之内。埃伦伯格和克雷奇默则继续负责修理"深海探索者号"。他们将分头行动，直到找到一个能够体现班尼斯特天才般智慧的地方，一个配得上他的地方。

午饭结束时，大家都走到自己的车前准备开车。这时，马特拉喊住了查特顿。

"约翰，"他说道，"我很高兴你回来了。"

第二天早上，查特顿和马特拉走到别墅下面那个又小又多石的海滩，将他们的小艇"十二宫号"（Zodiac）推到海湾里。这艘 12 英尺长的橡皮艇，底部由坚硬的玻璃纤维制成，非常像美国海军海豹突击队使用的那些船，能够在不到 1 英尺深的水里行驶。要在山美纳海湾进行地毯式搜索，这类快艇是最完美的选择，尤其是当"深海探索者号"正在维修的时候。

现在，两位搭档的工作就是要脱离实用性的思维，转而寻找最完美的地点。几个月以来，他们将自己的搜索范围限定在利凡塔多岛附近利于躲藏的地点，这些地方通常有适合侧倾修缮的海滩、利于架设加农炮防卫的位置，以及大约 24 英尺深的水域。而这一次，他们忽略掉这些标准，反而完全凭感觉去寻找。

第一天，他们搜索了小水湾、海湾和一些小岛，这些地方一个比一个更加风景优美、未受破坏。不过没有一个地方符合条件。有一天日落的时候，他们远远看见加西亚 - 阿雷孔特站在沙滩上，正向他们挥手。等他们靠近之后，他带来了一些消息。

政府部门里有人提醒他，现在至少有一个团队的寻宝猎人整装待发，准备到山美纳海湾搜寻"金羊毛号"。其中的细节不详，但是消息人士称他认为这些竞争对手应该是显赫的人物，他们财力雄厚，在政府中也有人脉。

"在山美纳海湾的哪里？"马特拉问道。

"利凡塔多岛。有人看到你们在那里活动。他们觉得你们离开得太早了。"

"你在逗我吗？"

"不。这还不是事情的全部。他们觉得'金羊毛号'将会是打捞史上最伟大的沉船之一。"

"他们在利凡塔多岛是不可能找到任何东西的，"查特顿说道，"但我还是不希望我们的区域里有任何其他人出现。"

"我们不会坐视不管的。"马特拉说道。

加西亚 - 阿雷孔特问他们想要如何阻止对方的行动。

"我现在还不知道，维克托，"查特顿回答道，"我可以忍受很多事情，但是我不能忍受小偷。没有人能从特雷西那里偷走'金羊毛号'，而且也没有人能从我们这里偷走它。"

那天晚上，加西亚 - 阿雷孔特在别墅举行了一场派对，邀请了家人和朋友参加，这是他常在周末进行的活动。客人们玩得非常开心，派对一直进行到午夜。第二天早上，查特顿宣布他、埃伦伯格和克雷奇默要搬出去。他并没有解释太多，只说他们已经逗留了太长时间，不想过度利用加西亚 - 阿雷孔特的慷慨和欢迎。他们会搬到山美纳市中心一间小公寓，一个月的租金是 4000 比索（大约 100 美元），没有热水。当马特拉要求他给出一个更好的解释时，查特顿说，这一整晚的派对容易分散他的注意力，对他们的工作——也就是找到"金羊毛号"——没什么好处。

107　　他们很快回到橡皮艇上，驶入海湾。这一次，他们驶向搜索区域的边界，沿着北海岸线勘察位于利凡塔多岛以西几英里的地方。但是他们仍然没有找到适合班尼斯特进行侧倾修缮的完美位置，而且在接下来的几个星期亦是如此：把船开到一些看似不错的地方，却从未找到任何比"不错"更好的选择。

　　一天下午，查特顿关掉了引擎，让橡皮艇随着海浪自由漂浮。他和马特拉两人都不是那种会戚戚自哀的人。但是现在他们都在祈祷上天赐予一点点的幸运，能像威廉·菲普斯一样在山美纳海湾撞见班尼斯特的海盗船。

　　而这一想法让他们又有了新的思考。

　　菲普斯到山美纳海湾是为了和当地人进行交易，而当时他的船正在去往搜寻消失的"康塞普西翁号"大帆船的路上。这就意味着当时那个区域生活着成百上千个当地人，而且他们几乎可以确定其中的一些人——或者甚至是大部分人——曾经见证了班尼斯特那群海盗和皇家海军之间的战斗。当时伊斯帕尼奥拉岛属于西班牙，这次战斗的报告很有可能被提交给了西班牙当局。

第八章　一个配得上他的地方

"我知道怎么取得这些报告，"马特拉告诉查特顿，"请我去法比奥的店吃晚饭，我就告诉你。"

几小时之后，马特拉说出了他的计划。而几天之后，他搭上了飞往马德里（Madrid）的航班。

马特拉极少享受什么，但是他非常喜欢欧洲的高速铁路。从马德里到塞维利亚（Seville）需要乘 2.5 小时的火车，而在这段车程中，大部分时间马特拉都望着窗外的景色，他能看到外面的橄榄种植园，也能看到以每小时 200 英里的速度掠过视野的锈色泥土。在这辆快速列车从容不迫的节奏中，马特拉敏捷地思考着。他现在的想法就是，到西班牙来寻找那位英国海盗，确实是一件对的事情。

在塞维利亚，马特拉搭乘出租车来到西印度群岛综合档案馆（General Archive of the Indies）。这座建筑建于 1584 年，当马特拉站在大楼入口处时，他开始想象通信员骑着马到门口，把探险家、征服者和沉船事故幸存者写就的文件递交给档案室管理员。他之前也来过这里，研究那些珍宝之船，幻想着船上的金银财宝。

进门的一瞬间，他有点不知所措。这座宏伟的建筑储藏了数十万份文件，其中包括超过 8000 万页的原始文件，每一页纸似乎都是故事开始的地方。他就像一艘断了纤绳的船在书海中漂流着，直到一位 30 多岁颇有魅力的女性轻轻拍了拍他的肩膀。她向他自我介绍，她是档案馆的案卷保管员，并用流利的英文询问他是否需要帮助。

"是的，我在找——"

在这洞穴般的档案室里，马特拉的声音显得非常突兀。注意到这一点后，他把声音放低，小声地回答她。

"我在寻找从山美纳海湾上交的所有报告，就是伊斯帕尼奥拉岛北海岸那个岛屿，大约从 1686 年 6 月到 1688 年 6 月期间的文件。文件来源可能是当时的商人。"

马特拉认为任何有关那次战斗的记录应该在事发一年之内抵达西班牙。他增加了额外的一年以确保自己不会错过任何信息。

"您是寻宝猎人吗？"她问道。

从来没有人问过马特拉这样的问题。

"我想我是的。"他回答道。

这位档案管理员笑了，然后她带领马特拉穿越这座大楼，带他经过了无数摆满档案和文件的书架——这些书架从地板直抵天花板。她说，只有小部分的藏书被编入目录输进电脑或是复制成微缩胶片；剩下的书只能靠双手去找，几百年来一直是这样。这里确实有那些西班牙大帆船的秘密，但是马特拉注意到这里并没有什么安保措施，他总是会注意到安保——此前这一直是他人生的事业。

那个女人帮他从古老的书籍和文件夹中寻找他要的资料。她让他在一张和足球场一样长的桌子上研究，然后就离开了，马特拉独自面对着这些文件，其中有些已经有几个世纪未见天日了。

马特拉在那张桌子前坐了好几小时，搜寻提到班尼斯特、海盗或是涉及海军舰船战斗的信息。那位管理员时常过来把关，为他翻译那些艰涩难懂的花体古西班牙语字句，还给他拿来了更多的活页夹。她大声地把那些段落念给他听：当飓风袭击轮船时，一名乘客向牧师忏悔的记录；一个驾驶员对船长所下决定的疑惑；一名船员担心附近的陆地上隐藏着很多加农炮。所有的信息都充满了戏剧性，也令人非常感兴趣，但都不是马特拉想要找的。

第二天早上，马特拉是第一个到门口的人，但是昨天那位朋友还没有到，因此他游览了一番——在这座档案馆里确实可以算是游览——上一次自己来这里时参观的地方，当时他正在研究他和查特顿可能搜寻的西班牙大帆船。那时候两人的合作关系才刚刚开始，他们都梦想着找到价值上亿美元的东西，他们感觉到沉没的西班牙宝船正从大洋彼岸呼唤着他们。等他原路返回的时候，他找到了一个活页夹，里面的信息是关于"圣米格尔号"的，在所有消失的西班牙大帆船中，这是他最爱的一艘。

这艘船于 1551 年在暴风雨中沉没，是西班牙最早沉没的大型宝船之一，装载的大部分财宝都是金子，而不是银子。光这一点就足以吸引马特拉的注意。不过最最吸引他的还是这艘船的非法贸易。根据马特拉早年的研究，"圣米格尔号"很有可能还装载着极其贵重的印加和阿兹特克的宝贝，那些偷盗的西班牙征服者打算把这些东西卖到欧洲黑市，赚一大笔钱。对此，马特拉并没有多少惊奇；他就是在盗贼和走私犯之中长大的，其中有些人甚至可以算得上传奇人物。他知道拥有偷盗许可意味着什么。

据他估计，"圣米格尔号"的货物至少价值 5 亿美元。从这艘船的历史看来，马特拉认为它甚至可以让著名的

"阿托查圣母号"（*Atocha*）[①] 黯然失色，后者是 1985 年梅
110　尔·费希尔（Mel Fisher）在基韦斯特岛附近发现的。而最
有趣的是，他认为这艘船就沉没在山美纳海湾附近，在鲍登
拥有租赁权的水域里。据他所知，鲍登从来没有正经地寻找
过它。

　　马特拉就这样翻看着关于"圣米格尔号"的文件，记
忆慢慢涌上心头。上一次到这里的时候，他相信没有什么能
够阻止他寻找一艘消失的西班牙大帆船——这是他的梦想。
现在，他把文件按照顺序摆放好，放回书架上。这些文件里
还有"圣米格尔号"的答案，他可以感觉到，但是他的管
理员朋友已经到了，而他还要去寻找一个伟大的海盗。

　　马特拉又看了很多文件夹和档案袋。到中午的时候，他
逐渐明白自己可能找不到任何用西班牙语提到的关于班尼斯
特海盗船的信息了。但他还是读完了每一份文件，寻找任何
与海盗船时间相符的有用信息。他找到了一些，但是都和
"金羊毛号"无关。那天结束的时候，他感到精疲力竭，然
而晚上他还要乘坐火车前往马德里。

　　走出档案室时，他在那位管理员的桌边停留了一下，从
包里拿出了一份薄纸包裹的礼物。里面装的是一块瓷砖，大
约 10 平方英寸，上面的画是萨尔瓦多·达利（Salvador
Dalí）的《窗口》（*Figure at a Window*）。在画中，一个年轻
的女子靠在窗口，望着西班牙海滨小镇之外的海湾。马特拉
一直非常喜欢这幅画，因为那个女孩儿看上去充满希望，她

---

　　① 该船全名为 *Nuestra Señora de Atocha*。——译者注

第八章　一个配得上他的地方

好像知道有美好的事情即将来临，即使她此时此刻还不知道那是什么。在图书馆和档案室里，马特拉总能感受到这样的感觉。他总是能利用这些地方去寻找打动他的故事，在危险的人生中保护好自己。马特拉和他的朋友挥手告别，心里却有些为自己担忧。在班尼斯特之前，他一直相信只要找到正确的窗口就没有什么是看不到的。但是现在他似乎正在逐渐失去光亮。

第九章

约翰·马特拉：

等待雅克·库斯托

　　在约翰·马特拉的家里，每个人都互相亲吻。他的父亲会在三个儿子到肉店来看望他时亲吻他们。他的母亲安会在儿子们从圣罗萨丽天主教文法学校（Holy Rosary Catholic Grammar School）乘校车回家之后亲吻他们。他的两个弟弟会在他借给他们棒球手套时亲吻他。有一次，一名保险业务员上门推销，走的时候约翰也和他亲吻告别。

　　在斯塔顿东海岸的南海滩，邻里之间就是这样相处的。这个社区是由意大利和爱尔兰家庭组成的，在 20 世纪 60 年代末，这里是纽约最安全的一个地方。女士们可以在半夜自己走回家。这里的人家则可以夜不闭户。南海滩区域也是甘比诺（Gambino）家族中一些最高级别人物的住宅所在，他们是这个国家最有权势的黑手党家族。甘比诺家族的头目保罗·卡斯特利亚诺（Paul Castellano）住在距离约翰家 2 英里的地方，二把手安尼洛·德拉克洛斯（Aniello Dellacroce）的房子就在街边。

　　对约翰来说，这些人和他们的世界似乎是当地生活的一部分，自然得就像美国退伍军人协会（American Legion）标志性的水泥球场，或是米尔斯大道（Mills Avenue）上的沙坪。在超市排队结账的时候，他会听到女士们探讨忠诚；搭乘学校校车的时候，他会听到孩子们讨论尊重。梳着帅气发型、开着新车的人们会在当地餐厅里相约早餐，哪怕时间已接近傍晚。

约翰的父亲老约翰每周要在麦迪优质肉店（Matty's Quality Meats）工作 70 多小时。他是这家店的老板，店铺就在海兰大道（Hylan Boulevard）上。尽管工作非常忙碌，父亲每天还是会和约翰及他的兄弟们在后院玩传球。约翰喜欢父亲小时候的那些故事，尤其是那些讲述他如何在布鲁克林的希望公园（Prospect Park）打出一片天地的故事。作为邻里间唯一的意大利人，他学会了用自己的拳头和智慧生存下来。"你想知道如果我们都回到那个时候会怎么样？"约翰的父亲会告诉他，"一定没有人能打败我们。"

有一天小学放学之后，约翰和一些朋友把一个烟幕弹扔进了当地的一家咖啡店。扔完之后，约翰穿梭在邻里之间，近乎完美地逃离了现场，直到一辆深蓝色的林肯牌大陆（Lincoln Continental）轿车拦住了他的去路。驾驶座上是甘比诺家族的汤米·比洛蒂（Tommy Bilotti），在如此强势的邻里之间，这位船长一直被称为最粗暴的硬汉。现在，他正怒视着约翰。

"过来！"比洛蒂命令道。

约翰走到了车窗前，还在大口喘气。

"是你在餐厅做了那事吗？"

"是我。"

"为什么这么做？"

"我也不知道。"

比洛蒂瞪着约翰。哪怕是仅仅 8 岁的约翰都听说过比洛蒂如何惩罚做坏事的人的故事。

"你是麦迪的儿子？"

"是的。"

"那么现在就离开这里。走吧！"

约翰用他生平最快的速度跑开，只感觉到风在脸上呼呼地吹，双脚在地面上飞奔，约翰明白附近那些坏人是有权力的人，他们可以做警察甚至是他父亲都不能做的事情，他也明白他们关注的是尊重；他对这一点深信不疑，因为如果汤米·比洛蒂不尊重他的父亲，他现在根本不可能逃跑。

为了让他能上天主教学校，约翰的父母付了一大笔学费，但是当他上到二年级时，很明显，约翰并没有充分利用他的机会。不过，他的朋友们经常一放学就去打篮球、交易棒球卡，而约翰则会骑着他那辆绿色的山地自行车到纽约公共图书馆的南海滩分馆看书，虽然这个图书馆只有两个房间，但是他能完全沉浸在历史书的海洋中，那些关于美国独立战争的书籍尤其吸引他。他喜欢这种想法，弱势的一方奋起反抗国王——那需要多么大的勇气！尽管很多孩子都嘲笑他把时间花在看书上，他也不和他们计较，因为他们并不了解那个小屋子里面藏着多么有趣的故事。

一天晚上，约翰的父亲让他坐在电视机前，倒了一碗怀斯（Wise）薯片，然后给他看了一档新节目。节目展示了迷你型潜水艇、水肺潜水员、特色鱼类、一艘大船、水上飞机、外国口音、水下飞船、遥远地域、直升机、时尚音乐和一条巨大的白鲨——而那仅仅是开头的 2 分钟而已。这档节目就是《雅克·库斯托的水下世界》（*The Undersea World of Jacques Cousteau*）。从那天开始，约翰一期不落地看完了整个系列，并且计划花几个月——不是几十天——跟进新的内容。库斯托的世界和他驾驶"卡吕普索号"（*Calypso*）周游世界的旅程，是历史的缩影，也是险境、勇气、神秘和新世界并存的传奇。

　　大部分喜欢库斯托的孩子都希望自己可以开始一段那样的冒险。而约翰最希望的，是和他的父亲一起开始一段那样的冒险——这是最重要的部分。不过年仅 8 岁的他已经开始担心他的父亲是否有那样的机会。老约翰每周工作 6 天半，一天 12~13 小时。这样高强度的工作给了约翰和兄弟们很好的生活，但是他的父亲又过着什么样的生活呢？

　　到了四年级，约翰跟随班级到沃兹沃斯堡（Fort Wadsworth）出游，这里曾经是韦拉札诺海峡大桥 114（Verrazano-Narrows Bridge）掩护下的军事基地。导游介绍这个地方在独立战争时期已经出现，而约翰想要听到的就是这句话。他放眼望去，每个地方都能看到爱国士兵的鬼魂，有的人正在清洗手中的步枪，有的人正把烟草塞进他们的烟管里面，所有人都是一副挑战国王的架势。约翰把导游说的每一句话每一个字都牢牢记住，但他真正想要知道的是，这样一个地方为什么会在离他家仅仅 6 个街区处。

海盗猎人

放学之后，约翰和他的朋友们骑着自行车回到了沃兹沃斯堡，他们爬上爬下地探索着，想象着和敌人枪战，直到夜幕降临，而美国取得了胜利。在接下来的四五年里，约翰的生活就是这样过的——艰难挨到下课，到图书馆看书或到沃兹沃斯堡探险，等待电视上播出雅克·库斯托。

约翰 13 岁时已经在父亲开的肉店里打工挣钱了，为了增补收入，他还到当地一家花店打了一份零工。孩子们嘲笑他摆弄那些花花草草。对于别人的欺负，约翰内心并不想用拳头去平息，他非常奇怪自己为什么不像父亲一样用拳头打遍天下。

有一天在操场上，几个七年级的学生，包括学校里块头最大的孩子艾尔伯特（Albert），开始用康乃馨嘲笑约翰。约翰想告诉他们，在花店里工作能够体现他良好的品格，但他说出口的是："星期六早上，等祭台助手完成辅祭之后，我会在山顶上打败你们每一个人。"说话的气势虽好，他的双腿却颤抖得非常厉害，差点就走不回家。

星期六早上，约翰的父亲开车送他去打架。在山脚下，老约翰把手放在儿子的肩膀上。

"你不一定非要过去的。"

约翰走出车子，徒步爬上山。

艾尔伯特在那里等着，身边还有几个狗腿子。

"你准备好了吗?"约翰问道。

"好了。"

约翰挥舞起拳头，用双拳重现了父亲年幼时在希望公园

115

148

的日子，用他自小学以来就一直举小牛腿的手臂对抗他们，用沃兹沃斯堡士兵们的精神和"卡吕普索号"船员们的决心向前打去，他直直打中了艾尔伯特的下巴，把他打倒在地。然后他走下山，回到父亲的车上，眼泪不断顺着脸颊向下流。

"我赢了。"他告诉父亲。

安·马特拉出身贫寒，当她还是个小女孩时，出去吃一顿饭简直是一种奢侈的享受。但是，当史杰比（Skippy）的热狗卡车停在附近的时候，她总是会给孩子们买热狗吃，这也成了一件非常快乐的事情。而就是在卡车附近的一家店外，约翰看到了一则水肺潜水课程的广告。

"进去听听他们怎么说。"安说道。

约翰狼吞虎咽地把热狗吃完，把嘴上的番茄洋葱酱擦了擦，就跑进了店里。在里面，他闻到了新的紧身潜水衣那股氯丁橡胶的味道，也看到了相框里潜水员的照片。一个大概30岁男人从柜台后面探出头。

"有什么事吗，朋友？"他问道。

"我想要学习水肺潜水。"

那个人上上下下打量着约翰，盯着他身上的天主教学校校服看了很久。

"你几岁啊？"

"14 岁。"

他递给约翰一张申请表，然后告诉约翰实情。他的名字叫弗洛伊德·凡·内姆（Floyd Van Name），这家"潜水湾"（Diver's Cove）是他的店。水肺潜水课程需要 40 美元，一旦报名，报名费不予退回。课程需要持续 16 周。水肺潜水课程不适合胆小的人，至少在潜水湾是不行的，因为报名费不能退回。如果报名，他还需要进行体检。他的父母需要签署这些表格——不要想着自己签名。"我才不在乎你是不是穿西装打领带，我知道你有没有说谎。"

约翰点了点头，开始朝门外走去，然后他又转身。

"您喜欢雅克·库斯托吗？"他问凡·内姆。

"你觉得呢？"

116　那个夏天，约翰就在上水肺潜水课、打理鲜花和去除牛腿骨中度过了。在那之后，约翰开始在斯塔顿岛的圣彼得男子高中上课。他的老师们非常严厉，学校的资源也非常好，但是约翰的心思几乎都在水下的世界。一有机会，他就会乘车到潜水湾，和那些经验丰富的潜水员探讨问题，练习操作那些昂贵的设备——他必须打两份工才买得起的设备。检验他学习成果的潜水是在新泽西州春天湖（Spring Lake）里一艘沉没的老木船上进行的。他潜到很深的水底，撬开了一个看上去有 100 多年历史的玻璃瓶。

"这艘沉船叫什么？"浮出水面后他询问凡·内姆。

"人们叫它春天湖沉船。"

"他们是怎么知道这船会沉在春天湖的？"

"不，这只是我们这么称呼罢了。这艘船不知道从什么时候开始就在这里了。没有人知道它真正的名字。"

在学校，老师们仍旧不断地增加家庭作业，但是约翰正在努力解决一个更重要的问题。利用微缩胶片、期刊导刊，以及他最后找到的一本很老的《柯里尔》（*Collier's*）杂志，他整合出了一个答案，他把这个答案写在索引卡上，把索引卡带到了那家潜水店。

"你知道春天湖沉船的身份吗？"他问凡·内姆。

"是什么？"

"那是一艘古老的商船，于 1853 年沉没，它的名字叫作'西方世界号'（*Western World*）。"

高中二年级是在拳头飞舞中开始的。棒球队和摔跤队的高年级学生听说了约翰强悍的名声，他们决定要让他吃点苦头，杀杀他的威风。但约翰回击了他们每一个人。到圣诞节的时候，他已经三次因为打架而被禁赛。

一个名叫约翰·比洛蒂（John Bilotti）的新生注意到他的情况。他和比洛蒂一直非常喜欢彼此，但这还是他们第一次上同一所学校。约翰·比洛蒂的父亲就是汤米·比洛蒂，约翰向咖啡馆扔了烟幕弹之后，就是汤米·比洛蒂截断了他的逃跑之路。从那时开始，汤米·比洛蒂在甘比诺家族的地位一路攀升，现在在纽约，他已经是最令人闻风丧胆的黑手党之一了。

有一天，约翰和约翰·比洛蒂两人聊了起来。学校里常有孩子缺钱——要买车，要追女孩儿，或是要买演唱会门票。他们两人都靠工作挣了点钱，完全没有理由不把钱借给同学。他们可以按照南海滩的现行利率向同学收钱：每周 4 个点，26 周后还本付息。

开始的时候，他们只出借点小钱——这里 50 块，那里

117

100块——待一切步入正轨后，他们就扩展了业务。如果他们做的事被老爷子们发现可就有麻烦了——两位父亲应该都不希望自己的孩子用那种方式挣钱。但是到此时为止，顾客们还是非常踊跃的。

几个月之后，约翰每周可以挣几百美元。高中二年级结束时，约翰和他的朋友已经收回了几万美元的贷款，而且这生意做得异常温和。他们不用打断别人的腿或是威胁对方，大家都会自觉地把钱还回来。

等约翰拿到了他的潜水执照之后，他们的生意真的是一飞冲天了。在接触到更多客户的情况下，他和约翰·比洛蒂开始借出几万美元的贷款。他们认为自己并没有伤害任何人，而且他们非常擅长做这个。

这对朋友满怀信心地开始投资合法的生意，甚至还购买了一间深夜经营的俱乐部——按照法律，以他们的年龄是不能进入这样的俱乐部的。到17岁时，约翰挣的钱已经比学校的校长还要多了。但是他仍然从不缺席父亲肉店里的工作。

约翰利用一部分钱报名参加了探索纽约和新泽西水域里那些危险沉船的周末潜水项目。尽管他完全可以自己开车去潜水，但他还是邀请父亲载他去往目的地。分享冒险的经历是非常有趣的——一起去往重要的地方。从码头开车回家的路上，约翰的父亲总是要求约翰讲述更多的细节。他想要知道水下发生的每一件事；比起那些有许可证的人，很多时候老约翰甚至知道更多有关沉船的历史或细节。约翰特别喜欢父亲的这一方面，但是他也曾为父亲感到悲伤。"您也参加

118

潜水课程，和我一起去探索沉船吧。"他会这么说，然而父亲总是回答道："噢，亲爱的，我也想这么做。等我有时间了，我就会去的，好吗?"约翰也很清楚——他的父亲要支撑整个家，而且没了父亲，麦迪优质肉店就无法运营。所以约翰唯一能做的就是继续告诉父亲那些故事，把所有的细节都展示给他。

当约翰在街头挣钱的时候，他的同学们却在选择大学。他也想过这一条路，但是他的成绩单让他非常失望：成绩平平，除了历史课得了优秀之外，其他都马马虎虎。约翰知道仅凭历史一门课，他是上不了大学的。

毕业之后，他买了一辆 1971 年产的白色福特野马 Boss 351 轿车，这是他一直梦想拥有的车子。一天早上，他开车载父亲到他们最爱的"珍和托尼家"（Jean and Tony's）快餐店吃早饭。吃过饭后，他的野马汽车突然发动不了了。约翰让父亲帮忙在后面推一下车子，这样他就能用离合器把车子发动起来。当约翰开始发动车子的时候，他从后视镜看到父亲弯下了腰，气喘吁吁。

安带着丈夫去看医生，诊断结果是：肺癌。这一消息给了约翰很大的打击。尽管老约翰每天都抽三袋烟，但他只有46 岁，而且一直以来他都非常强壮和健康。约翰觉得父亲一定可以击败病魔。

他们回到了肉店，每天都去工作。大概在几个月里，他的父亲看上去都好好的，对约翰来说这也不难理解，毕竟他也近距离接触过癌症：有些牛肩肉看上去正常，但切开后就会看到里面有大坨黄色的液囊，那就是牛得了癌症。这些时候，你只需把这些肉打包，打电话让那个送货来的人拿走就行了。

但是在那之后，他的父亲愈渐消瘦。1981 年他早早地过世了，享年 47 岁。当时的约翰 18 岁。他在葬礼上并没有落泪。他只是望着外面的世界，知道对父亲来说，拥有一段冒险的经历已经太晚，而周遭的一切似乎都失去了颜色。

119　　约翰·马特拉接手了父亲的肉店，但是他再也不能精确地切割肉品。多年来，他不变的微笑是人们认识他的标志；但现在，他总是盯着地上看。4 个月之后，他的母亲卖掉了这家肉店。人们开始远离马特拉。唯一没有这么做的就是汤米·比洛蒂——他朋友的父亲。无论马特拉什么时候到家里来，汤米总是会张开双臂拥抱他，问候他的母亲，询问他能为那个家做点什么。有时候，他会在马特拉的口袋里放上几百美元，当马特拉想要还给他的时候，他只是说："在我打你之前离开这里。"现在，汤米住的可是 12000 平方英尺的海滨别墅啊。

马特拉和约翰·比洛蒂的关系越来越亲密，他俩成了最好的朋友。他们的借钱生意也越做越大。如果有人指控他们从顾客那里偷钱，他们就会这样回答："我根本不在乎你说什么。"如果对方的态度更加强硬，马特拉会说："你试试看。"基本上没人会做出什么事情来。

马特拉 20 岁的时候，那个例外出现了。那天，他和一个 26 岁的甘比诺家族合伙人发生了争执，而这位合伙人是纽约另一个犯罪家族一位成功人士的侄子。几天之后，马特拉的公寓被人闯入，而他的枪支——都是合法获得的——都被偷了。作为还击，他闯入了和他吵架那人的公寓。在那里，他找到了自己所有的枪，还有 4 万美元的现金。马特拉把那些东西全部都带走了。

不久之后，那个人带着两个同伴用枪威胁马特拉，并把他带到一家已经停业的好食品超市（Fine Fare Supermarket）。他们把他关在一间肉类冷藏室里面，用绳子把他绑在椅子上，然后用枪指着他的头。

"钱在哪里？"

"什么钱？"

几人开始对马特拉拳打脚踢。

"我说，钱在哪里？"

他们把马特拉坐的椅子踢翻，然后用脚踢他的头，把他撞到了墙上，还用膝盖顶着他的脸，渐渐地马特拉可以确定，他们可能会杀了他。

"我们那笔钱在哪里？"

"你们去死吧。"

其中一人拿出了一把 9 毫米的史密斯威森 M59 手枪。"我要死了。"马特拉想。但是那人没有向他扣动扳机，而是把枪举到空中，又在一瞬间向马特拉的耳后开了一枪。鲜血流到了肉类冷藏室的地板上。

另一个人拿出了一把电击棒，把马特拉击晕。然后他对同伙们说："把棒子拿走。"

一行人离开了房间。马特拉躺在自己的血泊里想："如果他们要杀了我，我现在已经死了。所以等我离开了这里，

155

他们就完蛋了。"

那些人没有回来。附近的一个店主带着一袋子冰块走进来，他把马特拉带上一辆出租车，让司机开去医院。在急救室里，医生们给马特拉缝了针，并告诉他，他能活下来真的非常幸运。

几小时后，约翰·比洛蒂开车来接他。

"我父亲想要见你。"他说道。

现在，汤米·比洛蒂已经是甘比诺家族的代理二把手了，也就是集团内部第二高的位置，斯塔顿岛大部分的产业都由他管辖，还有布鲁克林和曼哈顿的一部分事业，以及那些码头。在前门，汤米盯着马特拉头上像头巾一样的纱布看了很久，然后让他的妻子原谅马特拉以这样的方式出现。

"告诉我发生了什么，别对我撒谎。你是在贩卖毒品吗？"

"我发誓，汤米，我从来没有。"

"别对我撒谎。"

"汤米，我发誓，没有毒品。他闯进了我家，然后我闯进了他家。"

"然后你从他那里拿了 15 万美元。"

121   "不，我拿了 4 万。"

"你还拿了什么？"

"我的枪。"

"你在那里发现了你的枪？"

"没错。"

"好的，我会处理这件事的。"

第九章　约翰·马特拉

马特拉知道这就是对话结束的意思。但是他不想就这么留下个烂摊子。

"汤米，恕我冒昧，我必须自己处理这件事情。"

比洛蒂仔细想了想。

"好吧，"他说，"但是我要告诉你两件事。第一，我希望你慎重处理这件事情——不要发疯，不要杀任何人，不要把你自己的人生搞砸了。第二，等你好点的时候，我要狠狠打你一顿。因为如果你父亲在世，他一定会这么做。"

事实上，马特拉的父亲从来不会打他，但是汤米正努力以一种父亲般的方式帮助他，他非常感动。

马特拉起身离去。汤米叫住了他。

"记住，慎重处理。"

7月4日那天，马特拉发现偷了他的枪还打了他的那个人正准备和未婚妻到海滩上看烟火。那天傍晚，约翰·比洛蒂开着他那辆凯迪拉克载着马特拉来到那里。等他们到海滩时，天已经快黑了。当马特拉拿着一根棒球棍穿过人群的时候，没有人说一句话。他看见那个人正和朋友们喝着森布卡茴香酒。

"怎么回——"那人看见马特拉后说道，但是话还没说完，马特拉就一棍子击中了他的嘴巴，打掉了他所有的牙齿，也打碎了他的下巴和颧骨。马特拉正准备举起棒子再来一击，却担心自己已经超出了"慎重处理"的范围。于是，他把棒子扔在地上，走回车上。几分钟后，警察来了。尽管这件事就在几百人的面前发生，但是没有人真的看到了什么。

122

157

两周之后，那个男人的叔叔联络了汤米·比洛蒂，提议双方坐下来协商一下。这次会面是在斯塔顿岛一家比萨店进行的，这家店的主人就是马特拉打的那个人。那人的叔叔全权代表他，而汤米则全权代表马特拉。

会面在几周之后进行。马特拉、约翰和汤米被领到比萨店的后面，那里用玻璃和镜子装饰着，家具都是浅橙色皮革制成的。

"太恶心了，"汤米说道，"这里是斯塔顿岛，不是在《太空仙女恋》（*I Dream of Jeannie*）的瓶子里。"

受伤的那人先开口了，历数马特拉对他犯下的罪行。马特拉也同样回击。然后，两位成功人士发话了。

"汤米，我觉得你们必须支付一定数量的赔偿金，"他的叔叔说道，"这孩子偷走了一大笔钱，而且造成了很大的伤害。他需要得到足够的教训。对的就是对的。"

比洛蒂仔细地思考了一下。

"让我来告诉你会发生什么，"他说道，"你的侄子是这家比萨店的老板？那么这家店现在就关张了。他拥有那条商业街？我现在是它的主人了。这是你的亲戚？你喜欢他？那么你带他走。他跟你回纽约。这是他在斯塔顿岛的最后一天。如果我在这里再看到他一次，你完全可以来找我，因为我会杀了他。另外，马特拉这孩子拿走的所有东西都是他自己的。"

对方的叔叔情绪非常激动，但是他知道根据犯罪组织未成文的老规矩，汤米确实有权力这么做。马特拉几乎不敢相信自己的耳朵。这简直就像是他在电影里看到的一样，一场经典的黑吃黑会面，他不仅处于对话的中心，而且他还赢了。

几个月后，马特拉顺道拜访了比洛蒂的家。汤米和平常一样喊他进来吃早饭。在厨房里，汤米为他煎了一个鸡蛋，在烤箱里烤上面包，然后从底下忽然挥手，重重地打了马特拉一巴掌，马特拉瞬间倒在了地上，眼冒金星、头晕目眩。

"这是我欠你的一记打，"汤米说道，"你的父亲不希望 123 你陷入麻烦。现在自己起身来吃鸡蛋。"

那次事件之后，马特拉的生意很快发展了起来。尽管他年轻、单身、富得流油，父亲去世的黑暗记忆仍然萦绕在他的心头。在晚上，他会给伦敦的劳埃德船舶保险公司（Lloyd's of London）写信询问他们承保的消失船只，请求他们提供登记文件的副本。他最开心的日子莫过于收包裹的时候，那些包裹上总是贴着来自英国的彩色邮票，里面装满了很多页纸的线索，告诉他在哪里可能找到这些船只。

22 岁那年，马特拉揍了一个偷他钱的硬汉。街上有传言说那人带了一把枪，要找马特拉寻仇，因此马特拉给自己也配了把枪。两人后来在麦克林大道（McClean Avenue）上相遇。相隔着 10 码的距离，那人掏出他的武器向马特拉开火，而马特拉也以同样的方式回击。两人的子弹都打完了，仍旧没能击中对方。然后两人开始挥拳相向，但在打人的时候，马特拉想的却是："我在这里干什么呢？我这一生该何去何从？"

然而当他采取行动要摆脱现状的时候——无论是开一家

拖车公司，还是他自己的肉店——他又会回到他那借钱的生意上。就在那时，汤米·比洛蒂又一次晋升，从代理二把手变成了正式的二把手，仅仅听命于大老板保罗·卡斯特利亚诺。如果说世界上存在大挣一笔的机会，那个机会就是现在。

但是约翰·马特拉和约翰·比洛蒂都没有采取扩张行动。马特拉仍旧继续经营着他新开的肉店，而就是在那时——1985 年 12 月中旬，一个朋友冲进店里，告诉他汤米·比洛蒂和保罗·卡斯特利亚诺在曼哈顿市中心被杀，杀手在斯帕克斯牛排餐厅（Sparks Steak House）外面冷酷地射杀了两人。这是一次大胆的暗杀行动，许多正在进行圣诞采购的纽约市民都目睹了这一切。新闻播音员称之为 1929 年圣瓦伦丁节大屠杀以来最大的暴徒袭击事件。

124　　　马特拉脱下了围裙，从冷冻柜里拿出了一把 9 毫米勃朗宁大威力手枪，然后关店离去。他开车到汤米家里，发现约翰·比洛蒂在里面。他抱了抱约翰·比洛蒂。接下来的 8 小时里，他一直站在门口，拿着他的手枪等待着，如果有人打算再伤害比洛蒂家的人，他时刻准备着保护他的朋友。

谋杀事件过后不久，约翰·比洛蒂被请去和"公牛"塞米·格拉瓦诺（Sammy "The Bull" Gravano）谈话，他是甘比诺家族新上任的二把手。帮派内部的战争已经爆发，有传言称，下令杀死卡斯特利亚诺和比洛蒂的新老板约翰·戈蒂（John Gotti）想要和那些曾对他有异议的人和解。很多人都认为约翰·比洛蒂是很有头脑的人，这样的好儿子是不会允许自己的父亲被人杀害而不报仇雪恨的。而马特拉和比洛蒂早已看穿，这次与格拉瓦诺谈话只有两个可能的结果：比洛蒂被杀，或者他会成为家族里有地位的成员。比洛蒂不知道自己更讨厌哪个结果。

因此他决定不出面。

这一决定肯定会让戈蒂不悦，因此马特拉和比洛蒂跑路了。几个月来，他们在宾夕法尼亚州的乡下、纽约偏僻的犄角旮旯和斯塔顿岛之间躲来躲去，从不在一个地方停留一天以上，走到哪里都随身携带着武器。在路上，他们讨论着棒球、汽车，和姑娘约会，然后给新的生意制订计划。

但是格拉瓦诺又一次要求比洛蒂和他坐下来谈谈。那时，马特拉和比洛蒂进行了一次非常严肃的对话。

在犯罪组织中，哪怕做些边边角角的事情，下场基本都不好。那些邻居总是一个接一个地出事，不是进了监狱，就是被绑起来活埋在沙地里，还有的一辈子都活在恐惧和惊慌之中。所以，是的，如果比洛蒂和格拉瓦诺坐下来谈谈，他很有可能被杀。但是也有可能，甘比诺家族的人愿意听他说话，那么他就会告诉他们，他和马特拉根本不想要那样的人生。

谈话的时间定了下来。比洛蒂不会对戈蒂宣誓效忠，也不会要求他给自己高级的地位。比洛蒂只会告诉他们：他想要退出。

会面的那一天，马特拉和另一个朋友全副武装，以防最坏的情况发生。他们会跟着比洛蒂到会面的地点，然后在外面等待。如果比洛蒂在会议结束时安全出来，他们就去吃比

125

萨庆祝；如果他没能安全出来，马特拉和他的朋友就会带着枪进去跟他们拼了。

一辆褐色的凯迪拉克汽车接走了比洛蒂，并向布鲁克林出发。马特拉和他的朋友在不远处跟着。在穿过韦拉札诺海峡大桥的时候，他们跟丢了那辆汽车，但是在第九十二大街出口的地方又跟上来了。随后他们跟着比洛蒂来到了布鲁克林一家名为"第十九个洞"（the 19th Hole）的小酒馆。比洛蒂在三个男人的陪同下走进了酒吧。

半小时过去了。

1小时过去了。

马特拉的朋友想要进去开枪，但是马特拉阻止了他——也许他们还在谈话。最后，四个人出现在门口，又走进了那辆褐色的凯迪拉克汽车，但是在黑暗中马特拉无法辨别哪一个是比洛蒂。因此马特拉和他的朋友尾随那辆车。在接近第八十六大街时，那辆凯迪拉克汽车停在了路边。

马特拉的心怦怦跳得厉害。现在他所希望的不过是看到他朋友的脸，但是那辆车上没有任何人影闪动。

然后，他听到了咔嗒一声响。

慢慢地，那辆凯迪拉克的一扇车门打开了，一个男人走了出来。他开始快速地走过来，走向马特拉。

马特拉伸手摸到了自己的枪，但是他认出了来人的步态，那是比洛蒂！

"你差点就要让他们开枪打你了，"比洛蒂说道，"但是我爱你。"

"你还好吗？"

第九章　约翰·马特拉

"是的，我们去吃比萨吧！"

三人来到布鲁克林那家意大利冰激凌花园（Spumoni Gardens），围坐在一张很小的桌子边。比洛蒂告诉他们刚刚发生了什么。他和格拉瓦诺谈论了一个多小时，格拉瓦诺告诉他内部的斗争会让家族无法正常运作——很多人被杀，但他希望比洛蒂没有参与此事。对面这个人是集团犯罪中最可怕的杀手之一，比洛蒂紧紧盯着他的双眼，说道："我不想参与任何一部分。我的父亲不希望我掺和进来。你放过我的朋友和家人，那么我们就不会再牵扯到这些事情中去。"格拉瓦诺上下打量着他，然后说道："好的，那么，我们之间的事情就算完了。"

126

几个月后，马特拉走进斯塔顿岛上的"迈能运动"（Magnum Sports）射击馆，这是纽约最大的室内射击场。他和帕特·罗杰斯（Pat Rogers）建立了一段友谊，那是纽约城警察局一位40岁的警长，也是马特拉见过的最厉害的射手。罗杰斯极少错失目标——几乎每次都是两轮全中红心——而且他聪明有趣，是马特拉可以谈天的对象。

罗杰斯开始在射击上指导马特拉，每天早上5点整，两人都要练习上百轮，直到彼此都精疲力竭为止。不久之后，射击馆的老板为马特拉提供了一份工作——一个月的工资还没有他过去一天挣得多——马特拉欣然接受了这份工作。

有一天，马特拉在射击场帮助一名顾客处理了他的点45口径手枪上破损的主发条，他没有因此收钱，还很高兴能帮助别人。这位顾客问马特拉是否想要成为一名警官，考虑到现场的环境，他确实问得有道理。马特拉对这个想法产生了兴趣。当然，考虑到他曾经的人生，他应该永远都没有资格做警察吧，但是再想想，尽管他做了一些不法活动，可除了一次交通违章外，他从没有被警察抓过。

127 第二天，马特拉出现在长岛的西安普顿海滩（Westhampton Beach）警察局。那把发条破损的点45口径手枪的主人原来是镇上的警察局局长。他拿走了马特拉的照片，并让他签下了一些文书，随后带着他穿过大街来到了法院。在那里，一位法官要求马特拉举起他的右手，宣誓遵守纽约州的法律。

"等我回到斯塔顿岛，肯定没有人会相信这件事，"他心想，"就连我自己都不相信。"

他完成了宣誓。他们把一枚警徽和一张警察身份卡交给他，并告诉他在一个月之内去警察学院报到。

在课堂上，马特拉简直就是个天才。等到毕业的时候，他取得了平均99分的好成绩，还被选派为致告别词的学生代表。西安普顿海滩警察局雇用他为临时警察，因为当时全职警员已停止招聘，但这并没有影响他的工作时间和收入，所以他接受了这份工作。很快，他就上街以警察的身份工作了。

其他警察都不知道马特拉是如何做到的——有坏人身上带着枪，马特拉会知道；大学里有人在贩卖毒品，他也会知道；看似外出闲逛的老年人实际是在为打劫某户人家踩点，他还是会知道。

斯塔顿岛上没有人能够相信他成了警察。甘比诺家族的高层人士友好地捶了捶他的手臂说："我们怎么惹你了吗？"
而最为他开心的人就是约翰·比洛蒂了。有一天，马特拉开
着警车接比洛蒂去参加派对。"我一点都不惊讶，"他告诉马
特拉，"只要你想做，没有你做不到的事情。"

　　马特拉喜欢做一名警察——抓住别人抓不到的坏人，从
坏人的角度思考问题，以便惩恶扬善——他就这样做了两
年，直到他清楚地确定，因为停止雇用正式警员，他永远都
只能是临时警察了。然而在这个时候，他对执法有了更宏观
的想法。

　　为了学习现代战斗射击，他搬到了密苏里州和亚利桑那
州，拜杰夫·库珀（Jeff Cooper）和雷伊·查普曼（Ray
Chapman）为师，他们是现代战斗射击之父。这里相当于枪
战的常青藤盟校，而马特拉立刻开始投入学习。在学校里，128
他交了很多朋友。其中一个通过政府机关的联络人为马特拉
安排了海外的秘密工作，这样的工作需要大胆无畏的人去做。

　　作为美国政府的契约工，马特拉到尼加拉瓜、土耳其、
黑山共和国及其他一系列高风险的国家和地区工作，具体内
容就是扩大宣传、保护货运和训练人们注意安保细节。大部
分时间他都在战争区域工作，而且总是在暗处。

　　在 30 岁出头的时候，他飞到了一个和美国敌对的第三
世界国家，进行秘密的监督。在那里，他信任的联络人背叛
了他，害他被困在一幢烧毁的楼里，周围都是全副武装的叛
乱分子。他们急着要把他这个美国人的头砍下来，以换取丰
厚的奖金。

　　他唯一的希望就是徒步走回美国大使馆——此地距离使

馆 1 英里多。但是他不敢在大白天做此尝试，因此在那几小时里，他在脑海中回顾纽约大都会棒球队的比赛阵容，他还是个孩子的时候就记得清清楚楚，然后他细数自己这一生非常想做但是一直没有时间去做的事情。当他需要让自己为即将展开的夜间出逃冷静下来的时候——这一次他很有可能无法生还——他都会想到沉船，如果能找到一艘谁也不知道在哪里的沉船，该有多美妙啊！

夜幕降临之后，马特拉走了出去，步伐虽慢，却目标明确——去往大使馆。他等着枪声在街道上响起，但是周遭一片安静。6 小时后，他坐上了飞回美国的飞机。在那架政府的飞机上，他始终将手放在枪上，他跟自己保证，无论发生什么，他都不会再把事情推迟到明天去做了。今天心里想做什么，就做什么。

马特拉回到家里后，他的叔叔因为肺癌去世，和 10 年前马特拉父亲去世的原因一样。在葬礼上，人们都想要安慰他，但是无论别人如何安慰，马特拉都无法止住自己的眼泪。父亲去世时他都没哭过，这还是他自那以来第一次落泪。

129 　　到 1992 年，马特拉已经在数十所执法工作专门培训学校学习过，学习的内容涵盖从冲锋枪的操作到爆破破门突入以及人质谈判这类最新技能。那一年，他在弗吉尼亚州的安保公司获得了一份工作。

他为企业总裁、社会名人和政府高官提供安保，他的事业就这样稳步上升。很快，他跻身最高收入的行列，而这一切都是自然而然发生的。这份工作他干了很多年，逐渐建立了很好的声誉，而保护的对象都是《时代周刊》封面上会出现的那类人物。

1998 年，马特拉与丹妮丝（Denise）结婚，她来自斯塔顿岛，有一个 5 岁的女儿丹妮尔（Danielle）。在弗吉尼亚州的农场里，马特拉常常会铺开一张"藏宝图"（事实上是自家地产的地图），把丹妮尔放在他的拖拉机上，然后出门寻找金子。他们常常能发现马特拉事先埋在地里的外国货币，这让小女孩非常兴奋。有一次，丹妮尔查看了一件宝贝上的日期，然后问马特拉为什么这枚银币只有 3 年的历史。"我不知道，"他回答道，"宝藏是神秘的东西。"

2000 年，马特拉有了小女儿丹娜（Dana）。马特拉觉得自己可以为家庭做一些特别的事情，于是他和一个合伙人买下了整家安保公司。他们接受了远远超出公司承载能力的工作量，很快马特拉一年就能为家里挣到 100 万美元。如果有名人或执行总裁需要安保，马特拉本人也可以披挂上阵，而他绝对是美国价格最高的保镖之一。

现在他可以看见事业的巅峰了。如果他和合伙人继续努力，他们的前景简直无可限量。行业中的巨头开始试探马特拉和他的合伙人是否会卖掉这家公司，但是马特拉早就下定了决心。建立这家公司是他实现历史性成就的机会。

然而，要实现这一目标，必须付出代价。他经常一天工作 20 小时。高危的项目——他公司真正挣钱的核心业务——侵蚀着他的身体健康，他不得不依赖胃能达（Mylanta）、埃克塞德林（Excedrin）和艾德维尔（Advil）等各种药物。而他和丹妮丝的关系也开始变得紧张。

130

海盗猎人

一家国际安保巨头公司于 2002 年给出了并购的提议，马特拉和他的合伙人陷入思考。在合同上签下名字之后，马特拉就能拿走 300 万美元的现金，买方也会聘他为公司顾问。在 40 岁的年纪，仅仅靠积蓄的利润，他也可以生活得很好了。

这一提议非常诱人，但是对马特拉来说，打造一份世界一流的事业是多么难能可贵的机会啊。然而他的合伙人希望他卖掉公司，希望他卖掉公司的也不止合伙人一个。马特拉的一些朋友和家人也力劝他放弃，还用很多失败后悔的案例提醒他。买方需要他尽快给出答复。

在曼哈顿一家律师事务所的会议室里，马特拉签署了一大堆文件，顷刻之间，他的公司没有了。他走在外面的街道上，没有一个特定的方向。有一个想法已经在他的脑海中深深烙印，那就是，在挑战世界的这一生中，他最终还是失败了，也卖空了自己。

他业已紧张的婚姻关系逐渐开始破裂，他和丹妮丝分居了。甚至连马特拉的枪都让他失望：他把它们带去射击场，但是他连把它们取出来的欲望都没有。他等待着这些感觉过去，提醒自己现在手头有一大笔财富。但是，当他花了125000 美元买来一辆梅赛德斯汽车的时候，他都想不出自己该开去哪里，最后他只是来到了"珍和托尼家"快餐店，叫了他经常点的培根鸡蛋卷。当他还是个孩子的时候，每个周六早上，他都会和父亲到这里吃早饭。

过了几个月，马特拉突然想到，也许他追求的人生目标错了。金钱和成功确实很重要，但是在内心深处，他热爱的是历史。历史会和他说话，他却从未主动追寻过它。多年以来，他曾经非常近距离地接触过历史——潜水探察那些未被探索过的沉船，在偌大的档案室里了解一些小秘密——但即使这样他仍然离历史很远，他只是一个站在远处的观察者。他真正想要的，自从小学以来就特别渴望的，就是要做一件有历史意义的事情，在历史上加上一段自己的不朽故事。 131

要让自己的故事被千古传颂，马特拉有很多选择。他可以在犯罪团伙中当上头目，但是他不想一辈子过暴力的生活。他可以把安保公司打造成全球知名的企业，但是 100 年后，哪个孩子想要读到那样的故事呢？

想通了之后，他就搬去了多米尼加共和国。当他在圣多明各附近的水域潜水时，马特拉开始感觉重新找回了自我。他开始经营"潜水湾"，那是一个仅供水肺潜水员潜水的度假村。在那之后，他开始与卡罗琳娜·加西亚（Carolina Garcia）约会。她和马特拉一样热爱历史，很快，马特拉就爱上了卡罗琳娜。

就在那时，他想出了一个计划。

他准备搜寻一艘西班牙大帆船，那是一艘满载金银珠宝的宝船，16~17 世纪，新世界和西班牙之间的航线上有很多这样的船只航行。他买了一艘船和相关设备，独自进行了超过 1000 小时的调查。2006 年，他和查特顿开始合作。查特顿是他见过最努力、最坚定的人。两人合作后，就把所有的积蓄都投入他们的项目，他们都相信，这个项目可以让他们变得非常富有，也会让他们成为潜水世界中备受赞誉的人。

　　但是，就在搜索前夕，两人把这一切都推翻了，转而开始寻找一艘海盗船。

　　计划的突然变化威胁到了他的财宝梦，也给他的财产带来了风险——政策的风向对沉船打捞者越来越不利，而且他们每个星期花在海域搜索上的钱就有好几千美元。然而马特拉别无选择。可以说，找到一艘黄金时期的海盗船要比登上月球还难。直到现在，只有一艘海盗船被发现并得以明确身份。但是真正吸引他的，不是那艘船，而是那个海盗。对马特拉来说，正是因为约瑟夫·班尼斯特自己想干一番有历史意义的事情，他才会成为加勒比海域通缉的头号要犯，才能在战斗中打败皇家海军。因为这一点，马特拉就愿意冒一切风险去找到他。

132　　最后剩下的事情就是告诉卡罗琳娜他的计划。在海边餐厅共进晚餐的时候，他告诉她自己知道的所有关于班尼斯特和"金羊毛号"的事情。然后他告诉卡罗琳娜这样的搜索会让他付出什么样的代价。

　　卡罗琳娜握住了他的手。

　　"我会陪着你，"她说道，"我觉得你已经花了很长时间搜寻这位海盗船船长。"

1682 年航行的一艘类似"金羊毛号"的英国商船

约翰·查特顿

© HOWARD EHRENBERG

约翰·马特拉

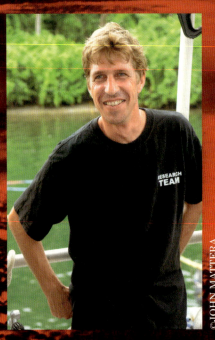

©JOHN MATTERA

©JOHN MATTERA

海科·克雷奇默

霍华德·埃伦伯格

©JOHN MATTERA

卡罗琳娜·加西亚（马特拉的未婚妻）与维克托·弗朗西斯科·加西亚－阿雷孔特
（卡罗琳娜的父亲，前海军中将和参谋长）

一艘类似"德雷克号"的皇家海军快艇

一艘类似"福尔肯号"的皇军海军战列舰

利凡塔多岛（画面正前方是西海岸），
一代又一代的寻宝猎人就是在这里寻找"金羊毛号"的残骸

©TODD EHRHARDT

从别墅处眺望比希亚岛，查特顿、马特拉及其团队成员在寻找"金羊毛号"期间大部分时候就住在这个别墅里

"金羊毛号"沉船遗址（水里木棍标记处）

©HOWARD EHRENBERG

查特顿（左）和马特拉（右），
后者拿着他们从"金羊毛号"上找到的一支火枪枪筒

火枪枪筒躺在"金羊毛号"的压舱物上，最初人们以为它是一根水管

在"金羊毛号"上发现的贵重的玻璃酒杯，
它配得上一位商船船长的品位

©JOHN MATTERA

在"金羊毛号"上发现的银币

©JOHN MATTERA

海盗串珠和一个碗，均发现于"金羊毛号"

©ROBERT KURSON

海盗们用骨头雕刻的骰子，其尖角可能是为了防止骰子在船只颠簸起伏时移动（展出于圣多明各的国家水下文化遗产办公室的实验室）

©JOHN MATTERA

吃麦片粥用的碗，里面还有剩下的麦片粥，发现于"金羊毛号"

海盗的一套餐具，
以及一份"财宝甜点"
（展出于圣多明各的
国家水下文化遗产办
公室的实验室）

©ROBERT KURSON

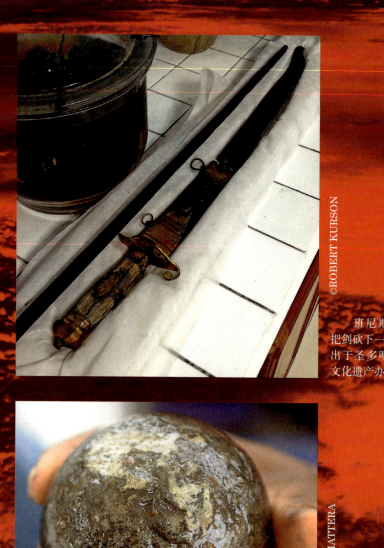

©ROBERT KURSON

班尼斯特可能会用这把剑砍下一个人的手臂（展出于圣多明各的国家水下文化遗产办公室的实验室）

©JOHN MATTERA

在"金羊毛号"沉船遗址处找到的加农炮弹，上面的宽箭头标志代表这是皇家海军使用的

在"金羊毛号"上发现的海盗刀

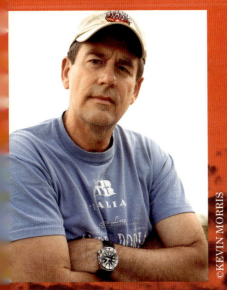

约翰·查特顿

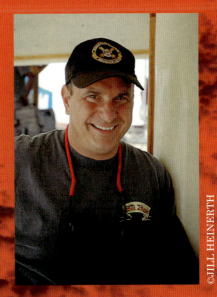

约翰·马特拉

©HOWARD EHRENBERG

"金羊毛号"的船体残骸

第十章
行家

马特拉在塞维利亚档案馆的旅途结束之后飞回了圣多明各，但是他没有继续前往山美纳重新加入自己的团队，而是给住在美国的老人们打了几通电话，这些老人就是当代的传奇寻宝猎人，他们知道很多书本里没有的东西。他怀疑这些人中是否有人真的追寻过海盗——这些人只为真金白银而生——但是他相信智慧和经验，所以，在他看来，他们就是行家。很快，他就与这些人中阅历知识最丰富的人约好见面。

他乘飞机飞往佛罗里达，在基拉哥（Key Largo）的一家宾馆登记入住。在大厅的报摊上，他看到了一本关于基韦斯特的海盗魂博物馆的宣传册。"见识一下真正来自黄金时代的海盗宝藏吧！""冷面杀手，毫不留情！"马特拉将传单塞到了口袋中。基韦斯特在南方 100 英里处。他第二天有约在身，但是海盗们在召唤着他，因此他即刻驱车前往基韦斯特。

在博物馆外，他一边排队，一边观察着路上来往的波希米亚人、艺术家和游客。对于他而言，基韦斯特是一个慵懒舒适的地方，在这种地方待上超过一星期他就会坐立不安，疯狂地想找事做。

他付了13.95美元的门票穿越回海盗横行的年代。在最初的几个房间中，他看到了真正的海盗刀、手枪、珍宝、加农炮、朗姆酒瓶以及工具，包括一个可怕的截肢工具箱。这座博物馆甚至还有一个水银的小球——从海盗那里缴获的，泡在一小罐水中。所有这些都可以追溯到1650～1720年的海盗黄金时代。但是最稀罕的东西还在后头。

在下一个房间的墙上悬挂着一面真正的海盗旗——海盗船上挂的、臭名昭著的骷髅头加两根交叉骨头的旗帜，这样的旗帜全世界仅现存两面——在灯光的照射下这面旗帜透着不祥的气息。靠近旗帜放置的是美国唯一的海盗宝箱，它还带有暗格，并且是托马斯·图（Thomas Tew）船长的所有物，托马斯·图位居《福布斯》杂志评选的20位收入最高的海盗中的第三名（估计其事业收入高达1.03亿美元），据说他在战争中被一枚炮弹炸得粉身碎骨。在另一面墙上，马特拉看到了一张货真价实的1696年的英国通告，这份通告以500英镑悬赏海盗亨利·埃弗里（Henry Avery）的人头；这份通告很可能是现存最古老的通缉令。

这座博物馆的展品全部来自费城76人队的前任老板帕特·克罗斯（Pat Croce）的个人收藏。"这个人很可能喜爱篮球，"马特拉站在一本制作于1684年的埃克斯梅林的《美国的海盗》初版副本面前想，"但是他更热爱海盗。"

马特拉直到读完了那些非常有名的海盗的生平后才离开博物馆。这些海盗的资料都在这：摩根、黑胡子、基德、安

第十章　行家

妮·波尼（Anne Bonny）、"黑山姆" 贝拉米和"棉布杰克"拉克姆（"Calico"Jack Rackham）。他们的经历似乎一个比一个精彩。然而，走出大门，沐浴在基韦斯特耀眼的阳光之下，马特拉忍不住微笑起来，因为他知道一个能够盖过所有这些人风头的海盗船船长。

第二天，马特拉走进位于伊斯拉莫拉达（Islamorada）的"曼尼和伊萨"餐厅，这家餐厅位于基拉戈以南大约 25 英里的地方，在这里他见到了杰克·哈斯金斯（Jack Haskins），一个沉默寡言、身形纤瘦的 80 岁老人。在寻宝行业中，很少有人比他更加知名，然而，哈斯金斯从来不是一个传统的寻宝猎人。他首先是一个研究者，人们根据他的研究成果发现了多艘著名的西班牙大帆船。在与其他人谈论宝藏的时候，马特拉总是能听到人们这样形容哈斯金斯：第一，他比世界上任何人都更了解如何发现古老的沉船；第二，他是一个正直且诚实的人，这一品质在这个行业中非常难得；第三，在他的职业生涯中，他总是被占便宜，错失良机。

哈斯金斯推荐了海螺杂烩这道菜，然后两人就聊了起来。哈斯金斯表示，寻宝过程中信息是至关重要的一环。一个人可以拥有最先进的技术，驾驶最高级的船只，并且有着最充足的资金，但是这些与知道去哪里寻宝相比，都无足轻重，归根结底还是得靠调查研究。

哈斯金斯自己的研究始于塞维利亚的西印度群岛综合档案馆，马特拉刚从那里回来。哈斯金斯年轻时曾在那里虔诚谒拜，只带了一本英语－西班牙语词典和想要发现一艘西班牙大型帆船的满腔热情，在接下来的几年内，他掌握了古西班牙语，看懂了古老的手稿，了解了无数西班牙宝船舰队的故事。

很快，寻宝猎人开始出钱专门请哈斯金斯在塞维利亚做研究。他一次待上几周，完成任务，之后复印成千上万份其他文件，其中一些看似是随意复印的，直到他建立了个人的存档馆——他的存档甚至塞满了他在佛罗里达的小家中的浴室，并且一直摞到天花板那么高。他自己利用这些研究也发现了不少沉船；在很多人看来，他作为寻宝猎人下水寻宝与在塞维利亚做研究一样得心应手。不过，哈斯金斯最大的贡献或许还是他做出的开创性研究，这些研究促成了大帆船"阿托查圣母号"、"康塞普西翁号"、"图卢兹伯爵号"、"瓜达卢普圣母号"（*Guadalupe*）[①]、"圣何塞号"（*San José*）以及"马拉维利亚号"（*Maravilla*）的发现。

许多人认为哈斯金斯从来没有收到过他应得的赞誉或宝藏。有时候，他的经济相当窘迫，以至于不得不出售自己的水肺。支持者们敦促他争取自己应得的权利，打官司，或者揍对方一顿，任何方式都可以；律师们主动请缨免费为其辩护。但是他在第二次世界大战中的鱼雷快艇上已经看到太多的战斗，并且他本质上是个温和的人。他没有选择奋起抗争，而是回到了档案馆，继续寻找其他人发现不了的东西，潜水探索沉船，卖掉足够的古币维持生活。现在，他已年近

136

---

① 该船全名为 *Nuestra Señora de Guadalupe*。——译者注

第十章　行家

80，在寻宝界颇有声望——不仅仅是因为他有能力找到有价值的沉船，也是因为他愿意宽容那些诓骗过他的人。

马特拉点了一份酸橙派，回到座位上，继续听哈斯金斯谈论宝藏的事情。现代金银，哈斯金斯说，在美感和仪态方面与发现于西班牙大帆船中的古老金银无法相提并论，那些古老的金银在开采的过程中使用了汞，这是一道危险的工序，现在已经被禁止，但是通过这种方法产出的金银纯度极高。早期手工制造出的不完美的西班牙硬币，或者说"圆块"——没有任何两枚硬币是完全相同的——给发现过程带来了无限乐趣。一些宝船携带的走私货数量之多，至今仍令哈斯金斯惊叹不已。

"但是我知道你想要谈论的是海盗，"哈斯金斯说，"何不跟我回家，我们在家里讲讲这个吧。我有东西要给你看。"

马特拉驶入一座底部架空的小房子的车道，对于易发洪水的地区而言这种架空结构是必需的。一道狭窄的楼梯通向前门，哈斯金斯小心翼翼地走上楼梯——楼梯没有任何扶手，因此他扶着一侧的墙壁作为支撑。屋子里每个房间都堆满了历史悠久的西班牙文件的复印件——成千上万份文件，上面全是难辨的字迹。屋子里几乎没有其他东西，甚至都没有电视机。

"我曾经有过一次短暂的婚姻。没有孩子，"哈斯金斯说，"多数情况下，这里只有我、我的猫和我的研究。"

每隔几分钟，哈斯金斯会随意拿起一个盒子，再从中随意抽出一张纸，然后大声将纸上的内容读给马特拉听——货物从在劫难逃的大帆船中消失的故事，船长在返回西班牙途中的各种担忧，海难幸存者如何眼睁睁看着挚爱之人消失在风暴之中的情景。所有这些都来自宝船航海日志，许多宝船仍旧在那里等待人们的发现。

在厨房里，哈斯金斯给马特拉倒了一杯咖啡。

137　　"你在山美纳工作，而且找的还是一个海盗，"哈斯金斯说，"这也就是说你一定是在寻找我们的朋友班尼斯特先生。"

马特拉笑了。

"您知道班尼斯特？"

哈斯金斯确实知道班尼斯特。他在研究"康塞普西翁号"的时候，偶然看到有资料提及这名海盗和他的海盗船"金羊毛号"。他甚至在塞维利亚研究过这艘沉船，正如马特拉一周前做的研究一样。仅仅是这一项就令马特拉感到自己是在一个更大的舞台上一展身手。但这也令他很是担忧。如果哈斯金斯这样的史学家都无法查出"金羊毛号"的下落，他自己又有几分把握呢？

"我能做些什么，杰克？"马特拉询问道，"我已经彻底没有主意了。"

哈斯金斯抿了一口咖啡，仔细思考了一会儿。他说，寻找沉船不能只是单纯查阅书籍和记录。尤其在寻找西班牙大帆船的时候，必须理解其本质——它为什么要出航，什么时候出航的，害怕的是什么，走了哪些捷径，冒过什么样的风险。至于"金羊毛号"，这或许意味着马特拉也要思考同样的问题。

哈斯金斯又给马特拉看了更多他终其一生获得的文件和

第十章　行家

地图，之后，他送马特拉出门，陪他走回车旁。两人在车道上握了握手。马特拉需要离开了——他可以看出来哈斯金斯已经很累了——但是他在离开之前必须要问最后一个问题。

"杰克，你是否感觉这些年来，自己一直在被人占便宜？"

有一会儿，哈斯金斯都没有回应。随后，他微微一笑。

"我只是喜欢这些沉船而已。"

马特拉的下一个会面定在第二天早上，地点是位于基拉戈以北 3 小时车程的地方，但是他仍希望能按时赶到。75 岁的鲍勃·马克斯（Bob Marx）是有史以来最成功的寻宝猎人之一。他曾经是一名海军陆战队队员，还是一位水下考古学家，出版过许多关于宝藏和沉船的书籍，他的履历中列了近百项重要发现，而这些仅仅是沧海一粟。他有时夸夸其谈，有时才智过人，有时庸俗不堪，并且他还发现了很多其他的东西，例如已经沉入海底的牙买加皇家港口、西班牙大帆船"奇迹圣母号"（*Nuestra Señora de las Maravillas*）、中美洲丛林中失落的玛雅神庙，以及位于黎巴嫩的古代腓尼基人的港口和沉船。

很少有人比马克斯更了解如何寻找沉船或者比他见过更多这样的活动。他已经找到了数百万美元的财宝，在 40 多个国家进行演讲，并且因其冒着生命危险完成了驾驶一艘哥伦布航船"尼娜号"（*Nina*）的复制品从西班牙航行至圣萨尔瓦多（San Salvador）的壮举而被西班牙王室授予了爵位。人们购买他的宝藏时会收到一张署着"罗伯特·马克斯（Robert Marx）爵士"的真品证书。

最近几个月，马特拉与马克斯的关系变得融洽了，但他们的关系并非一直如此。1998 年，马克斯曾经在一次签售会上侮辱过马特拉，那时候他还并不认识马特拉。数年之后，当马克斯出席由马特拉赞助的在多米尼加共和国举行的一场潜水会议的时候，马特拉告诉他，"鲍勃，你年纪大了，我不会直接揍你，但是我仍旧可以冲你发火"，然后他就把怨气一股脑全撒了出来。令马特拉吃惊的是，马克斯居然为从前的事向他道歉了。这对于马特拉而言意味良多，因为他有 28 本马克斯的书，并且认为马克斯是一位先驱者——更何况马克斯很显然并不记得曾经侮辱过马特拉的那件事了。

但那是很久之前的事情了。现在马克斯正站在车道上等待马特拉的到来并且向他招手示意。

"你带家伙了吗?"马克斯问道。他想知道马特拉是否带了枪。

"带了，在副驾的储物箱里。"

"很好。我们可能会用到它。有个王八蛋在追我，别问我为什么。只要带上枪就好。"

马克斯对于马特拉而言是一位英雄，因此，马克斯吩咐做什么，马特拉就会照做。

两人走上了一条铺着古老陶器碎片的路，这些陶瓷碎片是马克斯找到的。

139　　"以前，干这行的每个人都生活在距离这里 3 公里以内的地方，"马克斯说，"不管你是在巴哈马群岛、佛罗里达州还是在古巴工作，你的总部在这里。包括所有的宇航员，还有《风流军医俏护士》（*M**A*S*H）里的'烈焰红

第十章　行家

唇'霍利亨（Houlihan）——只要你想得出来。这里就是这样一个地方。"

进屋后，马克斯向马特拉介绍了他的妻子和他所有书籍的共同执笔者珍妮弗（Jenifer）。马特拉拜读过她的作品并且曾经与她通过电话；如果非要评价的话，她甚至比她的丈夫更加令人印象深刻。这对夫妇想要带马特拉参观一下整个房子，但是马特拉在餐厅就挪不动了。他凝视着放在一个高架子上的葡萄柚大小的铜磁盘。

马特拉说："就是它。"

这种海员的星盘先于六分仪出现，14 世纪末就已经被用于在航行途中确定纬度。这种星盘是寻宝猎人、考古学家、收藏家以及博物馆梦寐以求的东西，在拍卖会上，仅仅是一个样品就能够拍卖到 50 万美元。而在马克斯家中，就在马特拉盯着的那个星盘旁边还有一打这样的星盘一字排开。

而这只是在他去厨房的路上看到的第一件宝物而已：一件中国明朝以前（大约是公元 1200 年）的瓷器，瓷器上精妙绝伦地描绘着跳跃的海豚；一个从沉没的西班牙大帆船上获得的封存完好的橄榄油罐；一件中国汉代皇室成员的陪葬玉衣，马特拉估计，时间应该是公元前 200 年。即便这件玉衣的价值可以用金钱衡量，马特拉也根本没办法估计它的价格。

他们随后走到外面，穿过一条小路来到马克斯的办公室，这里曾经是旧糖料种植园的奴隶的住所。在这里，马特拉看到了更有价值的宝藏——一个又一个双面书架上放着成千上万本书，一眼望去看不到尽头。

"不要碰那些马！"当马特拉经过从历史悠久的葡萄牙船只中发掘的雕像时，马克斯大声喊道，"它们每件都价值10万美元，别给我打碎了！"

在马克斯桌旁的一条长凳上，马特拉看到了一本精装画册，这本画册描绘了马克斯是如何发掘古代腓尼基工艺品的；在附近的桌子上，他看到了好几百件这类古董和其他有着千年历史的物件，它们统统被摆在桌上供人参观。

"无论你想要什么，我都会卖给你，"马克斯说，"就按亲友价。我也会附赠一张真品证书给你。后面还有个限制级的古器物的分区。那些古人特别喜欢这种玩意儿。"

接下来的几小时中，马克斯讲了很多寻宝猎人的故事，既有现代的也有古代的。每个故事都充满了冒险和侥幸脱险的情节，但是绝大多数都证明了马克斯几十年前曾经说过的——"宝藏就是麻烦"——这句话已经成为业界真理。外行人认为这句话的意思是寻宝猎人的下场往往会是破产，这样想确实没错，但这并不是马克斯想要表达的意思。他所说的麻烦指的是那些少数发现宝藏的居心不良的人——在他们心中，金银已经占据高位。历史一次又一次证明，宝藏让可敬的人变得贪得无厌，也让良善的人暴露最恶劣的一面。只要看到宝藏，即便是理智的人也会结束婚姻，断绝友谊，割裂伙伴关系；欺骗投资者；去争取远多于他们应得的份额。通过这种方式，黄金和白银展现它们的魔力。通过与人类的本能相结合，它们甚至能够改变最虔诚的人。

马特拉本可以听马克斯讲一整天的故事，但他这次来的

第十章　行家

目的是谈论海盗，于是他敦促马克斯回归正题。事实上马克斯在他的一本书中已经简单提到过班尼斯特和"金羊毛号"，而现在，马特拉想要知道更多。

"想要找到'金羊毛号'，没有任何的地图或者是密令，"马克斯说，"如果你想要找到它，你必须要弄明白那帮人在干什么。你必须要了解海盗。"

马克斯本人在 1964 年就已经学到了很多关于海盗的知识，那一年马克斯实现了他童年的一个梦想——他找到了已被海水淹没的牙买加城市皇家港口，这处传说中的海盗避难所于 1692 年消失在一次地震中。就是在皇家港口，班尼斯特偷走了他自己的船并成为海盗。人们从皇家港口出发，展开了对他的追捕。

"来自世界各地的海盗汇集到皇家港口，"马克斯说，"那里有大事正在发生。你要找的人是那里的一部分。他所处的时代正是海盗的全盛时期。这里面肯定有对你有用的信息。" ₁₄₁

这个下午剩下的时间里马特拉都在与马克斯交谈，倾听他的故事。将近傍晚时，两人去了马克斯在镇上的另一间办公室，在那里，这位老寻宝猎人给马特拉看了他入行以来拍的各种照片。他们离开时天已经快黑了，但是马克斯精神头仍旧很足，虽然在去取车的路上他因为痛风而一瘸一拐，但是仍然无比兴奋地骂着脏话，滔滔不绝地讲着各种寻宝历险。马特拉很清楚，这个人永远不会退休——真正的宝藏并不是他打捞的那些东西，而是他本人。就像 17 世纪末的威廉·菲普斯一样，马克斯的生存之道就是自信——靠着这种本能去问大海要东西，而不是求大海的施舍。退休？退休以后做什么？乘坐一辆派里罗大巴车环游欧洲吗？为了吃到一顿便宜的早餐而早起？最后，马特拉认为，像马克斯这样的人就算年纪太大不能再下海寻宝也没有关系；他们并不是真的为了宝藏。最终，他们似乎更在乎扬帆起航，去寻找一些别人不敢去寻找的东西，成为"罗伯特爵士"，而不仅仅是普普通通的鲍勃。

马特拉还有最后一个约会要参加。这一路上，他最期待这一场见面。

卡尔·菲斯默（Carl Fismer）在这个人人都有传奇经历的行业中是一位有名的大师。他的诚实和正直也广为人知；就像他的挚友哈斯金斯一样，这一点可能也让他损失了不少财富。他曾经在一些重要的沉船上工作，包括"康塞普西翁号"，也在山美纳海湾工作过。很多人说，菲兹①（Fizz）对人性的了解比对宝藏的了解还要透彻。

一代又一代的沉船打捞者都知道菲兹的故事。他曾经在辛辛那提（Cincinnati）为通用汽车公司工作，但是他看不上那份工作；那时候的日子对于他而言，每天似乎都是一样的。1968 年他的妻子——中学时代就是他的挚爱——在一起车祸中丧生，这之后他搬到了佛罗里达。朝九晚五的生活对于菲兹而言完全没有意义。他带着两个年幼的孩子，打包行李，驱车开往南方。

_____

① 菲斯默的昵称。——译者注

第十章　行家

在萨拉索塔（Sarasota），他加入了消防部门，这是他能找到的最符合他标准的工作——既有薪水拿，又能冒险。在乘消防船出海进行遗体打捞演练时，他偶然发现了一艘沉船，那艘小型货船因爆炸而暴露出里面的铜管。菲兹和其他消防队员把沉船里一切能打捞的东西都捞了上来。这些东西最终卖了6.4美元，但是可以从水中得到钱财的想法启发了菲兹，从那天开始，他迷上了这件事。

他花了几个月前往每一家距离萨拉索塔一天以内车程的图书馆和书店，阅读他能找到的所有关于西班牙大帆船和沉没宝藏的资料。他用一堆乱七八糟的晶体管和电线自己组装了一台磁力仪，事实证明，这台仪器只是比金属更容易接收当地的电台信号罢了，但是，这正让他对寻宝的渴望变得更加迫切。6年来，他反复搜寻萨拉索塔附近的海域，但几乎没有任何收获。直到36岁的时候，他驱车前往佛罗里达礁岛群（Keys），不过并不是去那寻宝，而是去寻访这个行业真正的开创者。

阿特·麦基（Art Mckee）被认为是美国寻宝业的始祖。20世纪40年代，他在佛罗里达海域发现了几艘隶属传说中的1733年舰队的西班牙大帆船。《生活》（*Life*）杂志专门报道过他，"戴夫·加洛维秀"（*The Dave Garroway Show*）邀请他上过节目，其他报纸、杂志以及新闻短片中也经常出现他的事迹。在麦基之前，美国很少有人知道寻宝猎人真实存在。麦基在他位于伊斯拉莫拉达的家附近建起了一座宝藏博物馆，菲兹就是在那里找到他的，当时他正坐在割草机上。那时麦基已经60多岁了。

"我想要成为一名寻宝猎人，"菲兹告诉他，"并且我愿意无偿打工来学习。"

"我猜你是一名潜水员。"麦基说。

"是的，先生。"

"你还会做些什么？你是船长吗？你会修理机器吗？你接受过医疗训练吗？你会做饭吗？"

"都不会。"

"人人都是潜水员。潜水员太多了。"

143 　菲兹回到车里，驱车返回萨拉索塔，然后报名参加了专业急救培训课程，考取了船长资格证，学会了修理小型发动机，并且每天去消防站为 15 名消防队员免费做饭。两年之后，他开车返回伊斯拉莫拉达，再一次找到麦基，后者仍旧坐在割草机上。

"我是卡尔·菲斯默。我想要成为一名寻宝猎人，并且我愿意无偿打工来学习。"

"我猜你是一名潜水员。"

"是的，先生。"

"你还会做些什么？"

"我是一名船长，我会修理所有的小型发动机，我有医护执照，而且我会做饭。烤肉卷是我的拿手菜。"

"很好，下次出海我会带上你。"

就这样，菲兹开始向这位大师学习。这是一个能将他带往世界各地去冒险的事业的开端。

马特拉找到了菲兹位于基拉哥以南大约 7 英里的小镇塔弗尼尔（Tavernier）的住所，这座小房子坐落在一条弯曲的

第十章　行家

运河旁边，马特拉叩响了房门。一个健壮结实、皮肤黝黑、相貌英俊的 68 岁的老人开了门。他留着修剪得整整齐齐的灰色胡须，穿着夏威夷衬衫、卡其色短裤以及甲板鞋，脖子上戴着一枚沉重的银币，一身打扮很是抢眼。

"快进来吧，我们来聊一聊沉船。"

马特拉环顾四周。在每一个架子上、电视上、咖啡壶后面，他都看到了沉船古董。在电视柜上，他看到一枚银币，上面明确地刻着年份——1639 年。

"那是我发现的第二棒的钱币。"菲兹说。

"我猜，你发现的最棒的钱币就是你戴在脖子上的这枚。"

"猜得很对。"

菲兹知道马特拉想要谈论海盗，因此，他们在厨房的餐桌旁坐下，然后菲兹把他知道的传奇故事都讲了一遍。

"让我听听你的故事。"菲兹说道。

于是马特拉向他讲述了这个故事——班尼斯特和他的"金羊毛号"，与查特顿在山美纳海湾的搜寻，在图书馆、档案馆、古旧书店和稀有地图经销商那里进行的详尽研究。

"我迷失了方向，菲兹。我不知道下一步应该做些什么。" 144

菲兹给马特拉拿了一瓶啤酒。

"你最擅长的是什么，约翰？"

"这话是什么意思？"

"在寻找沉船的时候你最喜欢做什么？是调查工作、潜水还是挖掘宝物？你最喜欢的是什么？"

"是历史。研究工作。"

"那么，你就需要一直做这一件事。"

但是马特拉已经做了几个月的研究并且已经翻阅了他能找到的所有资料，他把这些都告诉了菲兹。就是在这个时候，菲兹给他讲了一个杰克·哈斯金斯的故事。

和20世纪60年代的许多寻宝猎人一样，哈斯金斯一直致力于寻找一艘1622年沉没于佛罗里达礁岛群的西班牙大帆船"阿托查圣母号"。几个世纪以来，打捞者们都认为这艘船消失在位于佛罗里达群岛中心的伊斯拉莫拉达岛，但是没人在那里找到它的一丝踪迹。因此，本质上是一名历史学家的哈斯金斯前往了塞维利亚。

他全身心地投入书库，挖掘出数千页文件，其中许多文件在17世纪以后就再没被人碰过。他花费了数年查阅它们，但是从未发现任何有价值的线索。

"那个时候就是大多数人会放弃的时候，"菲兹说道，"但是杰克不会这样做。"

哈斯金斯继续阅读，即使是最模糊的文件——它们的价值看上去甚至比不上在塞维利亚复印一份文件的钱。一天，他在那堆成千上万份文件中偶然发现了一句话。它提到了一个叫作马贵斯礁岛群（Marquesas Keys）的地方，不在基韦斯特，离当时绝大多数寻宝猎人寻找"阿托查圣母号"的地方大约有80英里。哈斯金斯分享了那条信息——他天性就愿意分享——在这条信息的指引下寻宝猎人梅尔·费希尔（Mel Fisher，以前经营一个养鸡场）找到了沉船。很快，"阿托查圣母号"成为当时最著名的宝船。

第十章　行家

"到现在为止，它的价值超过了 5 亿美元，"菲兹说，"杰克几乎什么都没得到，不过那就是另外一个故事了。'阿托查圣母号'是宝藏最多的沉船之一，它能够被发现就是因为杰克从来没有放弃研究那些文件。"

第一艘渔船开始返回码头，两人走到菲兹家装了纱窗的门廊上，看着渔船归港。他们谈了几小时，菲兹讲述了他这一辈子在这行里遇到的各种故事，言谈之间马特拉发现他的话另有深意，而这就是菲兹真正想表达的东西。

宝藏能反映你到底是谁。它剥去你苦心建造起来的所有外在表象，打破你所相信的关于自己的所有故事，还原一个真实的你。如果你是一个卑鄙、撒谎成性、贪得无厌、毫无价值的杂种，宝藏会让你暴露无遗。如果你是一个品德高尚、正派体面的人，宝藏同样也会把你这些品质展现出来。你不需要找到一枚银币才能知道你是什么样的人。只要接近宝藏就足够了，只要相信自己马上就要找到它们了，你就会得到答案，不过一旦知晓答案，你就再没有办法掩盖它。正因如此，宝藏就是人生转折，因为最终你真正找到的其实是你自己。

当两人终于要说再见的时候，马特拉问了菲兹戴在脖子上的那条项链上的银币的来历。菲兹从衬衫里拉出了这枚银币。这是一枚来自"康塞普西翁号"的 8 埃斯库多的银币。"康塞普西翁号"是他热爱的沉船，这艘船历史上曾经两度被人遗忘，但是，人们从来没有放弃对它的寻找。

驱车行驶在回旅馆的长桥上，马特拉看着佛罗里达群岛消失在身后，克雷格餐厅、多克餐厅之类的本地餐馆已被星巴克和丹尼餐厅取代。他与这些行家相处的时间已经结束，虽然没有一个人可以为他指明班尼斯特沉船的位置，但是每个人都为他指向了一个相同的方向，那就是历史，并告诉他，不要放弃。

第十一章
黄金时代

17 世纪末，一艘饱经风霜的船正在穿越加勒比海，鸡
笼和空桶杂乱地堆放在甲板上，几个粗犷的船员正在擦洗甲
板，刷油漆，解开卷线。船桅之上，一个孤独的水手在眺望
海面，寻找其他船只的踪迹。

当天晚些时候，这名瞭望员发现远处有一艘较小帆船的
白色风帆，很快，他认出了船上的旗帜——它属于英国。他
呼叫了教会他使用望远镜的船长。船长能够看到对方船上配
有 6 门加农炮，是一艘典型的商船，但他对于对方船只吃水
是深是浅更感兴趣。这艘船吃水很深，也就意味着这艘船装
满了货物，这一点对于这位船长来说是很重要的。

船长下达了命令，船员们立刻行动起来。其中 2 人打
开了一个箱子，箱子里盛满了来自世界各国的旗帜，他们
掏出英国的红船旗，将它升到桅杆的顶端。另外 3 人穿着
女装，开始在船首闲逛。甲板下，130 人用武器和炸药把
自己武装起来。船长掌控着全局，他下令慢慢地靠近远处
的商船。

现在，商船船长也在用他自己的望远镜观察着。看到

147　远处的英国红船旗，他感到很兴奋。这是他手下 40 名船员
与同胞们交换补给、交流故事以及分享饮品的机会。然而，
他也是非常谨慎的。他的船上装着银子、糖料以及靛蓝这些
贵重物品，他也知道，海盗们在这些海运航线上寻找着
猎物。

　　因此，商船船长一直在观察这艘英国船。当两艘船距离
不到 500 码时，大一些的那艘英国船上的女人们脱掉衣服开
始跑了起来，只是，"她们"跑起来一点都不像女人，不一
会儿，他们将一块漆成原木颜色的油布从船只一侧掀开，露
出另外 24 门加农炮。大船甲板上的几十人迅速开始行动，
一些人奔向哨岗，一些人来到桅杆旁边，还有一些人赶到船
尾，突然之间，他们顺风扬帆，朝着小商船破浪前行，激起
了大量白色泡沫。

　　商船船长大声呼喊着船员们。随后，他看到了自己这辈
子都害怕看到的场景：这艘马力全开的船降下了悬挂的英国
红船旗，升起了另一面旗帜，血红色的背景上醒目地印着一
只沙漏。这是一面海盗旗，上面的沙漏是一种警告——如果
做出反抗，将命不久矣，而且会死得很惨。

　　商船船长命令船员们拿好枪支。在他们有所行动之前，
海盗们开了一炮。海面炸裂，炮声震天，一枚 6 磅重的黑铁
炮弹穿过翻滚的灰色烟雾云，呼啸着掠过商船的船首，这是
一次预演，如果他们不投降，就将面临被海盗攻击的结果。
空气中弥漫着硫黄燃烧的气味。

　　烟雾过了好几分钟才散开，但此时海盗船距离商船只有
300 码，并且这个距离还在飞速缩小。现在，商船船长可以

看到海盗们从船舱里冲上来，一次 20 人，直到超过 100 人出现在甲板上，他们尖叫着，挥舞着手中的剑，朝着天空鸣枪。

商船船长的第一反应就是逃跑，但是他的船装满了货物，速度很慢。尽管如此，如果他能坚持几小时，在夜幕的掩护下，他也仍有可能成功脱逃；夜晚总是会给人带来希望。他命令船员立刻加速，全速逃离，但是无论他们开得有多快，海盗船总是如影随形，海盗们熟练地操控着船只，双方的距离在不断缩短。现在，两艘船之间只剩下 200 码的距离了。海盗船船长终于露面了，他站上船首，身着灰色短裤和褐色马甲，脖子上戴着一条沉重的金链子。他通过传音筒向商船船长喊话，命令他马上投降，否则，等待他们的将会是灭顶之灾。

现在，商船船长必须决定是否要战斗。只消一枚精准射击的炮弹就能够阻止这些海盗，而两枚准确击中目标的炮弹就能摧毁他们。但是，如果他失败了，他知道接下来的故事将会如何展开；自童年以来，他就听到过无数海盗袭击的故事。

海盗们将会对准他们的桅杆进行炮轰，让他们的船丧失前进的能力，而不会摧毁他的船身和上面装载的货物。他们将会用火枪扫射甲板，尽可能多地造成船员们的伤亡。随着他们之间的距离越来越近，他们将会投掷装满弹片的铸铁手榴弹、燃烧弹，以及点燃的臭气弹（一种令人作呕的混合物，其中有腐肉、焦油和沥青，以及其他腐烂了的东西）。这些攻击可能会杀死或者打残他的船员们；或者会让他的船被烟雾包围。

当海盗们距离商船仅仅几码远的时候，他们将会用抓钩、剑、斧、矛和手枪来击退防御者们，并且将船只拉近。他们会一窝蜂地涌上商船，砍杀或射杀任何想要反抗他们的人。即使商船船长和他的船员们英勇地还击，通常情况下，选择反抗海盗的船长下场都不会很好。

并且那是指如果商船船长足够幸运，能够在战斗中死去的情况。

如果他活了下来，海盗们将会把他活生生煮了，挖出并且吃掉他仍旧跳动的心脏，拔掉他的舌头，敲碎他的头骨，直到把他的眼球挤出来，捆着他的生殖器将他吊起来，还会扔色子决定谁有权砍下他的脑袋。然而，如果商船船长和平投降，海盗们可能会放过他和船员们，邀他们入伙，甚至会归还他们的商船。不过，遇到海盗，任何情况都有可能发生，这也是海盗们最可怖的特质。

149　　"赶紧回答，狗杂种们！"海盗船船长命令道，他的人将加农炮和火枪瞄准了商船。

商船船长没有多余的时间进行思考了。投降的话，他就是将自己的生命以及全体船员的生命都交付给这群疯子。但是，他同样也有生的希望。海盗的数量是他们的 3 倍。对方有 30 门加农炮；他只有 6 门。他记得从小听到大的那些故事。因此，就像大多数处于这种情况下的商船船长做的那样，他放下了枪，选择投降。

海盗们登船了，商船船长和他的船员们成了囚犯，被一起锁在甲板上。海盗们扒掉他们的衣服和身上的贵重物品，随后将船上的货物掠夺一空。没有人感到惊讶。但是，当听到海盗船船长直接对着他们说话时，所有人都吓了一跳。

"大声说出来，伙计们。你们船长给你们什么待遇？"

商船的船员们安静了好一会儿。之后，一个接一个地，他们开始向海盗们讲述他们船长的故事。当他们讲完以后，海盗船船长径直走向跟他同等职位的商船船长。

"那么，先生，"他说道，"同样的事情应该要发生在你的身上……"

"约翰？"

一听自己的名字被叫到，马特拉的心脏怦怦直跳。准备好接受自己的命运，他抬起头直面这个海盗船船长。但面前站的并不是海盗船船长，而是卡罗琳娜，她穿着宽松的便服，睡眼惺忪。

"现在是凌晨 2 点钟了。"她说。

"我正在做研究。真的已经这么晚了？"

"是的，真的已经这么晚了。你能为我腾点地方吗？"

马特拉盘腿坐在他位于圣多明各的公寓的餐厅地板上，四周是成堆的关于海盗的书籍和文件。距离他去佛罗里达会见那些行家已经过去了一周，自那以后，他便一直在研究海盗的历史。

"过来，我的海盗公主。"他说道。

他推开身边的一堆书，将卡罗琳娜圈进他的怀里。他向她描述了刚刚他从这些资料中七拼八凑想象出来的那场海盗袭击。在现实生活中，他认识一些硬汉，其中一些是传奇人 150

物，但是很少有人会接近这些人。

卡罗琳娜说，即使是海盗也需要睡觉，因此，她坚持要马特拉今天晚上暂时放下他的研究。自从他的研究进入这个阶段，他每天都工作到午夜时分。

马特拉冲了个澡，刷了牙，穿上了短裤和 T 恤。在床上，他给了卡罗琳娜一个晚安吻，然后等待进入梦乡。

他继续等待着。

他翻身侧躺，调整了一下枕头。他快速翻了一次身，转到另一边，并且往下扯了一下被子。或许他需要一杯水——

"约翰?"卡罗琳娜说道，"我很好奇……如果你不是那么疲倦的话，你愿意讲讲……这些海盗到底是哪点特别吸引你?"

马特拉笑了，坐起身来。

"你真的想知道?"

"嗯。"

"那么，听好了。"

海盗是在古代出现的，在人们第一次将货物装载到船上的那天——或者前一天，海盗就出现了。他们来自希腊和罗马、中国和北非，地图上存在的每一个国家几乎都有海盗的身影——千百年来盗贼们在海上航行，只有一个目的：从那些防御太差或者因太过害怕而不敢战斗的船上抢夺他们能够抢到的所有东西。

马特拉关注的海盗们活跃在特殊的时期和地点。从 17 世纪中期到 18 世纪初，也就是海盗的黄金时代，他们在加勒比

第十一章　黄金时代

海和大西洋上追捕猎物。就是这些人在风靡几代人的书籍和电影中烧杀劫掠，也正是这些人在年轻人的脑海里留下挥之不去的印象，令他们无限向往。班尼斯特指挥的就是这些人。

在 17 世纪的大部分时间里，海盗横行，他们大肆劫掠商船，令商船海员闻风丧胆，特别是西班牙人，后者掌控着加勒比海和大西洋中大部分海运航线和贸易。许多国家认为海盗是"全人类的灾难"。然而，英国却欢迎海盗。海盗们骚扰西班牙船只，这给英国贸易和扩张提供了便利。此外，按照双方的协议，海盗船带走了那些冷酷暴力的街头混混，让他们成为海盗，然后将抢劫到的货物带回英国市场廉价出售。海盗们相当大方地装备他们的船只，并且慷慨地贿赂英国官员。停留在港内的时候，他们花光钱袋中的每一分钱，就像是那些再过几天就要上绞刑架的人一样——事实上他们其中很多人也确实会被绞死。即便英国真的采取行动打击他们，往往也是走形式，真正目的还是捞钱以及扩张帝国。

许多海盗变得很富有。就算西班牙的海员们因为英国人和海盗之间的交易而受到恐吓或被杀死，英国人也不太可能为此感到心痛。

海盗还会带来恐慌。在一封写给国务大臣的信中，一名英国目击者写道："海盗们的做法非常残忍，对他们来说，把一个人大卸八块是很正常的事情，首先是削下一些肉，然后是一只手、一条胳膊、一条腿，有时候他们会在受害人的头上绑一条绳索，用一根棍子不断绞紧，直到眼睛迸出为止，这种方法被称为绞扎。"

　　另一名目击者描述了一个臭名昭著的法国海盗使用的一种酷刑："洛约纳（L'Ollonais）变得暴怒异常，他拿起弯刀，切开了其中一个可怜的西班牙人的胸膛，然后用他那亵渎一切的双手扯出了对方的心脏，像一头饿狼一般开始用牙齿撕咬，并对其余的人说：如果你们还和此人一样顽固，那么你们的下场都是这样。"

　　英国征服牙买加后的几年是海盗和私掠船的辉煌时期，它们几乎是随心所欲地对西班牙的航船进行掠夺。即使是西班牙的城镇也不能幸免于难，这些掠夺者能调集 1000 人甚至更多，进犯那些被认为固若金汤的地方。通常情况下，西班牙人能做的就是放弃抵抗并且乞求饶恕。在皇家港口，酒馆和妓院中金银多得都溢了出来。海盗的黄金时代到来了。

　　随着海盗黄金时代的到来，伟大的船长也开始涌现，这些人既有超凡的个人魅力又有远见卓识，还有无比的野心。然而就野心以及手下的人数来看，没有人能比得过威尔士人亨利·摩根，此人领导了一系列针对西班牙的大规模入侵。短短 4 年，他带领着凶悍的手下——有时多达数千人——袭击波托韦洛（Porto Bello）、马拉开波（Maracaibo），并攻下了巴拿马，成就了这一时期一次著名的军事胜利。正因如此，他变得极其富有，并且成了皇家港口和英国的英雄。

　　有太多故事描述了摩根的冷酷残忍。一名目击者指出，当一个囚犯拒绝与之合作时：

　　　　（摩根的手下们）会将他吊起来，直到他的双臂完全脱臼。之后会用绳子缠绕他的前额并打上结，这个结

第十一章　黄金时代

非常紧，以至于他的双目会突出，大如鸡蛋。要是他仍旧不愿供出保险箱在哪里，他们会捆着他的生殖器把他整个人吊起来，同时，一个人打他，一个人削掉他的鼻子，另外一个人切下他的一只耳朵，还有人用火烤他——这是极尽人之所想的野蛮折磨。最终，当这个可怜的人再也不能讲话，他们也想不出新的折磨方式时，他们会让一个黑人用长矛刺死他。

当下一个人拒绝交代的时候，"他们在他的两个拇指和两个大脚趾上绑上长长的绳子，将他四肢分开绑在四根木桩上。随后，会有四个人用手中的棍子击打这些紧绷的绳子，撕扯他的肌肉，让他疼得不停抽搐。如果仍旧问不出答案，他们就会将一块至少重 2 英担的石头压在他的腰上，并在他的身体下方点燃棕榈叶，火焰炙烤着他的脸，也点燃了他的头发"。

每一个目睹了这种恐怖场面的人都会把故事传得更远。 153
恶名成为海盗的利剑。

有一段时间，海盗的黄金时代看似会永远持续下去。然而，到了 1670 年，新的经济之风吹向了加勒比海和大西洋。合法贸易对于商人和统治阶级而言变得越来越有利可图。公海和航道中的不确定性对商贸产生了不利影响，并且对富商巨贾甚至是英国自己的财富造成了极大的威胁。在海上，没有什么是比海盗和私掠船更不稳定的因素了。

1670 年，英国和西班牙签署了《马德里条约》。除了其他的条款，该条约还呼吁英国宣布海盗行为非法——不再颁发私掠船许可证，不再提供避风港，不再允许黑市买卖被掠夺的西班牙货物。作为回报，西班牙会在贸易和航运上向英国做出妥协。

这一条约为英国提供了新的商机，其中一些商机大到足以使英国成长为一个帝国。然而，他们需要和平稳定且可以预测的航运环境。英国官员们挥舞拳头，发誓要根除海盗，但是在17世纪70年代，他们基本没有采取过有效的行动。海盗们在加勒比海仍旧有着深厚的根基，他们继续向当地人供应着廉价的货物、违禁品，并且带来稳定的收入。对于大部分人尤其是平民来说，海盗仍旧是好人。

而且，他们的手腕越来越厉害。到17世纪80年代，海盗们对进出牙买加的合法贸易造成了巨大的破坏。统治者出动了皇家海军军舰。到1683年，所有军舰均已就位，一共4艘，包括"红宝石号"，这是一艘125英尺长的巨人杀手，可以携带48门加农炮和150名船员。该船停泊在皇家港口，将听从总督托马斯·林奇的指挥，他被委以消灭海盗的重任。

但是，要达成消灭海盗的目的，不仅仅是扬帆出海这么简单。据估计，仅在皇家港口附近海域就活跃着超过1200名海盗。他们的船更快，可以驶进较浅的水域，他们更清楚航道和海湾，熟悉逃跑路线，船长也更有经验。这些海盗都明白，一旦被抓只有死路一条。

不过，光是海军护卫舰就足以吓退很多海盗了。海军军舰停泊在皇家港口，上面放置着成排的加农炮，向那些留下的海盗传递了一个简单的信号：现在，我们才是猎人，你们

第十一章　黄金时代

是猎物；我们抓住你们只是时间问题；一旦被我们抓住，你们的死期就到了。

林奇总督派遣这些战舰进行频繁的巡查，不仅围绕牙买加，还包括伊斯帕尼奥拉岛、古巴，以及其他的海盗据点。通常情况下，护卫舰都是两手空空地返航，但是，每次巡航都能让他们收获经验，增强应变能力。很快，他们就开始抓捕海盗了，而大多数海盗都选择投降而不是在战斗中灭亡。越来越多的海盗逃离了皇家港口和其他的避风港；而那些依旧留下来的海盗似乎能越来越明显地看到等待着他们的绞刑架。一个月又一个月，英国消灭这些海上盗贼的行动似乎变得越来越顺利。

虽然如此，但如果一个人就打算要反抗皇家海军，藐视国家意志，向富商和种植园主吐口水，对总督竖中指，并且无视全世界对他这种人越来越强的敌意继续出海航行，他也许仍然能够作为一名加勒比海盗而大赚一把。然而，在1684 年这样做，他需要的可不是一般的勇气，而是不断地增强自己的能力，并且勇于采取非常措施。

"那就是班尼斯特行动的时候，"马特拉说道，"卡罗琳娜，他拥有一切——尊崇、敬仰、金钱、一个光明的未来。他为了成为海盗愿意拿这一切冒险。他为什么要这样做？"

他的未婚妻没有回答。

"卡罗琳娜？"

马特拉听着她平稳的呼吸，知道她已经睡着了。他伸过手去拉上她的被子，然后吻了吻她的脸颊。

"有什么东西在呼唤着班尼斯特，"他说道，翻身躺下，将头放在枕头上，"不仅仅是金钱或权力。有别的事情发生在这家伙身上。"

155 马特拉对海盗了解得越多，越发现好莱坞电影和流行文化对海盗的描绘非常有趣。电影中描述的东西有些是真实的，有些是虚构的，还有一些在现实中并不常见。

例如，海盗们逼囚犯跳海的场面其实并不常见。他们发现，用剑砍或者直接开枪更容易将人杀死——之后抛尸，干净利落，不需要任何戏剧化的表演。海盗们也从不会将宝藏埋起来，或者制作出能找到宝藏的地图：他们花钱的速度几乎跟他们抢钱的速度一样快。

不过，他们确实喜欢鹦鹉并且会教鹦鹉讲话，在他们航行期间，会养几只鹦鹉作为宠物。他们会携带尽可能多的武器加入战斗——并不是为了看起来很酷，而是因为当时的枪支很容易哑火，而且重新填装弹药会浪费时间。

马特拉着迷于海盗的语言，甚至找到了一本专门研究这一课题的书。海盗从不会说"啊"或者"真见鬼"（这些几乎可以肯定是后人创造的，就像20世纪50年代以来好莱坞电影中那些所谓的海盗语言一样）。他们确实使用像是"啊嘿""愉悦又短暂的一生"这样的词或短语，以及一些诅咒、誓言、威胁和问候，每一种马特拉都很喜爱。他匆匆写下这几个他最喜欢的句子，准备下次再见到查特顿的时候对他喊出这些话：

——吃屎吧！

第十一章　黄金时代

——该死的！

——我要弄碎你的脑壳！

——我要让你粉身碎骨！

——我来自地狱，并且很快我也要将你拖入地狱！

马特拉从电影中了解到的其他一些事情也是真实的。海盗们会戴钩子和木质腿作为假肢，用眼罩盖住眼眶，他们这样做往往是因为曾在战斗中受伤。他们的穿着各式各样，从单调实用的到最稀奇的金色的、深红色的、蓝色的和红色的衣服，包括羽毛、金链子等饰品，还会穿丝绸衬衫和天鹅绒裤子。（通常情况下，他们穿什么服装主要取决于最近抢到了什么，而不是他们的衣着品味。）他们满嘴脏话，喝酒，赌博，玩女人，疯狂得仿佛任何夜晚都可能是他们生命中的最后一夜。"到手的不管是什么，都不会在他们手上停留太长时间，"一位同时代的研究者写道，"只要手里还有一分钱可以花，他们就会忙着赌博、嫖娼、喝酒。其中有些人一天内会花完两三千银币——第二天身上连件衣服都没有了。"在现实生活中，马特拉认识很多这样的人。

海盗对种族和性别的观点也令马特拉着迷。在海盗的黄金时代，黑人通常会在海盗船只上随行。事实上，黑人水手通常是船上最大的有色人种群体。然而，他们在船上的地位随着时代的变化而变化。黄金时代早期，在海盗船上的黑人更像是奴隶——要么像奴隶一样工作，要么作为从其他船上俘获的囚犯，被带到奴隶市场上卖掉。然而，在黄金时代后期，海盗船上的很多黑人——或许甚至是大多数黑人——都是完全够格的海盗，与他们的白人同伴一样享有完全相同的权利。他们可以领导进攻，拿同样多的薪水，与黑胡子并肩作战——这比美国解放黑人早了150年。

但是，尽管做到了种族平等，海盗们却几乎从不和女人一起航行。在黄金时期，仅仅有四五名女性作为海盗为人所知。其中两人——玛丽·里德（Mary Read）和安妮·波妮——变得很有名，她们像男人一样穿戴打扮，并且与最著名的海盗船船长"棉布杰克"拉克姆并肩作战。几乎无一例外的是，海盗们认为有女性在船上对他们而言是一种干扰，而且也容易引发争端或者嫉妒。在有些海盗船上，私藏女性就是死罪。

157　　马特拉如饥似渴地查阅关于这些人的资料。他掌握了海盗的习惯，记录整理他们的武器，绘制他们船只的示意图。一直以来，他对他们的犯罪本能感到惊奇。在他们身上他总能看到甘比诺家族的影子。

和马特拉从小就知道的黑帮一样，海盗们努力避免暴力和武装冲突。这并不是因为他们害怕（他们从不害怕）或者认为自己不会取得胜利（他们几乎总是比他们的猎物人数更多、更强，武器更先进），而是因为流血事件对于这行而言总归是不利的。一场海上冲突可能会导致人员伤亡，财物破坏，甚至会搭上海盗自己的船。这也会引起执法者的注意。悄悄地抢劫总是能得到最好的回报。

大多数受害者都明白自己面对的是怎样一群人，所以都会当场投降。因为不抵抗，他们通常会被公正甚至仁慈地对待。但是也有人为了钱财、原则或者自尊试图逃跑或反抗。这个时候，海盗们就会凶相毕露，而接下来的流血事件将会使整个海洋为之震颤。

海盗们有各种各样的残忍手段。他们会将人的眼球从眼窝中挤出来，将他放在石头上烤，或者挖出他仍旧跳动的心脏吃掉。海盗们这样做不仅是要惩罚反抗者或者逼迫他们交出藏匿的贵重物品，而且向全世界传递了这样的讯息：不要反抗我们，我们是疯子；如果你选择不抵抗，通常你的下场会更好。为了保证他们的这条讯息被世人知道，他们通常会饶恕几个幸运儿，放他们回家，让他们传递这个可怕的讯息。

不是每个海盗船船长都会这样残忍地惩罚反抗者。但大多数海盗都是这么做的，以至于到了 17 世纪海盗们通常只要挂上海盗旗就可以不战而胜。旗帜上的图案即便相距甚远也不会被认错，它不是在宣告既成事实，而是提醒人们必须马上做出选择。

马特拉深深地被这些故事迷住了。不过，他也在寻找一些关于海盗的更深层次的东西——寻找对他们的生活更深刻的理解。因此，他开始提出异于此前的问题，从他还是个小男孩开始，每当遇到有趣的人的时候，他都会提出这个问题：你是怎样做到的？而这些书里记载了一个激动人心的故事。

一个生活在 17 世纪晚期的英国年轻人可能指望成为一名农民、木匠或面包师。如果他有一双巧手，那么他也可以当一名裁缝或铁匠。但是，如果他有着健壮的体格和对冒险的强烈意愿，他可以离开他的国家，在众多商船上找一份工作，这些商船满载货物和乘客，前往彼时正在扩张的新世界。商船海员到访陌生的土地，凝望大自然，见识很多他的同龄人完全无法想象的地方和生物。在这个过程中，他不断地学习、最终成长为一名一流的海员，能够在危险的海域中驾驶船只，并且根据星星的位置判断航线。

这可能是最艰辛的一条路了。通常情况下，这份工作是非常辛苦的，条件很艰苦，并且工资仅够生存。最糟糕的或许是，商船船长对船员有着绝对的权力，常常残酷地对待他们，并且会克扣他们本就微薄的薪水。如果有任何人做出反抗——甚至他们还没有反抗——船长就可能会鞭打、折磨、监禁他们或者不给他们饭吃。船长的很多做法都是受到《海商法》保护的，这也就赋予一名船长对他的船员几乎绝对专制的权力。这样的法律被认为是维持船上秩序（和盈利能力）的保证，但是这种不受制约的威权给滥用权力打开方便之门，催生出大批剥削者。

愤愤不平的船员们可能会离开这行，但是，那些想要留在海上的人没什么选择的余地。另一个选择就是加入海军，那里的伙食和薪水能稍微好一点，工作量也小一点。然而，海军的纪律可能更为严苛。并且一个水手很可能死于某场战斗，即便他不赞同战斗或根本就不明白为何而战。

另一个选择就不那么正大光明了。它要求选择它的人胆识非凡，并且代表着一种截然不同的生活。想过上这样的生

活，一个商船水手只需要前往港口的另一侧——那里是这个
世界的另一面，是海盗生活的地方，在那里，即便普通人也
可以成为王者。

很多海盗变得富有，他们赚的钱是商船船员的数百倍甚
至数千倍，而且有时是一夜暴富。他们的船员人数众多，通
常会超过100人，这有利于减轻工作负担和营造更加畅快的
环境。他们热衷冒险，一同出生入死，跟随自己的想法而
活。而且海盗船船长残忍对待船员的事几乎闻所未闻。

当然，成为海盗也是存在风险的，特别是在17世纪晚
期。每一次航行，他们都要冒着生命危险，并且经常会因为
他们的罪行而被处以绞刑。但是，如果一个人胆子够大，如
果他梦想干出点与众不同的事业，那么冒着被绞死的危险就
有了意义。在班尼斯特活跃的那个时期，将近3/4的海盗曾
是普通的商船海员，这些年轻人是海上老手，已经厌倦了糟
糕的待遇，并且孑然一身也没什么好损失的。这令他们在离
开港口之前就形成了一股强大可畏的力量，这群怒气冲冲的
人，在对的时间，跟随对的领导，甚至可以与皇家海军
抗衡。

在所有关于海盗的书籍中，马特拉最喜欢的就是年代最
久、篇幅最短的这本《美国的海盗》，作者是曾经当过海盗
的亚历山大·埃克斯梅林，这本书于1678年首次出版。这
本书薄到可以直接装进口袋里，因此，一天早上与卡罗琳娜
去食品店的时候，他带了这本书。卡罗琳娜在商品间流连
时，他翻开这本书，就在这时，他发现了这句话："截获一

艘船时，由船员们决定船长是否应该留下它。"

"卡罗琳娜！"他喊道。

"我很抱歉——抱歉"，他对那些吓了一跳的顾客说道，然后穿过成堆的香蕉和木瓜，走向卡罗琳娜，直到他可以在她耳边低语。

"我觉得我已经找到它了。我已经找到我一直在寻找的东西了。"

回到公寓，他疯狂地翻阅埃克斯梅林的这本书和其他书籍。他以前就读过其中的很多内容，但是当时只想找那些传奇故事。这一次，他转向记录海盗组织和政治的章节。过去他总是认为这是最沉闷的部分。然而现在从他开始阅读的那一刻起，这部分令他大开眼界。

在每次航行之前，海盗们都会聚在一起承诺遵守一个不可思议的准则：每个船员都要被平等地对待。从最缺乏经验的瞭望员到船长本人，没有人拥有凌驾于其他人之上的权力或别人没有的特权。船员们将会吃同样的饭菜，挣同样的薪水，住同样的房间。船长只有在战斗中才会行使绝对权威；在其他时间里，他将会根据船员的意愿进行指挥。

而这仅仅是这种疯狂行为的开端而已。

因为人人平等，于是几乎所有的事情海盗们都要投票表决。他们投票决定去哪里追踪猎物，决定船上的规则、对犯错者的处罚、战利品的瓜分，以及将叛徒放逐到无人岛还是射杀。并且，每个人的投票效力都是平等的。

有的人可能认为这些在死刑的阴影下过着无法无天的生

第十一章 黄金时代

活的人会以一种无法预知的方法来投票。然而，从海盗们在黄金时代的几十年里无数次的投票来看，他们投票的方式似乎完全一样。马特拉可以马上想象出这种投票方式。他开始用橙色荧光笔标出那些似乎支配着那个时代的每艘海盗船的规则：

——船长的薪水不能超过最低级甲板水手薪水的 2 倍或者 3 倍。

——人人都能平等分享食物、酒水和其他供应品。

——战斗中受到的伤害将会根据伤到的身体部分得到相应补偿。某艘海盗船按照如下规定支付补偿金：

失去右胳膊	600 枚银币或者 6 个奴隶	161
失去左胳膊	500 枚银币或者 5 个奴隶	
失去右腿	500 枚银币或者 5 个奴隶	
失去左腿	400 枚银币或者 4 个奴隶	
失去眼睛（任意一只）	100 枚银币或者 1 个奴隶	
失去手指	100 枚银币或者 1 个奴隶	
内部损伤	最多可以得到 500 枚银币或者 5 个奴隶	
失去弯钩或木质义肢	跟失去原来的肢体一样的补偿	

——任何偷窃船上战利品的人一旦被发现都将接受惩罚，惩罚包括被放逐到无人岛上。

——任何欺骗另外一名船员的人一旦被发现都将由被骗者将其耳朵和鼻子割下来，并在抵达下一个港口后被赶下船。

——不允许女人上船。任何在船上偷偷藏匿女人的人都将会被处死。

——船员之间的争端将在船靠岸后通过陆上决斗解决。

——勇猛战斗、发现猎物、首先登上目标船只，以及有其他豪言壮行的人将获得额外奖赏。

——懦弱者、酗酒者、傲慢者、违抗命令者、强奸者以及其他任何会破坏这艘船的主要行动目标——劫夺商船货物——的人将受处罚。

——任何悬而未决的问题都将通过投票决定。

——每人投票的分量相当。

一个接一个的这些想法似乎让马特拉难以置信。他试图去想象保罗·卡斯特利亚诺接受其工资是级别最低的甘比诺打手工资的 2 倍，或者约翰·戈蒂依靠街角赌徒为他投票。马特拉知道的犯罪头目杀掉了追求与他们平等的人。现在，162 他正在读的内容却指出，海盗船船长的晚餐不会比船员多一只猪蹄，并且他们也不会有自己单独的船舱。

马特拉疯狂地想要了解更多有关海盗船船长的信息。每个船长都需要有无所畏惧的眼界和决不妥协的勇气，同时愿意修理那些胆敢反抗的目标。然而，船长必须遵从船员们的意愿。他可以由普选产生，也可以由普选罢免。如果他过于

第十一章 黄金时代

仁慈或者过于残酷，过于激进抑或过于被动，又或者他拒绝根据船员的意愿来领导，他就会出局。此外，因为他的失败，他还可能会被惩罚，甚至会被放逐到无人岛。即便是像班尼斯特这样拥有自己船只的船长，也可能遇到这种情况。

所有的这些都让马特拉感到激动不已。投票表决，权利平等，没有国王——这就是民主，比这一概念在美国扎根还要早一个世纪。

对马特拉而言，一个普通人成为海盗是可以理解的。但是，为什么班尼斯特会成为海盗呢？他已经有了金钱和权力，未来可期。成为海盗，他可能会失去这一切甚至为此送命。在此之前，马特拉不能明白为什么一个拥有大好前途的人会做出这样的反转选择。但是，现在他已经明白了。海盗船象征的是自由，船上的100多人都坚信，任何事对于任何人而言都是可能的。班尼斯特可能曾经是一位绅士，并且或许曾经拥有一个光明美好的未来。但是，他很可能从未体验过海盗船上的这种自由的感觉。

马特拉本可以继续阅读，但是他认为自己已经找到了想要的答案。等到周末，他会再次加入查特顿的团队，与他们一同寻找"金羊毛号"。但是这一次，他们将到全新的地方去寻找。

第十二章
糖料沉船

"先生们，我们有方向了。"

在托尼餐厅，大家一边吃早餐一边商讨下一步打捞方案，一直主导讨论的马特拉让大家想象自己置身于那个让许多海盗成就盛名的黄金时代。

"我们需要像他们一样思考，"他说，"如果我们能够像海盗一样思考，我们就能找到他们。"

接着，他开始谈起了民主。

海盗活跃在 17 世纪，却超越了他们所在的那个时代，这些职业的违法者给自己制定了神圣不可侵犯的律条。马特拉给大家读了海盗的基本规则，描述了他们的投票权，并且强调海盗们的核心思想——只要敢想敢做，任何人都可以变得富有，但是没有人可以成为国王。

大家全神贯注地听着。然后，他们问他，这如何能帮助他们找到"金羊毛号"？

马特拉的答案非常简单：归根结底要看班尼斯特和他的动机。

对于马特拉而言，班尼斯特不仅是一个伟大的海盗，而且是一个醉心民主的人。没有任何其他的动机能够完美地解释这个问题：为什么一位有身份的船长，在他三四十岁并且未来一片光明的时候，会不惜一切代价去公海抢劫？或许他热爱钱财，或许他喜爱冒险。但是毫无疑问，他一定坚信这样一点：当人人平等的时候，人们才是真正地活着的。100个这样的人在一起可以与全世界较量。

164

　　然而，在17世纪80年代，随着各帝国联手清扫海盗，班尼斯特这样的人无法确定民主是否也会被消灭，子孙后代们是否会知道民主这个无畏大胆的想法曾经深入人心。为了让人们铭记，他需要干出点大事——一些历史不能忽略的事情。掠夺更多的船只不会被千古传颂；囤积宝藏不会流芳百世；但是与皇家海军作战定会有所影响，在战场上将后者击败定会使平等的回声响彻时空。

　　马特拉告诉大家，正是基于这一点，寻找"金羊毛号"的全部方案都要改变。9个月以来，他们一直在寻找一个海盗船可以侧倾修缮的完美地方。现在，他们将要寻找一个海盗船可以进行战斗的完美地方，班尼斯特就是在那个区域布置炮手和火枪手，并且，就是在那里发动了一场世纪之战。

　　查特顿对这一说法表示赞同。

　　"班尼斯特认为，"查特顿说道，"他并不是在逃避皇家海军，而是在等他们的到来。如果我们找到班尼斯特的战场，我们就能在附近发现他的船。"

　　四人在桌子上展开了一张山美纳海湾的地图，但是没人能够直接指出他们截至此时还没有搜索过的地方。不过这只是在地图上看。有了新的认识后，他们将会回到他们的船上，开始沿着岸边搜寻。

离开餐厅后，克雷奇默将马特拉拉到一边，告诉他这个海盗的故事是多么打动他。18 岁时，他冒着生命危险逃离东德，先是跳上一列开往捷克斯洛伐克的火车，然后躲进另一列前往西德的火车，虽然他很可能再也看不到他的家人了，但他这样做就是为了体验自由的感受，为了有机会闯荡世界。

"在那些日子里，"克雷奇默说道，"我确实思考过民主。"

165 查特顿和马特拉沿着山美纳海湾的海岸搜寻了一周。他们发现了几个可能是战场的地方，但是没有一个地方足以让精明的海盗们在那里创造对抗两艘皇家海军战舰的历史。

那个周末，加西亚 - 阿雷孔特在别墅举行了一场宴会。查特顿是最早露面的人之一，两手各拎着一瓶红酒。他并不打算待在宴会上——他和马特拉计划第二天早上 5 点半开始搜寻——但是当加西亚 - 阿雷孔特的妻子将他拉到别墅里面并且将他介绍给客人们的时候，他并没有拒绝。接下来的几小时里，他谈论着潜水，讲述他的冒险。即使他笑着描述那些激动人心的时刻，现在这一切对于他而言也似乎都是上辈子的事情了。

宴会终于结束了，查特顿端起最后一杯酒，走到阳台上，站在一轮明月之下，眺望着海峡。马特拉走了过来。

"我们还漏掉了什么？"查特顿问道。

第十二章　糖料沉船

马特拉回答不上来。他除了眺望这片水域，什么也做不了。突然，他放下了酒杯。

"上船去，"他说，"叫上维克托。"

"现在是凌晨 2 点……"查特顿说道。

"我们必须出发。就是现在。"

20 分钟之后，三个男人乘坐"十二宫号"（*Zodiac*）穿过海峡抵达比希亚岛（Cayo Vigia），这是一座距离别墅仅仅 600 码的小岛。马特拉关掉引擎，把船停在小岛北部海岸线突出的沙洲附近。

"天啊。"查特顿说道。

他们从船上站了起来，四处张望。从任何方向来看，其他人都发现不了藏在此处的"十二宫号"。

"如果我是一个找地方停船的海盗，这就是我要找的地方。"加西亚－阿雷孔特说。

"并且，如果我想打一场世纪之战，我会在这里进行准备。"查特顿说道。

三个人观察着这座小岛。它自东向西最多延伸 500 码，自南向北则最多 100 码。不过，这里的水很深，大约有 25 英尺，几乎与海滩齐平。岛屿东端高于水面，加农炮炮台可以隐藏在茂密的树丛中向敌人发动进攻。另外，这里距离大陆不到半英里，可以轻易地获取淡水补给。

马特拉只能笑笑。他和查特顿在过去的 9 个月里每天都从别墅上望着这座岛。但是他们从来没有想到过一艘像"金羊毛号"这样的大船可以藏身在此进行战斗。然而，当一个人站在这个地点的时候就会发现，很明显，一艘大船可以藏在这里——如果这艘船是由一个有勇有谋的人掌舵的话。最微小的错误或者突如其来的洋流都可能使一艘大船在此搁浅。

马特拉开始在他小小的皮面笔记本上记笔记，但是查特顿拉起他的手。

"发动引擎。我们得离开了。"查特顿说道。

他拉起绳索并且握住舵柄，驾驶"十二宫号"驶离这座岛屿，朝着与其北端相距 125 码的地点驶去。

"伙计们，"查特顿宣布，"现在我们就在所谓的糖料沉船的上方。"

这里是糖料沉船残骸分布的区域，20 世纪 80 年代中期，卡尔·菲斯默曾在这里搜寻过几天。他从一个多米尼加寻宝猎人那里知道了这里，那个寻宝猎人的家族几个世纪以来一直在山美纳拥有自己的土地。当菲兹在这个地区潜水时，他发现了一个糖缸，精致且完好无损，看起来像是产自 17 世纪末期——"糖料沉船"的绰号由此而来。对他而言，这个糖缸，以及分散在四周大约 100 码内的残骸可能来自一艘商船，由于他当时正在寻找装有宝藏的西班牙大帆船，菲兹暂时没有处理这些残骸。菲兹再也没有回来继续这艘船的发掘工作，但是鲍登在那里发现了不少东西，他找到了代夫特陶器、一把手枪、一些炮弹、药瓶、斧头以及几个人工吹制的洋葱形状的酒瓶。查特顿和马特拉曾经在研究室里看到过这些古器物，这些古器物被堆放在一个角落，和鲍登的那些伟大发现相比，受到的待遇天差地别。不过，他们仍然记住了这些古器物。这里的每一件古器物都可以追溯至 17 世纪晚期。没有一件是早于 1686 年的，在那年，班尼斯特与皇家海军进行了战斗。

"各位"查特顿说道，"为什么这艘糖料沉船不可能是'金羊毛号'？"

他们面前的一切一览无余。班尼斯特将船停泊在这座岛屿旁边清洗船底，这里是山美纳海湾地区最完美、最隐蔽的地方。皇家海军一路追到这里，但是这座岛屿的海拔、狭窄的地形以及茂密的植被给予海盗们极大的优势，他们利用这里的一切来抵抗海军军舰。在战斗期间或者战斗结束后的某一刻，"金羊毛号"驶离岛屿并沉没于此。或许班尼斯特曾经试图乘船逃离，或许在沉船之前，他们烧掉了船上的锚索，开始在海上漂流。

三个人看着彼此。很有可能，这艘"金羊毛号"现在就在他们正下方。

马特拉取出他一直带着的一瓶啤酒，打开并向船外洒了一些。

"敬下面那些死去的伙计们。"他说道。

加西亚－阿雷孔特发动引擎，将船驶向岸边。在沙滩上，查特顿和马特拉站在海浪中，两人已经很久没有像现在这样开心过了，眺望着属于他们的未来，回望着这座一直以来都存在的岛屿。

如果这个世界仍旧使用电报的话，查特顿和马特拉会给鲍登发一份电报，问一个关键问题：为什么这艘糖料沉船不可能是"金羊毛号"呢？他们当然不打算通过电话或者邮件来问这个问题。只有亲自去圣多明各面对面地问鲍登才能体现出它的真正价值。

因此他们驱车沿着坑坑洼洼的荒凉道路回到了多米尼加共和国首都，一路上两人都在惊叹班尼斯特的精明，居然会选择比希亚岛这个地方，可以想象，当最不可能设下埋伏的岛屿上响起炮声，而炮台位置太高太隐蔽根本无从辨别时，皇家海军的心情是多么绝望。

这是一座多么完美的岛屿啊！现在，查特顿和马特拉已经通过图表和卫星照片对其进行了研究。它最狭窄的地方自北向南宽度仅 38 码，但是这里又长又细，自东向西延伸了差不多 1/4 英里。从空中俯瞰，这座岛屿看起来像一头鲸鱼，其肌肉发达的头部猛地收缩，连接到一具精瘦且优雅的身体上，而尾部则再一次变得宽阔，它朝着广袤的大西洋游去，虽然完全静止却又有着十足动感。

它上面甚至还有一座人行桥。

这座半英里长的钢筋混凝土桥建于 20 世纪 60 年代，它将比希亚岛与大陆上的一处度假胜地连接起来，但是人们很少会用到这座桥。这座岛屿几乎没有海滩，并且岛上大部分地区都被茂盛的植被覆盖。偶尔会有游客过来探险，有时也会有情侣。但更多时候，这里仅仅是一个死胡同而已。因此，山美纳人称这座桥为"绝路桥"。对于查特顿和马特拉而言，绝路之地是唯一重要的地方。

他们越是接近目的地，就越期待当他们告诉鲍登他们已经找到"金羊毛号"的时候，鲍登脸上的表情了。毫无疑问，他肯定会问问题，但是他们已经准备好了答案，基于事

第十二章　糖料沉船

实的答案将很难被反驳，即使是那些执拗于自己的看法的人也不能反驳。

他们和鲍登坐在艾德里安热带咖啡馆里，这是一家地处圣多明各市中心的高档咖啡馆。查特顿开门见山。

"特雷西，让我问你一个问题，"他说道，"为什么这艘糖料沉船不能是'金羊毛号'呢？"

鲍登抬了抬眉毛。

"比希亚岛是船只侧倾修缮、安置炮台，以及与皇家海军作战的最佳地点，"查特顿说道，"并且每一件从糖料沉船中捞上来的古器物都属于班尼斯特时代。"

鲍登笑了。他从衬衣口袋里取出一个小笔记本和铅笔，示意两人讲更多的细节。他们说自己认为是这样的：班尼斯特将他的船倾斜停泊在比希亚岛的北面，船被藏到这个地方以后，不仅仅是路过的船只看不到"金羊毛号"，整个世界都发现不了它的存在。海盗们能够从附近的一条溪流中获取淡水。在海峡的平静水域中，船员们猎杀海龟，并且能够轻松地擦洗船只。

但是班尼斯特并不放心，他将两座炮台——或许还有手下绝大多数的海盗——部署在这座岛屿东部树木繁茂的山上。这些人在高出水面 100 英尺的地方用望远镜和敏锐的目光环视四周，寻找敌人，他们很清楚在被敌人发现之前，他们能够提前数小时发现敌人。过了一段时间后，他们发现远处有两艘皇家海军护卫舰。对抗一艘皇家海军护卫舰，他们有赢的机会。但要对抗两艘皇家海军护卫舰，他们就需要奇迹的发生了。

即便如此，他们仍旧有时间安静地离开。然而现在放弃的话，班尼斯特将会把他的命运，以及他的手下的命运交到皇家港口陪审团的手中。班尼斯特没有投降。相反，他命令海盗们进入备战位置。然后他吹响号角，告诉他的人开战。

海军舰艇瞬时沐浴在从小岛上降下的枪林弹雨中；对于海军舰艇上的人而言，这看起来一定像是他们遭到森林本身的攻击。护卫舰一边回击，一边行驶到靠近这座别墅位置的海峡处放下锚索，摆出了要摧毁"金羊毛号"的架势。激烈的战斗持续了两天，海盗们利用了这座岛屿的每一点优势，而海军则重锤回击，直到护卫舰耗尽弹药，有23人阵亡、多人受伤，这才返回牙买加。之后某一刻，严重受损的"金羊毛号"驶离这座岛屿，在距离这座岛屿不到200码的地方沉没了——其沉没地点就是这艘糖料沉船的位置。

现在，鲍登看起来非常激动。他快速地写着东西。

"现在，你怎么看，特雷西？"马特拉问，"看起来，你一开始就找到海盗船了。糖料沉船就是真正的'金羊毛号'。"

170　鲍登给他的吐司涂上黄油。

"班尼斯特真是一位出色的船长，"他说道，"但是你们知道吗？我想谈谈你们两个。"

他告诉查特顿和马特拉，他们两个完成了一项出色的工作，在这项工作中，他们表现出了奉献精神、创造性思维，以及令人钦佩的勇气，没有多少人能够在这样艰难的搜寻中坚持这些品质。

第十二章　糖料沉船

然后，他告诉他们，他们的想法是错误的。

他说，糖料沉船不可能是"金羊毛号"，并开始列出原因：

——在提到"金羊毛号"的历史记载上，比希亚岛并没有被提及。

——寻宝猎人们总是在利凡塔多岛搜寻班尼斯特的沉船。

——从糖料沉船中打捞出来的很多古器物都是完好无损的，它们不太可能是一艘在战斗中严重受损的船只上的物品。

——环球小姐在利凡塔多岛发现了一个某一时期的英国罐子。

——糖料沉船的失事地点远离这座岛屿，并不是位于船只侧倾修缮的地方。

——法国人的海图将利凡塔多岛标注为班尼斯特岛。

并且，最重要的是：

——糖料沉船处的水太深了。

"你说得很有道理，特雷西"，查特顿说道。随后，他针对鲍登的每条反对意见，简短直接地进行了反驳。

——确实，记载了"金羊毛号"的历史记录中并未提及比希亚岛，但是，利凡塔多岛或者是其他任何特定地点也都没有被提及。

——真理往往掌握在少数人的手中。

——没有人知道"金羊毛号"受到的损伤有多重，但人们已经知道的是，船着火后沉没了。

——环球小姐发现的罐子可能是来自那一时期的某艘路过的船，罐子从舷边掉落而已。

——"金羊毛号"没有在侧倾修缮处沉没可能是为了与海军作战或者试图逃跑。

——法国海图画于19世纪早期，那时候距离这场战争已经过去100多年了，海图是由那些不在战争现场的人画出来的。

——糖料沉船与"金羊毛号"处于同一时期，有着相同的文化；不能仅凭一点巧合就认为它与这场战争无关。

鲍登对上述的观点一一做了笔记，边点头边说，"哦，我知道了"或者是"我没有想过这一点"。之后，他向两人强调了糖料沉船沉没深度的问题。他提醒他们，为寻宝猎人威廉·菲普斯工作的人曾经在那场战斗结束几个月之后，看到过沉没在水下24英尺处的"金羊毛号"。而糖料沉船沉没在水下44英尺。

"没错"，查特顿说道。但是他指出，菲普斯的手下从来没有说过24英尺是指水面到沉船顶部的距离还是底部的距离。如果他指的是船只顶部的话，可以预料"金羊毛号"

第十二章　糖料沉船

在 300 多年里会解体，落在 44 英尺深的水中，刚好就是糖料沉船沉没的位置。

鲍登放下手中的铅笔，告诉两人，他们的工作令人极为振奋。但是，再一次，他告诉两人，他们的想法是错误的。糖料沉船并不是"金羊毛号"，回到利凡塔多岛继续寻找"金羊毛号"会更好。

查特顿看起来已经准备要越过桌子勒死鲍登，因此马特拉探身过去，以一种慎重的方式告诉鲍登，说实话，"金羊毛号"绝对不可能在利凡塔多岛。但是鲍登还没来得及回答，查特顿就插了一嘴。

"特雷西，你想做的就是去所有人已经找过的地方再找一遍，那些地方，所有人都已经去过了。有这种想法的话，你永远都不会找到这艘沉船。你永远都不会找到任何东西。"

鲍登的脸涨红了。看起来，他对查特顿的语气感到很不满，但是他仍然平静地解释道，他感觉糖料沉船上符合"金羊毛号"的地方太少——沉船的深度、位置和历史。

"这不是感觉的事！"查特顿吼道，"这是关于证据、努力工作和研究。"

"那只是你的想法。"鲍登答道。

"不。这就是关于证据、努力工作和研究。每一点都要符合才行。我自己不止发现一两艘沉船，特雷西，它们都是重要的沉船。没有一次是我凭着感觉或者直觉或者其他任何胡言乱语找到的。"

查特顿和鲍登看起来都准备起身离开了——不仅是离开

这张桌子，而且是离开这一项目。不过在这之前，马特拉告诉鲍登他想要讨论另一个问题，并且会抓住机会实话实说。

"我们得到非常重要的消息，听说其他人员可能会来到利凡塔多岛寻找'金羊毛号'。如你所知，我们并不认为'金羊毛号'沉没在那个岛屿附近。但是，有时候传言的开始其实就只是一个扯淡的故事而已。"

鲍登点点头——他以前听人们讲过类似的故事。但是马特拉还没有说完。他还表示，他听说文化局正打算减少多米尼加共和国的宝藏租赁权，也包括鲍登的租赁权，同时文化局打算引进新鲜的血液——年轻的猎人们，从而改善这一区域数年来一直无人发掘的情况。马特拉从鲍登的眼神可以看出来，鲍登也听到了同样的风声，并且对此很是担心。

"那么，你建议我要做些什么呢?"鲍登问道。

"承认这艘海盗船不在利凡塔多岛，"查特顿说道，"它就在比希亚岛附近。"

"在糖料沉船上开工，"马特拉说道，"打捞上来更多的古器物，证明它就是'金羊毛号'。"

173　　但是鲍登看起来并不急于做这件事。如果他花费时间在比希亚岛搜寻，而其他人在利凡塔多岛找到了"金羊毛号"，那么他已经为之付出了一辈子的所有事情——他的声望，他的财产，他的荣誉——都可能会染上污点。并且他看起来并不打算今后就以这样的形象示人——因为犯了一个错误，因为相信了并不确凿的证据而与成功失之交臂。不仅如此，鲍登认为在他改变观点之前，查特顿和马特拉应该返回利凡塔多岛并且找到证据证明"金羊毛号"并不在那里。

第十二章　糖料沉船

查特顿从座位上跳了起来。

"你在要求我们去证明一件根本没有发生的事情！我们怎么能够向你证明一个本来就不在那里的东西？"

"继续寻找，"鲍登说道，"或许你错过了一些蛛丝马迹。或许，指南针有问题……"

"那么我们在那里发现了那么多其他东西，你要怎么解释？"查特顿质问，"你的意思是我们在利凡塔多岛发现了所有的该死的鱼栅、渔网和牌照，但是莫名其妙地错过了一艘100英尺长的海盗船？"

"我们只是需要完全确认。"

查特顿的愤怒已经濒临爆炸，他愤然离席去了洗手间。

"你的伙伴是一个急性子的人，"鲍登说道，"我不知道是否还能再与他合作了。"

马特拉朝鲍登探身过去。

"听着，特雷西。我有一个主意。我们为什么不对糖料沉船做些什么呢？在糖料沉船上进行一番认真的打捞。拿出证据来。做这些并不会花费很长时间。"

但是鲍登似乎并没有被说服。即便强占别人开采领域的人真的要来，即便文化局打算收回租赁权，这也并不是一个放弃利凡塔多岛的时机，因为所有人都宣称"金羊毛号"是在利凡塔多岛沉没的，他这样告诉马特拉，同时付账回家了。当查特顿回来时，他甚至都没有问鲍登去哪里了。

第十三章
我希望我们仍旧是朋友

那天剩下的时间里，查特顿和马特拉在圣多明各购买补给品。没有人谈到和鲍登的这顿午餐，但是他们彼此都知道对方的想法——与这位老辈寻宝猎人的合作不会再继续了。

卡罗琳娜在她的公寓里为马特拉和查特顿准备了晚餐。他们两人一直避免谈到工作事宜，但是当卡罗琳娜询问那天下午事情的进展时，查特顿无法保持沉默了。他说，鲍登是永远不会放弃"金羊毛号"就在利凡塔多岛的想法的。

"'金羊毛号'并不在那里，我没错，"查特顿说道，"我已经受够那个家伙了。"

马特拉几乎不敢相信他所听到的话。查特顿有很多缺点，但他绝不是一个轻易放弃的人。晚饭后，马特拉将查特顿拉到书房，劝他要有耐心。"特雷西是一个顽固的老人，"他说，"但是他并不愚蠢。你得想办法让他主动接受糖料沉船就是'金羊毛号'。你得让他觉得这结论是他自己得出来的。"

这番劝说让查特顿更加沮丧，他大声嚷嚷起来。马特拉并不总是容忍他的伙伴大发脾气、大喊大叫，但是他知道查

224

第十三章　我希望我们仍旧是朋友

特顿针对的是鲍登。而且这一次，他的伙伴的观点是正确的。

"和我一起坚持下去，约翰，"马特拉说道，"这不是为了特雷西。"

然而查特顿并不买账。对他而言，鲍登可能已经深陷自我世界，听不进任何劝告，因为但凡他还听得进其他声音，他都不会如此死脑筋。

晚上刷完牙后，马特拉和着胃能达口服液吞下了几片布洛芬止痛片，他当年在自己保安公司就是靠着这种方法来忍耐一天 20 小时高强度工作的，那时候任何环节只要稍有闪失就足以让他的公司破产倒闭。

第二天早上，他被一条来自鲍登的语音消息吵醒。鲍登想要谈谈，在查特顿不在场的情况下。

"完了，"马特拉告诉卡罗琳娜，"特雷西要退出了。他不干了。一切都要结束了。"

两人 1 小时后在咖啡屋见面。但是鲍登没有谈到工作。相反，他向马特拉讲述了他的生平。

20 世纪 50 年代，美国掀起了潜水热潮，而鲍登很快就注意到了这一点。1957 年他从费城附近的阿宾顿高中毕业后，便购买了人生中第一套潜水装备——一套带有黄色宽条纹的紧身潜水衣，黄色条纹需要手工粘上去——他朝着波科诺山中的小溪和采石场出发。那时候关于水肺的用法说明是很少的；人们只能通过自学掌握基本技巧，之后便下水检查这些技巧是否管用。

为了谋生，鲍登做着电工学徒的工作，这份工作有着不低的工资，还让他的未来有着极佳的前景。然而，他的心思却在潜水上，而不在修理二极管上。当有人告诉他在新泽西海岸附近有数百艘沉船的时候，他将自己车装满工具，一路驶到海岸。在那里，他想方设法进入沉船，其中有些船自从沉没之后就再也没有被发现。每年，他的简历上都会增加更多的沉船发现。但是他不和其他的潜水员往来。对于他而言，他们神神秘秘、小里小气，喜欢拉帮结派；将近 20 年之后，查特顿对这类人也有同样的抱怨。

所以，鲍登大多数情况下都是独自下水。他梦想着能够找到点真正有年头的东西——不是世界大战时期的，而是好几百年前的，来自文明成形时期的古老器物。但是该怎么做呢？在那个时期，并没有教授如何寻找这类沉船的学习班或者指导手册，也没有收学徒的导师。鲍登得靠自己弄明白这些事情。而且他还有一份全职工作，这就让事情变得更难了。此时，他已经成为一名高级电工，但是他的心思根本不在这上面。甚至连他带去现场的设计图，在他看来都像是航海图表。

1969 年鲍登 30 岁，他告诉老板，自己打算休一次为期两周的假期，去寻找英国皇家军舰"布拉克号"（De Braak），这是一艘 18 世纪的沉船，人们认为它沉没在特拉华河河口，船上可能有宝藏。他的老板试图说服他不要去，但是鲍登已经出门了。

他没有发现宝藏，甚至都没有找到这艘沉船。但是这种搜寻沉船的急切心情一直伴随着他。1976 年，他前往多米

第十三章　我希望我们仍旧是朋友

尼加共和国，那里有很多沉没的西班牙大帆船。他被授予在这个广泛区域搜寻沉船的独家权利，这在这个国家还是第一次。不过官员们表示会监督他。只要出任何差错，他就完了。只要有任何失信行为，他就会被驱逐出境。

在不到两年里，鲍登在山美纳海湾定位了两艘西班牙大帆船的残骸并查明了它们的身份，这两艘船相距仅仅 8 英里，分别是"瓜达卢普圣母号"和"图卢兹伯爵号"。这两艘船上载有超过 1200 名乘客和船员，其中许多人计划到国外居住。大多数人将他们的财物兑换成黄金、珠宝和硬币，这些东西便于携带，帮助他们实现梦想。鲍登发现这两艘沉船之后，其中大多数的财物都归他所有。

1979 年，《国家地理》杂志针对鲍登的工作专门刊登了一篇长达 26 页、题为《水银帆船的墓地》①的专题报道。报道由著名海洋学家门德尔·彼得森（Mendel Peterson）执笔，带领读者与鲍登一起进入海底世界，见识这一世界的绚烂多彩，也向读者展示一个人如果全身心投入地去探寻能够发现多么神奇的东西。鲍登的发现里还包括一枚刻有代表圣地亚哥骑士团的剑形十字的纯金圆形坠饰，四周镶有 24 颗钻石，彼得森在这篇报道里将其称为人类从海里打捞出的最伟大的艺术品。马特拉少年时期读过《国家地理》杂志的这篇报道，想象着自己就是鲍登，深入海底亲历了这一切。

很多人认为鲍登投身此行是为了钱财，但是他很少会出售自己发现的东西。他告诉人们，他干这行是为了追寻一种

① 该文中译本发表于《世界科学》1981 年第 8 期。——译者注

感觉——当经过多年的努力，听过无数人说你疯了之后，你在水中发现了有什么东西在闪闪发光，你伸出手，紧紧抓住它时的那种感觉。宝藏。在发现宝藏之后，这个人就再也不同于以前了。

在接下来的几年里，鲍登一直在他的租赁区域工作着，为寻找 18 世纪法国军舰"西比翁号"（Scipion）和其他几艘重要沉船做了不少极有价值的工作，但是，他往往什么都没有发现。这并不妨碍其他人羡慕他的人生——他们想象着他在加勒比海巡航，微风拂过他的头发，他手中端着一杯白兰地，寻找着下一处失落的宝藏。很少人想过他每天过的生活是什么样子的。

他几乎总是出门在外，这使得他不可能常常在家，这对他的婚姻也是一个挑战。对他而言，关于他的工作很难进行一些有意义的谈话——世界上几乎没有人能做到他所做的事情，或者甚至是想象出他做的事情。甚至宝藏本身也带着悲剧色彩：许多宝藏都见证了沉船时生命的痛苦消逝。

尽管如此，他仍旧不想转行做其他的工作。因此他继续工作，20 世纪 80 年代末再次驾船出击，这一次，他要找的是"康塞普西翁号"，这艘船是拥有无上至宝的沉船之一。

威廉·菲普斯在 1687 年首次找到了这艘船，并且尽可能地打捞了用 17 世纪的技术能够获取的所有银器。很快，"康塞普西翁号"在漫长的岁月中被人遗忘，它一消失就几近 300 年，直到 1978 年，根据杰克·哈斯金斯的研究，寻宝猎人伯特·韦伯（Burt Webber）在距离锡尔弗浅滩（Silver Bank）大约 80 英里的地区发现了这艘沉船。韦伯打

第十三章　我希望我们仍旧是朋友

捞了他能打捞出来的一切，在那之后，政府在很短的时间内授权卡尔·菲斯默打捞，之后又授权给了鲍登。尽管他没有发现这艘沉船，鲍登的接手却使得事情变得大不相同了。很快，"康塞普西翁号"就向世人展示了更多的银器：自1641年以来再也没有人看到过的成千上万的银币，这些银币价值数百万美元。

但是这一新闻的代价是孤独。在锡尔弗浅滩不能使用无线电广播和电视。鲍登的打捞船上也没有电影或者录像带，有的只是旧报纸。没有人能够离开，去独自跑跑步或者单独抽根烟。几年来，鲍登他们一次又一次地出海搜寻，每次两周，八九个人一起待在一艘65英尺的船上，只有逃不掉的孤独和拥挤。

而那仅仅是在白天。到了晚上，鲍登很难不去想象他的船停泊在一个大型墓地上方。"康塞普西翁号"的沉没就带走了300多条生命，还有许多沉没于其他时期的船只，船上同样游荡着无数亡魂。有时候，他会在凌晨两三点钟醒过来，出去检查一遍船上的绳索，这不是因为他觉得绳索没有绑好，而是因为他知道在海上，任何事情都有可能发生，特别是在没有月亮的夜晚。

一次出海时有一名上了年纪的投资商随行，半夜他过来摇醒了鲍登。"特雷西，"他说道，"我在后面的甲板上听到有人说话。我听到有很多人说话。"鲍登告诉他要远离栏杆，但没有与他争论。"这些沉船大多是因飓风失事，"鲍登告诉他，"我无法想象那些船上的人经历了什么。"

多年以来，鲍登一直在发掘"康塞普西翁号"，不断打捞上来银器，却很少将其出售，一直与飓风和孤独做斗争。关于他的纪录片拍了一部又一部。他找到的古器物进入了博物馆。1996 年，《国家地理》杂志刊登了另一篇专栏文章，这一次是由鲍登自己执笔，主题是他在"康塞普西翁号"上的工作经历。这之后他又继续进行这艘船的发掘工作，找到了其他任何人永远都找不到的财宝和古器物。在锡尔弗浅滩中度过的那些漫长时间中，关于菲普斯，他想了很多，对于一个普通人而言，去追求一些伟大的事情意味着什么。

这些故事鲍登本可以讲好几小时，但是他停了下来。

"我已经占用你太多的时间了，约翰，"他说道，"我真正想说的是，我希望我们仍旧是朋友。"

在接下来的几天里，查特顿一直在看关于征服者的书籍，尤其是关于弗朗西斯科·皮萨罗（Francisco Pizarro）的书籍，他出现在秘鲁的时候身边只带了不到 200 人，却征服了成千上万的敌人——顷刻之间铸造帝国。

与此同时，马特拉还在设计海盗湾的广告，以便投放到潜水杂志上去，这是他曾经生意红火的潜水业务。他告诉卡罗琳娜，是时候面对现实了。"金羊毛号"可能永远都不会被发现了，不是因为它不在那里，而是因为他的伙伴们意见不统一。查特顿似乎已经失去了耐心——对鲍登，对这艘海盗船的搜寻，以及对多米尼加共和国都失去了耐心。鲍登似乎也失去了耐心——对查特顿，对他自己，对他们那疯狂的想法失去了耐心。

第十三章　我希望我们仍旧是朋友

因此，马特拉恢复了理智。通过海盗湾的重新开张，他可以做他最初打算做的事情：在加勒比天堂，靠带领高端客户潜入传说中有名且美丽的沉船来谋生。

第二天早上，他比往常晚醒了 3 小时。他没有刮胡子或者刷牙；他只是坐在餐桌旁，一边在他的笔记本电脑上浏览纽约大都会棒球队的新闻，一边吃着他碗里已经冷掉的麦片。

最终，他开车回到了山美纳，在那里，他将与查特顿一起吃晚饭。但是，这将是一顿怎样的晚餐呢？没有船员、笔记本或者被当作餐垫的图表，剩下的只是法比奥的比萨，以及一个不愿为目标再努力行动的人。

尽管如此，他还是去了。几小时后，他的手机终于有了信号，他收到一条鲍登的语音消息，鲍登说，他已经重新考虑了一下，并且想要对糖料沉船做进一步的打捞。他们可能会按典型的打捞周期工作两个星期，在此期间，尽他们所能发掘所有东西。对于马特拉而言，这似乎是个奇迹。这就是他和查特顿最想要的结果。

他以最快的速度给他的伙伴打了电话。

两人在电话中制订了一个计划。他们将会对糖料沉船做一次详细的侧向声波扫描和磁力勘测，之后从残骸碎片分布区域打捞出尽可能多的古器物，寻找任何可以确认这艘船就是"金羊毛号"的东西。如果他们在这里发现一枚硬币、一块陶片或者任何一样晚于 1686 年的东西——1686 年是"金羊毛号"沉没的那年——他们将承认糖料沉船不是班尼斯特的海盗船。当然，两人都不希望发生这种情况。

几天之后，他们在糖料沉船失事处郑重地开工了。查特顿和马特拉对这个区域做了侧向声波扫描和磁力勘测，画出了详细的地图，这样，鲍登就能够利用这张详细的地图进行精确的搜寻。打捞行动在不久之后就开始了。鲍登也亲自下水打捞。

这次打捞的气氛从一开始就很融洽，特别是查特顿和鲍登之间。接下来的一周，工作人员从泥泞的海底打捞出了几百件古器物，其中很多都从未开过封：火枪、小刀、一把骨柄大刀、水壶、代夫特陶器、马德拉酒瓶以及炮弹。器物似乎一件比一件令人印象深刻，不仅是因为其精致优美，而且是因为其历史悠久。没有一样东西晚于1686年。

晚上，马特拉和查特顿在别墅中休息，向外眺望着他们的工作地点。一艘巨大的船出现在远处，白色的风帆向天空伸展着。两人看着它驶近，直到它进入海峡口。这艘船或许有100英尺长，与"金羊毛号"的尺寸相当，它在这个有限的空间内优雅地航行。它越过小岛停泊，与桥平行，很可能是进来采办补给，就像几个世纪以来其他在这里停泊的船一样。对查特顿和马特拉而言，这艘船似乎是一份礼物，是对他们坚信的事情的演示。毕竟一艘"金羊毛号"大小的船也可以出现在这里，如果船长有远见的话。

几天后，为期两周的糖料沉船打捞结束了。当工作人员从水中拉出设备的时候，查特顿和马特拉询问鲍登：糖料沉船是"金羊毛号"吗？

鲍登告诉他们，尽管所有的古器物都追溯到"金羊毛号"所在的时期，但是这艘沉船远离岛屿并且不在船只侧倾修缮的位置，特别是这艘沉船的位置太深，这一点仍旧困

181

第十三章　我希望我们仍旧是朋友

扰着他。因此，在对糖料沉船做更深入的打捞和研究之前，他仍旧无法肯定"金羊毛号"不在利凡塔多岛。

查特顿走开了。马特拉直直地盯着鲍登的眼睛。

"特雷西，你知道人们想要从你手中偷走这艘沉船，你知道政府打算减少授权个人租赁。你可以向文化局报告你已经发现了"金羊毛号"，这对你绝对有好处。"金羊毛号"不在利凡塔多岛。它就在这里。"

但是鲍登坚持自己的想法。

几天后，查特顿回到了缅因州，开始着手安排其他著名沉船的探索，再次做回约翰·查特顿。马特拉也飞回了美国，回到了宾夕法尼亚的靶场，一遍遍地射击直到靶子被打得粉碎。

一个月过去了。然后，在 2008 年 12 月初，马特拉接到了鲍登的电话，转告他文化局发布的一条消息：一名考古学家已经发现了"金羊毛号"。

就在利凡塔多岛。

第十四章
漂泊

　　虽然这消息是鲍登带来的，但电话里鲍登听上去也对此事颇感震惊：圣多明各研究室已经提交了一份报告，这份报告是由一位多米尼加共和国的考古学家提供的，这位考古学家一直以来都在这个国家研究沉船，甚至也从事宝藏打捞。他不仅在利凡塔多岛发现了"金羊毛号"，而且还提供了"金羊毛号"沉没的精确位置。

　　马特拉感觉很不舒服。他向鲍登发誓，这是不可能的——他和查特顿已经找遍了利凡塔多岛附近的所有海域——但另一方面，他飞速思考着，在脑海中把以前下潜过的地方又重新过了一遍，抱着磁力仪围着利凡多塔岛和其他所有可能的地点又绕了一圈，还是觉得这根本不可能：他和查特顿把这座岛周围所有的东西都找到了，却独独就把"金羊毛号"给漏掉了？

　　马特拉问鲍登能否帮他拿到那名考古学家所提供的沉船位置。鲍登回答他会试试，声音小得不能再小。

　　马特拉马上打给查特顿。他将他听到的事全部转述了一遍。查特顿问马特拉最快什么时候能够赶到迈阿密国际机场。

第十四章 漂泊

"为什么?"马特拉问。

"这样我们就能回去证明那人在胡说八道。"

在飞机上,查特顿和马特拉分析了事情进展。两人都没有想到会有考古学家将目标对准"金羊毛号",不过这么做也不无道理。通过这一发现,这个人可以以学术的名义要求多米尼加政府向他而不是鲍登授权打捞。他的名声很好。毫无疑问,他将会把古器物送给博物馆或者大学来粉饰他的强占行为。

剩下的旅途里,两人一直在讨论这名考古学家究竟是在哪里发现的"金羊毛号",他们到底错过了哪个地点。每隔几分钟,其中一个人就会问:"那个家伙真的发现了'金羊毛号'?"然后另一个人就会回答:"绝对不可能。"

当天晚些时候,他们与鲍登在圣多明各会面了。鲍登看起来憔悴不堪,但是他带来了一个重要的信息,即那个考古学家声称发现了"金羊毛号"的位置。这个人并没有提供任何 GPS 坐标,他只是提供了一张照片以及一段关于利凡塔多岛西海岸附近一个区域的描述。但即便是这么点信息对于查特顿和马特拉也已经足够了。两人认出了这个位置。那里什么都没有。

"给我们几天的时间,"马特拉说道,"我们会证明这一点的。"

鲍登还没来得及反对,查特顿和马特拉已经出门向着山美纳进发了。两人已经做好了驳倒这个考古学家的准备。

在去山美纳的路上,查特顿和马特拉接到了加西亚-阿雷孔特的电话,他已经与一个在政府工作的熟人联系过了。

这份新的声明向文化局施压，逼他们从鲍登这里收回"金羊毛号"的打捞权，并且把"金羊毛号"划为考古遗迹——不管它沉没在哪里。官员们现在认识到班尼斯特的海盗船的珍稀和重要性，并且他们认为，让一名学者来处理"金羊毛号"比让寻宝猎人来处理要好得多。查特顿和马特拉一直担心这一天会到来，政治家和幻想能不费力气一步登天的跟风者蜂拥而来，从那些真正每天都在水里工作的人手中窃取宝藏。

还有更多的坏消息接踵而至。

像加西亚－阿雷孔特理解的那样，现在，文化局承受的压力越来越大，外界要求他们缩小鲍登的租赁区域。事实上，该机构近期已经对另外一个租赁人采取了类似的行动，并且看起来已经准备好用同样的方法处理在这个国家从事打捞工作的每一名寻宝猎人。通过增加打捞人数、缩小每条船负责的海域面积，文化局可以期待更多的产出，同时增加租赁收入。没有人知道他们将会首先收回哪个区域。

"那么，我们该怎么办？"马特拉问。

加西亚－阿雷孔特没有回答，他只是提供了一个建议：去利凡塔多岛，并且提供最有力的证据来证明这艘海盗船并不在那名考古学家声称"金羊毛号"沉没的地点。研究室相信"金羊毛号"就在那里的时间越久，他们越有可能将租赁权从鲍登手里收回。那时候，再怎么挽回都无济于事了。

"我们现在就在路上，维克托，"马特拉说道，"我们正

第十四章　漂泊

在用最快的速度去往那里。"

第二天上午，查特顿、马特拉、克雷奇默以及埃伦伯格乘着"深海探险者号"前往利凡塔多岛，几个人都在想，如果其他人在他们发誓永远不可能存在海盗船的地方发现了一艘海盗船的话，他们将以何颜面面对自己。

船只逐渐靠近岛屿的西侧，查特顿关小了引擎。剩下的路程他依靠鲍登提供的那张照片来辨别方位，一边试图将岛屿与图片上的地点进行比对，一边向掌舵的克雷奇默大声地喊着方向。最终，他们抵达那一地点并把船停好，这里距离岸边有几百码。埃伦伯格在他的笔记本电脑上回顾了他们团队的数据文件。数月前，他们曾经搜查了整个区域，但是没有发现任何目标，因此也就没有沉船。

尽管如此，他们还是穿上潜水装备下水确认。

他们建立了一个坐标方格并从底部开始搜寻——既用肉眼观察也用金属探测仪搜索。

有条不紊地进行。

再一次。

他们发现了陶瓷砖和几块木头，所有这些东西都来自一艘沉没了几百年的船。但是没有人担心。在几个月前的一次搜寻中他们就发现了这些残骸。从外形尺寸看，这些碎片所属船只顶多只有"金羊毛号"的 1/3 大小。这是一艘 16 世纪或 17 世纪往返于岛屿之间的驳船，而不是一艘可以横跨大洋、装得下 100 多名海盗的大型帆船。

回到船上，大家商定了一个计划。他们将会向研究室提交一份报告，包括照片、水深测量、磁力仪历史记录和声波

185

237

扫描的彩色图像。这份报告周密详细，将会彻底将这个地点排除在外。

回到别墅之后，他们开始思考。他们不能保证文化局会接受他们提供的证明。即使他们接受了，其他的打捞船、学者或是寻宝猎人很有可能会紧随其后声称找到了"金羊毛号"；对于查特顿和马特拉而言，此时出现竞争对手是可以理解的，因为肯定有人走漏了消息，让外界知道鲍登现在正专心寻找海盗船的下落。如果越来越多的人都声称找到了"金羊毛号"，即使他们是胡说八道，文化局也可能会将"金羊毛号"打捞权从鲍登手中夺走。唯一的办法就是找到"金羊毛号"。而最快的方式就是说服鲍登同意他们完成对糖料沉船的打捞，并且现在就开始。只要那里有确凿证据，他们就一定会找出来。

马特拉给鲍登打电话，向他保证那个考古学家的报告不可能是正确的，并且恳求他同意对糖料沉船进行进一步的打捞。鲍登听上去被说动了，但他仍然担心其他人可能会前往利凡塔多岛并声称在那里找到了"金羊毛号"。

"确实，"马特拉说道，"这就是为什么你需要现在就行动。"

鲍登同意立即采取行动。但是他希望查特顿和马特拉回到利凡塔多岛。马特拉的脖子一僵，视线都有些模糊了。

"这真是个糟糕的想法，特雷西。查特顿绝对不会回到那座岛上去的。"

186 "他是个急性子的人——"

"我再也不想听那些话了，"马特拉说道，"查特顿是我的伙伴。你需要忘记利凡塔多岛。"

但是听起来鲍登并不打算忘记这座岛屿。挂了电话之后，马特拉只能这样想："他对我们失去了信心。他再也不相信我们了。"

当天下午在法比奥的店，马特拉告诉了查特顿这通电话的内容。他估计他的搭档会爆发、气得摔门出去、给鲍登打电话破口大骂或者直接退出不干了，但是实际情况比他预期的还要糟糕。查特顿仅仅是坐在那里，吃着他的比萨，视线越过马特拉望向街上。时间慢慢地流逝，每分钟都是煎熬，直到餐厅角落里的电视机中传来一个熟悉的声音。只在这时，查特顿才抬眼瞥了一下，电视里正在播放《深海侦探》，而出现在屏幕上的人正是他自己。他盯着屏幕，并非陶醉于自我欣赏，而是因为他参与拍摄的每一集都有一个有意义的结局。

那天深夜，查特顿给马特拉打了个电话。他说他已经放弃了鲍登，但是他无法容忍有小人偷走不属于他们的东西——那些靠他们自己根本无法找到的东西。但是，现在这种事情很可能会发生，尤其是在特雷西·鲍登正在寻找"金羊毛号"的消息被泄露出去以后。

一天早上，在埃伦伯格丢失了电脑上的数据之后，查特顿爆发了，指责他的这位朋友兼室友工作马虎、注意力不集中。

"让这家伙滚吧。我要回家了。这一点都不值得，"埃伦伯格告诉马特拉，"我没有得到报酬。除非我们找到什么东西，否则我得不到回报。而我们现在肯定是没找着宝藏。我不需要这个。"

187 　　在查特顿将埃伦伯格从别墅的阳台扔下去之前，马特拉插入两人之间，将通常很随和的埃伦伯格拉到一边，说服他留下来。

　　埃伦伯格进屋去冷静冷静。几分钟后，查特顿也走了进来，两人握手言和。

　　但是和平局面是短暂的。当天下午，查特顿就痛斥克雷奇默要求请假回家陪伴家人。

　　"现在？"查特顿喊道，"海科，你他妈是在和我开玩笑吗？"

　　"你知道吗，约翰？"克雷奇默说道，"我受够了。我在炼油厂有一份工作可以做。这是一份稳定的工作。这份工作有薪水。我要走了。"

　　再一次，马特拉迅速插入两人之间，请求克雷奇默留下来。但是克雷奇默摇了摇头。他晚上受着蚊子的折磨；公寓里没有网络，也没有热水。他想念家人，他有一个不错的工作机会，这份新工作也没有疯狂的老板。

　　马特拉绝不能失去克雷奇默，这比失去埃伦伯格还要让他难以承受：克雷奇默能修理所有东西，早上他是第一个起来工作的，晚上他是最后一个离开的，并且他是马特拉认识的脾气最好、最容易相处的人之一。

　　"你必须接受查特顿身上的优点和缺点，"马特拉说道，"他和我有着不同的做事风格。但是他比这世界上其他任何人打捞的东西都要多。他能完成任务。"

第十四章 漂泊

"他快把我逼疯了。"克雷奇默说道。

"他也快把我逼疯了,"马特拉回应道,"但是我们必须记住,这个混蛋是一个即将帮助我们创造历史的人。他三周内打捞出来的东西比其他大多数人一年弄到的还要多。你必须承认这一点,海科。"

克雷奇默点点头。

"如果你离开了,我们就完蛋了,"马特拉说道,"更糟糕的是:我失去了一个好朋友,因为我不得不杀了你。所以,留下吧。"

克雷奇默深吸了一口气,然后大笑了起来。

"好吧,"他说,"为了你,我留下来。"

那天晚上,马特拉躺在床上,因为空调坏了,他一直在流汗。他翻开一本已经读过两次的小说——《本尼迪克特·阿诺德的海军》(*Benedict Arnold's Navy*),这本小说讲的是这位美国将军 1776 年在尚普兰湖抵御英国舰队的故事。他一直读到深夜,为阿诺德担忧,他是美国最伟大时期的英雄,而他即将做出的决定将会毁了自己的美好生活。 188

现在距离圣诞节只有一个星期,所有人心里都清楚:他们需要休息,离开这个地方,离开这次搜索,离开彼此。因此,他们决定回家与家人团聚,做一些有意义、有价值的事情。没有人认为假期会有人出现在利凡塔多岛:那些只想坐收渔利的人不会这么勤快。

查特顿从山美纳回到缅因州用了 20 多个小时。到家后,他亲吻妻子，瘫倒在客厅的沙发上，惊叹于每个灯饰、每台设备和厕所的正常运转。他去后院岩石海岸附近的海水中潜水找扇贝，为壁炉堆放木材，选了一瓶好酒。晚上，他静静地躺在床上，没有蚊子和汗水的困扰。每天早上，他都会洗一个长长的热水澡。

　　到圣诞节结束时，查特顿已经在家待了一周了，这时卡拉才问他："那么，我们的海盗在哪里呢？"当然，她知道他还没有找到班尼斯特的船，但她并不介意。从他们相遇开始，他就对她的这一点十分喜欢。她从来没有抱怨过他的工作——他出门在外，长期不能回家，他工作具有危险性——从来没有要求他成为一个他不想成为的人。但是现在，他可以看到，他的生活已经开始让她疲倦了。在搜寻这艘海盗船期间，卡拉曾经不止一次地说，"你一直在工作"。这是真的，他几乎就不回家了，但是稍有松懈，他就可能会失去"金羊毛号"。每一天，他都想要告诉卡拉，他再也不想去找那个沉没在多米尼加共和国的破烂了，他当初选择寻找海盗和珍宝现在看来是个错误决定，他无法相信他人生中最重要的阶段，每一天，更不用说每年都弥足珍贵，他却在这个阶段做出了这个选择。但是抱怨又有什么用呢？于是，他仅仅告诉她，直面海洋是一码事——如果海洋打败了你，可以，放弃即可，但是被一个顽固的老头阻挡步伐？他绝不容许这种事发生。

　　在东北方的一家潜水店里，查特顿的讲话令人群兴奋不已，他没有让人失望。他直接从如何发现神秘的 U 型潜水

艇讲起，用手比画着描述他首次进入这艘消失已久的德国潜
水艇时的情景，现场展示他是如何从七拐八绕的狭窄通道里
慢慢滑出来捡回一条命的。

　　活动结束时，人们排着队让他在书上、DVD 封面上以
及 T 恤上签名。他们向他寻求各种建议，并且告诉他，他一
直是他们的榜样。对他而言，在这里时间过得飞快。

　　回到家，他接到了特里·克尔比（Terry Kerby）的电
话，克尔比是夏威夷海底研究室的主任。克尔比想做一档电
视纪录片：调查在日本偷袭珍珠港时，一艘日本双人袖珍潜
水艇是否向美国战舰"亚利桑那号"发射过鱼雷。对查特
顿而言，这个想法一定能获得成功。它囊括了他热爱的所有
因素：历史、探秘、深海潜水以及有始有终。他认为这档节
目很适合美国广播公司及其纪录片《新星》（NOVA）系列，
他曾经参与其中。

　　"听起来是一个很棒的项目，特里。回头我再联系你。"

　　新年前夕，卡拉在家里准备了晚餐，招待他们最亲密的
朋友，包括查特顿在《深海侦探》中的前搭档的遗孀戴安
娜·诺伍德。卡拉做了斯提尔顿奶酪、一整条红点鲑，以及
自制的带有新鲜蓝莓酱的芝士蛋糕。这正是查特顿在山美纳
的时候梦寐以求的膳食。

　　这之后不久，查特顿和卡拉参与了一个组织筹办的活
动，带领那些严重伤残的退伍军人体验潜水。一行人将会探
索一艘加勒比海的沉船。作为一名越南战争的退伍军人，查
特顿对自己能够出一份力感到十分荣幸。

　　到了海上，他让其他退伍军人做好准备。他思考在水下　190

自己应怎样帮助他们，脑海中反复演练着救援场景。一行人由另外一名潜水教练带入水中，查特顿殿后。他的注意力很快就转移到了一个年轻人身上，这个年轻人腰部以下瘫痪，靠卖力挥动双臂向前划动。当他抵达沉船的时候，几乎已经耗尽力气了。查特顿以动作向他示意，问他是否想要返回水面，但是从这个年轻人的眼中可以看出来，他并不想放弃，因此，查特顿跟随着他到了沉船内部。

由于无法依靠双腿划动前行，这个年轻人攀住一根栏杆，开始拽着栏杆前进，当没有栏杆可以借力的时候，他就转而抓住管道或者门框，就这样，他开始在船体内部飞速移动，自如、有力，甚至比查特顿游得还要快。靠着船的内部构件，这个年轻人可以快速穿过通道和走廊。当查特顿终于赶上他的时候，他在这个年轻小伙子的眼中看到了骄傲，他想起来，这就是面对一件看似不可能完成的事情并终于找到它的突破口时的感觉。

在圣多明各，马特拉的潜水中心重新开张。每笔生意都令人愉快——仅仅一通电话、预定好日期，以及一句谢谢即可。早晨，他在沙滩上散步，下午抽着可喜巴雪茄，夜晚与卡罗琳娜共进烛光晚餐。他的未婚妻一次都没有发脾气，也没有诅咒特雷西·鲍登或是希望整个多米尼加共和国都被海水吞没。或许她只是没有意识到马特拉和查特顿面临着多么严重的失败。

有时候，马特拉的思绪飘回到大帆船上，如果他和查特顿没有半路转去寻找海盗船，现在他俩会不会已经找到宝藏

第十四章　漂泊

了。一天上午，他给一名认识的潜水教练弗朗西斯科（Francisco）打了一通电话，邀请他到圣多明各港来，就在他公寓这条路上不远的地方。多年以来，马特拉一直听人们提起许多西班牙大帆船驶入港口却在那里沉没了。他之前还在这里潜过一次。现在，他一时兴起，回来调查这个地方。

他们在奥萨马河河口穿上了潜水服。几码开外，汽车和卡车的长龙沿着总统比利尼街道（Paseo Presidente Billini）呼啸而过，去往不同的地方，笛声呼啸，车灯闪烁。马特拉心想，这些来往的车辆中有多少人能够想象一艘有着400年历史的大帆船就沉没在这里，在这个生活快速发展的城市之下静默了数个世纪。

很快，他和弗朗西斯科潜到了距离水底20英尺的地方。从水底卷起的泥沙越来越多，两人连面前几码远的地方都看不清。仅仅过了1分钟，他们就看不到彼此了。

马特拉开始挥动金属探测器，仔细听着宝藏的声音。他想知道，在这种地方找到一枚金币是一种怎样的体验？他能够看清上面的日期吗？它会发光吗……

马特拉停了下来。在前方，他能够看到一个巨大物体的模糊外形，淡褐色的、沉甸甸的，缓慢但坚定地向他漂来，就像是瞄准了一样。这个物体渐渐漂近，它看起来似乎是一段古老的木料，就像他在书中看到的西班牙大帆船上的那种。他朝着这个物体游过去，伸手抓住它——这是他的宝藏——但是当他的双手碰到目标的时候，抓住的却是一张脸。这曾经是一张脸，过去是眼睛的地方如今只留下两个窟窿。一瞬间，这个东西撞到了马特拉，将调节器从他嘴中撞了出来，他整个人摔了个仰面朝天。他在水中叫了出来，这时他发现，这个他以为是木料的东西其实是一匹溺死的马，尸体已经腐烂，一路漂向加勒比海。

当马特拉浮出水面的时候，他的第一反应就是给查特顿打电话，查特顿爱听这类故事，但是他忍住了。他担心这听起来像是他正在远离他们的事业，更糟糕的是，他怕这种担心是真的。

第十五章
溺水

2009 年 1 月初两人回到山美纳，这时查特顿才得知马特拉又接了更多的顾客。随后，他以一种很令马特拉不快的语气和音量指责他对唯一重要的事情——海盗沉船——不够重视。但是当马特拉反问他有什么更好的法子利用这些时间，查特顿又无法回答。

当天下午，马特拉接到了克雷奇默的电话。一艘属于伯特·韦伯——寻宝界最如雷贯耳的名字之一——的打捞船正在利凡塔多岛附近海域作业。目前还不清楚这艘船在那里干什么，但是在克雷奇默看来，这非常可疑。

马特拉召集了查特顿和埃伦伯格，加足马力朝小岛开去。他们发现韦伯的船员把船停在了那个考古学家提供给文化局的地点——马特拉他们刚刚排除了这个地点。这激怒了查特顿和马特拉，但是事情变得更加糟糕了。随着他们越来越接近韦伯的船只，他们能够看到有潜水员下水了。

"他妈的！让我们把他们的船撞沉。"查特顿说道。

马特拉并不确定他是不是在开玩笑。无论玩笑与否，很明显，韦伯的手下抵达这里是为了声称他们已经发现了

"金羊毛号",或者至少是已经接近发现"金羊毛号"了。仅仅是这样就能够促使文化局将打捞权从鲍登的手中夺走,转而授权给韦伯这个有着雄厚财力和一流船员的资深寻宝猎人。

　　查特顿继续驾船接近韦伯的船。当两船相距只有100码时,他将船直直地对准对方,伸手去够加速操纵杆。他看着马特拉。之后,慢慢地,他伸手拿过另一个武器——他的手机——并且开始拍摄照片。他先用邮件将照片发给了鲍登,之后又立即打了一通电话。鲍登听到这个消息后很不高兴。他告诉查特顿,他担心韦伯的船员知道有什么东西在利凡塔多岛。

　　"这都是胡说,"查特顿说道,"沉船不在那里。"

　　但这无法解释为什么韦伯或者其他任何人会停在那个考古学家提供的位置作业。

　　对查特顿而言,答案非常简单:谣传。鲍登正在寻找"金羊毛号"的消息已经传开了。谁能让人觉得他们正在为找到这艘沉船出力,谁就有可能让文化局向他们授权一部分甚至是全部的打捞权。他们只要找到哪怕是一块烂木头——而在利凡塔多岛周围有无数这样的木头——他们的说法也会更有说服力。如果他们有投资者的话,即使是一则他们可能找到"金羊毛号"的传言也可以让他们的股票价格飙升。

　　"我不知道韦伯的动机是什么,"查特顿告诉鲍登,"也许他的手下只是想外出游个泳,来个日光浴而已。但是你必须要让他离开这里。"

　　鲍登打电话给文化局。那里的官员们说韦伯得到授权可

第十五章 溺水

以在那片海域进行设备测试。但是当鲍登询问为什么韦伯会出现在那个考古学家报告中提到的"金羊毛号"所在地正上方的时候，电话那头只说他们会调查一下。

当天晚上，马特拉驱车前往圣多明各购买生活用品。查特顿、克雷奇默和埃伦伯格一起在托尼餐厅吃晚饭。在那里，他们看到韦伯的几个船员正坐在餐桌旁喝酒。仅仅是看到这些人就激怒了查特顿：他们就连他最喜欢的当地餐厅也不放过。

查特顿背对着墙坐了下来，在这个位置，他能够看到整194个餐厅。韦伯的一个船员向查特顿的餐桌这边大叫。

"寻宝的没种货。"

查特顿只是盯着这些人。韦伯的另一个船员向他大喊。

"你在看哪里，混蛋？"

"去你的。"查特顿说道。

"我要过去揍你。"另一个人喊道。

"来啊。"查特顿回道。

他看看埃伦伯格和克雷奇默。这两个人属于他认识的最聪明、最有能力的人。他们的生活有其他的选项。他们在这里没有挣到多少钱，并且这里的条件很艰苦。他们当然不是酒吧的好斗者。但是两人都握紧拳头并且将椅子拉到桌子后面，准备好投入战斗。他们同心协力。

"他们喝醉了，我们没有，"查特顿说道，"我们有枪。他们有的只是他们自己的老二。讲真的，在这里谁更有优势？如果他们敢轻举妄动的话，我就用我的史密斯威森手枪打得他们屁滚尿流。"

现在，查特顿看得很明白。如果那边的人挑起冲突，韦伯一方就有充分理由告鲍登的状。他现在仿佛能听到他们向文化局哭诉："鲍登手下的无赖在一家高档餐厅攻击我们！"因此查特顿几人不能是先动手的一方。

"我们就坐在这里吃我们的晚饭，"查特顿告诉克雷奇默和埃伦伯格，"但是如果他们过来了，我们就做我们应该做的事情。"

但是没有人过来。最终，韦伯的船员们离开了，嘴里骂骂咧咧地走到了街上。

"他们讲话跟爷们似的，"查特顿说道，"但其实内心全部都是娘儿们。"

195　　每个人都笑了。一场危机被化解了，但是那天晚上，谁都没有睡安稳。如果第二天早上，韦伯的船仍旧待在利凡塔多岛，这很可能意味着文化局已经批准他到这个地方打捞，也意味着鲍登的投诉被驳回了。如果他离开了，那么该地区仍旧属于鲍登，虽然形势已经岌岌可危。

日出时他们出发了。马特拉驾船，而查特顿站在一侧的栏杆旁边，手中握着望远镜，寻找闯入者。他在利凡塔多岛西海岸发现了一艘船。

"王八蛋！"马特拉喊道。

他提高船速。

"不可以去别人家里随意拿走人家的东西……"

查特顿从望远镜里凝视对方，举起手，叫马特拉减速。

"那不是韦伯的船。"他说。

马特拉马上降低船速。随着他们的船停下来，查特顿慢

第十五章 溺水

慢看清了那艘闯入的船。那是一艘他们都知道的大学的船，这艘船正在做鲸鱼研究。韦伯的船已经离开了。

他们回到别墅下面的库房，一边保养和修理他们的设备，一边等待鲍登能够醒悟、完成糖料沉船的打捞。

第二天早上，马特拉接到了一个渔夫朋友的电话，对方说在利凡塔多岛西海岸附近海域停着一艘新的打捞船，这艘船当地人以前从来没有见过。

马特拉和其他人冲向了利凡塔多岛。停泊在考古学家提供的位置上的——也就是韦伯的船员之前工作的地方——是一艘属于美国打捞者的船，而鲍登之前已经将这艘船派去打捞另外一艘沉船了。

马特拉一个急转弯将船转向左侧，然后不断靠近直到两艘船侧面相贴为止。查特顿站到船头向对方船员喊话。在马特拉看来，查特顿看起来就像一个准备登上一艘商船的 17 世纪的海盗。

"你们他妈的在这里干什么？"查特顿吼道。

"我们正在打捞一艘沉船。"其中一个人说道。 196

"我们知道你们在打捞沉船。问题是你们为什么会在我们的地盘上打捞沉船？"

那艘船的船长走上前来。查特顿记得鲍登曾经将他介绍给这个人。他不喜欢这个船长。

"我是山美纳市的公民，"这个人说，"我可以在我想要去的任何地方潜水。此外，我们有授权。你们最好跟鲍登谈谈。"

这段话狠狠扇了查特顿一耳光。如果是鲍登派这些船员来搜寻"金羊毛号"的该怎么办？如果是鲍登让这些人在这个区域搜寻"金羊毛号"该怎么办？如果真的是这样，查特顿和马特拉已经被三振出局了；鲍登只是还没有告诉他们而已。

马特拉用手机给鲍登打电话，但是无人应答。现在，他和查特顿对这些新来的船员无可奈何；他们只是在潜水，并且没有任何法律禁止这一行为。马特拉将船抛锚停稳，紧靠这艘入侵船的船头，等待鲍登的回电。

鲍登终于回了电话，马特拉将这些新来船员的所作所为告诉了他，并且直截了当地问他：是你派这些家伙过来的吗？

"让我来解决这件事。"鲍登说。

"是你派他们来的吗？"

"不是。但是我会处理的。"

马特拉结束了通话。查特顿问他是否认为这些人是鲍登派来的。

"他说不是他，"马特拉说道，"但是，我不知道。"

除了望着这些竞争对手，查特顿和马特拉几乎什么都不能做。这些入侵者想要靠别人的辛勤工作赚钱就已经够糟糕的了。更糟糕的是，他们对班尼斯特一点都不关心，而班尼斯特绝不会想要让这样的人发现自己。

这艘新的打捞船几小时后离开了。现在一切都清楚了。"金羊毛号"的消息传开了，每个人都想来分一杯羹，并且这种人肯定会越来越多。如果鲍登不尽快宣布找到"金羊毛号"，那么文化局将会把搜寻沉船的权利或者这一区域的权利交给一家或多家这样的后来者，这只是时间问题罢了。

197

第十五章　溺水

但是现在很明显，鲍登不会让步。他想要让他们回到利凡塔多岛继续寻找。

那天吃晚饭的时候，查特顿和马特拉为这个问题想出了一个简单有效的解决方案。与其等鲍登去完成对糖料沉船的打捞，还不如他们自己去完成这项工作，无须询问他人，他们自己去找任何能够证明这艘船就是"金羊毛号"的古器物，找到一个铁证。已经有太多人未经许可就开始寻找"金羊毛号"了。为什么他们这些真正投入精力和金钱、将家人置于身后的伙计们不能也把握机会找到这艘沉船呢？他们打算第二天早上就动身。

但是第二天早上起床时，没有人采取行动。昨晚他们冲动无比，没有人考虑过这种行为可能会被鲍登视为背叛，或者被文化局视为公开侮辱，或者，最重要的是，这并不是一件光荣的事情。

但是，他们也不能返回利凡塔多岛。他们试图找一些有实际意义的事情去做，随便做些什么，也好过浪费时间。这几天他们开着船绕着海湾漫无目的地兜兜转转。然后，某天早上，他们就不再开船出去了。燃料太贵了，或者要么是因为另一个泵需要修理，要么就是下雨了。查特顿在美国有生意要做。马特拉有自己的潜水中心要经营。埃伦伯格需要休息。克雷奇默想要回家探望家人。"很快会再见的"，他们相互说道，但是，对每个人而言，这听起来像是再也不见。

查特顿回到了缅因州，与他电视行业的朋友谈话，他们讨论的每个项目听起来都很有前景。他查了下自己的总资产：他已经为寻宝投入了几十万美元，这使他的资产严重缩水。他不能再像这样一分钱不赚或者一点回报的希望都没有还继续烧钱了。手头已开始变得拮据了。

198   马特拉回到了斯塔顿岛，去看了他的内科医生，医生警告说，他的血压已经过高。当加西亚－阿雷孔特从圣多明各打来电话，告诉他有更多的寻宝猎人来到利凡塔多岛寻找"金羊毛号"的时候，马特拉甚至都没有追问细节。

几天后，卡罗琳娜飞过来与未婚夫团聚。在她看来，马特拉不仅是累，而且深受打击。当她问起他与特雷西、与"金羊毛号"、与约翰·查特顿的进展时，他给她讲了一个故事。

在高中的时候，为了磨炼自己的潜水技能，他在大杀港（Great Kills Harbor）找了一份清理船只并给船更换螺旋桨的工作。那里是斯塔顿岛上最好的码头。虽然有时候他需要在水下一次性待好几小时，但这工作薪水很高并且水很浅。一个星期六，在清理最后一艘船的时候，他瞥了一眼他的氧气筒仪表，发现只剩下 500 磅的氧气，这大约能够让他支撑 18 分钟——虽然不多，但是足够撑到他完成这次工作。他继续擦洗着，脑子里想着如何花掉他那天能够挣到的 400 美元，这笔钱在 1980 年可是一笔巨款。

突然之间，粉碎性的疼痛贯穿他的左臂然后直入脑海，火烧火燎般的痛感让他的膝盖不由自主地弯曲起来。他猛地一推，但是他的胳膊无法移动：一个生锈的 2 英寸长的鱼钩深深地插进了他的手腕。他的血流入水中，像棕色的丝带一

第十五章　溺水

般在水中散开。马特拉明白最好不要再拉动了——绑着这个鱼钩的渔线缠在了螺旋桨上——因此，他摸出一把刀想割断渔线，但是无论他多么用力，这条线就是割不断，随后他意识到，这不是单丝渔线，而是不锈钢制成的，这种线可以防止被鲨鱼和鲢鱼咬断。他检查了一下他的氧气筒。按照这个速度下去，他只剩下一两分钟的呼吸时间了。

　　他抬头望向水面。他距离水面不到 1 英尺，但是他压根无法向上移动。他试图将这个鱼钩从他的手腕上拨出来，但是鱼钩上的倒刺就在他的一条血管附近，他不敢再拉。他再次检查了他的氧气筒。几近于无。现在，他必须要做决定 199了。他可以把这个有倒刺的鱼钩从他的手腕上直接扯出来，或者，他可以在仅剩下的一点氧气耗尽前尝试解开这团绳子。如果他选择前一个，他可能会失血过多而死。如果他选择后一个，他可能会在耗尽氧气之后溺死在距离水面仅有几英寸的地方。

　　马特拉将鱼钩抓在右手中，最后深吸了一口气，尽他所能地使劲一拉。皮肤和血管撕裂了，他瞬间被红色的血水包围。现在，他自由了。他反腿一蹬游向水面，扔掉面具和调节器，大口呼吸。旁边的人聚集过来，抛给他毛巾并且提出要送他去医院，但是，在 17 岁那个天不怕地不怕的年纪，他向他们保证自己没事。

　　"听我说，亲爱的，"一个女人说，"如果你曾信任过任何人的话，现在也请相信我。如果你不去医院，你将会失血过多而死。你必须要去医院。"

　　他拿起一条毛巾，用毛巾包住手腕，飞奔到车上。在斯塔顿岛医院，马特拉仍旧穿着他那身湿透了的衣服，医生用烧灼法为他止血，并且给他打了一针破伤风，告诉他，他能活着实属幸运。那天晚上，他买了两把专业修枝剪刀，都是欧洲版的，能够剪断所有东西，并且自那以后，他每次潜水都会带着它们，不论是在深水区域还是浅水区域，无论是常规工作还是棘手工作。

马特拉看着卡罗琳娜的眼睛，喉咙发紧。

"我又一次回到生死存亡的关头了，"他说道，"我们只需再花一周的时间就能找到'金羊毛号'了。但是我们毫无办法。我距离水面仅仅几英寸，但是我拔不出鱼钩来。"

几周后，在 2009 年 2 月中旬，查特顿和马特拉都同意他们需要谈一谈。两人都返回了多米尼加共和国，因此，他们约定下周一起吃午饭。

在山美纳，他们出发沿着大路去了一家 15 公里外的餐厅。查特顿开着白色皮卡穿过一条满是歪歪扭扭的房子、鸡笼以及晾着的衣服的街道，两个人基本没怎么说话。每经过一条街道，他就要绕过一个无盖的检修井，井盖被人偷走当作废铁卖掉。

突然，一个骑摩托的人在他们的卡车前面冒了出来，开始挥手。

"看看这个家伙，"查特顿说道，"他被惹毛了。"

"你对他做了什么？"马特拉问。

"什么也没做。"

第十五章　溺水

"你没有抢他的路？没有碾到鸡？没有冲他比中指？"

"都没有。"

这个激动的骑手来回拐了几次弯。

"约翰，他手里有枪。"查特顿说道。

马特拉仔细看了看。他可以看到武器，那是一把镀镍的伯莱塔92手枪，价值不菲。

对马特拉而言，所有的这些迹象都是噩兆。要么这个人精神失常，要么他就是打算抢劫两个在这个国家到处闲逛的外国佬。毒品走私犯住在这些地方，他们就躲在山里。这些人会毫不犹豫地杀掉两个看起来很富有的美国人。

马特拉从皮套里拔出他那把9毫米口径的格洛克手枪。

"让他一直在我们前方，"马特拉说道，"不要超过他，也不要让他接近我们的两侧。"

这个骑车的人开始挥舞他的枪，大声叫骂着，要求查特顿超过他，但是查特顿并不理会。这个人将摩托车减速到20英里每小时，再减到15英里每小时，迂回而行，试图溜到卡车后面，但是查特顿跟他一起移动，不让他到车的一侧。现在在查特顿看来应该停车了，但他不知道谁会在前方埋伏；在一辆行驶的卡车上，他们至少还有3000磅的动力可用。

骑车的人将车速放缓到每小时5英里。

"注意他的手。"马特拉说道。

骑车的人现在保持着刚好让车不倒的速度，右手拿着枪越过左肩，直直指向皮卡。人们挤在街上围观。马特拉猛然 推开副驾驶车门并将一只脚插在这里，用格洛克手枪指着这个骑手的躯干。

"继续跟在他后面。我已经瞄准他了。"

"只要你说句话，我就撞翻他。"查特顿说。

女人们尖叫着，孩子们吓得四散而逃，狂吠的狗匍匐在地。摩托车时速只有两三英里，白色皮卡紧随其后，两者间大约有10码的距离。双方都如蜗牛般缓慢前行，并且都掏出了手枪，摩托车骑手和马特拉用西班牙语相互叫骂。马特拉不想开枪，特别是在靠近人群的地方，但是时间每过一秒，这个家伙给他们留下的选择就越少。

"现在放下手枪！"查特顿喊道，但是这个人继续挥舞着枪并且叫嚣着。

马特拉的手指扣向了手枪的扳机护环。

"如果他用枪指着我们的话，我就要把他干掉。"马特拉说道。

"我会一脚油门弄死他。"查特顿说道。

摩托车停下来了。这个人慢慢地下了车并且往前走。这是马特拉最好的机会，但这个机会转瞬即逝。他身上压着过往经历的包袱，仅仅因为杀戮是合理的并不意味着杀了人后的日子会好过，在这里，他有着战术优势，有为他提供保护的皮卡，敌人在他的前方，而且他清楚他们将会如何向警察解释，他之前曾经看到过有人因为思考太久而错失良机并最终丧命。此时，查特顿加大了油门。

"将你的双手放到头上！（*Pon tus malditas manos en tu cabeza*！）"马特拉喊道。

这个人缓慢地将枪别到了裤子后面。他转过头来，跑回

258

摩托车上，向他们稍微比了个手势致意，便朝着山上开走了，留下飞扬的尘土。片刻之后，他消失了。

　　查特顿和马特拉开着车，沉默了一小会儿。之后，其中一个说："伙计，我们干得漂亮。"另一个说道："那是当然。"

第十六章
战斗

　　两人坐在餐厅的卡座里，回想刚刚发生的那场生死对决。他们本来打算利用这次会面来解决一个显而易见的问题——事情已经进展不下去了——但是谁都不忍心在今天提出放弃，毕竟他们刚刚经历了一场冒险。

　　那之后，两人几天都没有见面。然后，查特顿给马特拉打电话说，是时候谈谈了。他们在别墅见了面，坐在阳台上，各自手里握着一杯冰冻的无糖汽水，等着对方先开口说放弃。

　　"给我三天时间，"马特拉说，"我还有一个想法。"

　　两人望着通向比希亚岛的海峡。

　　"我觉得，我们可能结束了。"查特顿说道。

　　"可能是这样，"马特拉回答，"但是现在还没有。"

　　几天之后，马特拉坐上了飞往纽约的航班。在面前的小桌板上，他通常会放三四本书、一个笔记本、几支笔，以及一些零食。但这一次，他只是望着窗外，看着下方的海洋，面前什么都没放。

第十六章　战斗

回到曼哈顿，马特拉来到位于第四十二街道的纽约公共图书馆，进入书库后尽可能翻找出一切有关 17 世纪海战和武器的书籍。没有一本提到皇家海军与班尼斯特的交战，但是，如果整合起来，这些书就能够还原这场战争，并让马特拉可以置身其中。他记下所有的笔记，在零碎的细节中寻找着线索。

根据他之前做过的研究，马特拉已经知道事情是如何开始的。奉牙买加总督的命令，两艘皇家海军护卫舰"福尔肯号"和"德雷克号"驶入山美纳海湾抓捕海盗船船长约瑟夫·班尼斯特并摧毁"金羊毛号"。海军船长希望能够在船只侧倾修缮处发现"金羊毛号"——它会侧倾停靠在一座岛边，船员们正在清理船底的藤壶和其他海洋生物。

马特拉一直都认为海军有优势。两艘海军护卫舰携带了58 门加农炮（"福尔肯号"有 42 门，"德雷克号"有 16 门），而班尼斯特可能只有不到 30 门加农炮。但是直到马特拉查阅这些书籍，他才开始意识到海军的优势有多明显。

护卫舰的设计目的就是敏捷迅速，船体吃水深，并且携带重炮。碰巧，它们也被设计得很漂亮，有着圆滑有力的线条，是英国舰队的狩猎犬。护卫舰中最大的船只，比如"福尔肯号"，强大到足以跻身英国最强大的舰队。"福尔肯号"和"德雷克号"上大约有 250 名船员，人数可能是班尼斯特船员的两倍。除了灵敏和快捷，这些三桅护卫舰从外观上看也是威风凛凛。"福尔肯号"大约有 130 英尺长，

"德雷克号"大约有125英尺长，在部署于加勒比地区的船中它们可算是大块头。"金羊毛号"至多有100英尺长，相较之下，"金羊毛号"就像一个婴儿一样。光从护卫舰的规模看牙买加总督的意图就很明显：摧毁"金羊毛号"，杀死班尼斯特。

204　但这还只是船舰的优势。"金羊毛号"上的海盗可能很少有机会开炮，而护卫舰上的枪炮手却在不断地练习。海军军舰的船长，"福尔肯号"的船长查尔斯·塔尔伯特和"德雷克号"的船长托马斯·斯普拉格，学的就是如何带兵打仗。相比之下，班尼斯特过去只是一个商船船长，学的是如何运输兽皮和肉干。海军的食品供给、武器以及军火弹药也比海盗充足得多。对于护卫舰而言，最重要的是班尼斯特被困在了一个岛上。通常情况下，海盗们擅长逃跑，但是在这里，班尼斯特无路可逃。

　　然而，马特拉在保安生涯中就不断研究各种战术以及如何应对冲突，因此他知道海盗有着自己的优势。班尼斯特在这座岛屿上设置了两处火力点——其中一处有10门加农炮，另一处部署了6门加农炮——并且肯定是将它们藏在了树丛、木头堆或者泥沙掩体之后，这样海军很难发现海盗们，也很难发起还击。海盗们将会从陆上的高地向下开火，而不是站在摇摇晃晃的甲板上进行射击。这场战斗关乎生死，这对海盗们而言是一个强大的动力。最重要的是，领导他们的可是约瑟夫·班尼斯特，这个人瞒得过刽子手，还从皇家港口把自己的船重新偷了出来，简直无所不能。

　　进一步深入研究桌上的书籍，马特拉可以看出这场战斗

第十六章　战斗

是如何展开的。护卫舰应该是借着盛行风驶入山美纳海湾，贴着半岛的北岸行驶，这里是唯一足够深且完全没有珊瑚礁的水域，能够让如此巨大的船舶安全通过。借着强风，他们的时速可能达到 9～10 节（每小时 10～11 英里），红船旗在船尾随风飘扬，米字旗（很像现代的英国国旗，但是没有红色的爱尔兰斜条纹）在船首斜桁高悬。

护卫舰进入靠近比希亚岛的海峡，查特顿和马特拉认为交战就是在那里发生的，护卫舰一切准备就绪，甲板上的桌子、吊床以及其他海上生活用具已全部清理完毕。下午 3 点前后，他们距离"金羊毛号"可能已不到 1 英里，但是仍旧看不见它。这艘海盗船藏在这座岛屿的一个斜弯处，如果军舰不驶入埋伏圈就无法看到它。

此时，海盗瞭望员会发出警报，班尼斯特将命令枪炮手就位。其中一些操纵加农炮，其他人端起火枪。唯一的问题就是什么时候向海军开火。

护卫舰渐渐靠近，距离"金羊毛号"仅有 1/4 英里。这个时候，班尼斯特不太可能将海盗船拉回正位并开到水里，不过，无论他当时是否这样做了，都为时已晚。驶入海峡后，海军瞭望员将会通过望远镜发现海盗的踪迹，而海盗们也会知道自己已经被发现了。

马特拉不可能确切了解接下来发生了什么。如果他是班尼斯特——他知道他们的想法很相似——他会在这个时刻向海军护卫舰开火，瞄准护卫舰的船首，这个地方相较于船的两侧而言，防护要弱一些。无论班尼斯特是否这样做了，或者让护卫舰继续靠近，好让岸上的海盗们能更精准地射击，

205

有一件事是可以肯定的：双方相距已不足 500 码，而且这一距离还在迅速缩小。

现在，护卫舰舰长必须要决定究竟在距离海盗多近的时候开始还击。无论他们做出什么决定，都会有风险和回报。

在 17 世纪 80 年代，加农炮的命中率并不高，特别是在距离超过几百码的时候。大多数情况下，他们不需要考虑精准问题；那个年代的战船通常只打近身战，双方距离可能近得只有 50 英尺。有时候，双方接近到都能够看清对方鞋子上的鞋扣时才开火。这不是夸张，而是确实如此。

远距离开炮尤为困难。每一枚炮弹的火药在质量和数量上都不尽相同，这就影响了炮弹离开炮口的速度，也影响了炮手射击的精准度。炮弹直径大约比炮口的直径要小 1/4 英寸，以确保在开炮的时候不会卡住。这也就意味着炮弹会在炮管内左右回弹，飞出炮口时会带有一定的倾斜度——不是大角度，但通常足够使炮弹像高尔夫球那样沿曲线飞行，这样几乎不可能命中目标。

一旦炮弹击中目标，将会对敌人造成毁灭性的打击。炮弹至少 6 磅重，并且通常情况下会更重一些，这些炮弹能够穿透敌人船体厚厚的外壳，击断船的桅杆，被炮火击得粉碎的木头碎片四处崩落，会射入附近的任何东西、任何人。马特拉惊讶地发现，这些木头碎片冲击造成的二次伤害才是海战中人员伤亡的主要原因。缓慢飞行的炮弹往往是破坏力最强的，因为这样的炮弹并不会干脆利落地穿透木头，这就意味着远距离发射的炮弹可能是最致命的。

对马特拉而言，很明显，海军船长选择近距离战斗。根

据记载，他们受到了火枪的攻击；如果护卫舰距离岛屿超过
150 码的话，这种攻击是不会发生的。然而 150 码只是火枪
有效射程内的最远距离。当马特拉在脑海中还原这场战斗
时，他认为双方的距离要比 150 码更近。

护卫舰一面接近比希亚岛旁的"金羊毛号"，一面将船
的侧面——舷炮——对准其开火。大部分的加农炮被安放在
船的侧舷处，在战斗期间，这使得它们成为更明显的攻击对
象，但同时也能够给对方造成最大伤害。这就是帆船时代海
军们的战斗方式：硬碰硬，一种野蛮的近距离战斗。

根据文献记载，马特拉得知是班尼斯特先开的火。但是
护卫舰上的炮手也很快就打开船上的炮门投入战斗。操作加
农炮是个力气活，同时也很危险。是否能活命取决于哪一方
技高一筹。

那个时代大多数加农炮由铸铁制成，发射的是圆形的铁
球。很多枪炮是以它们射击的炮弹尺寸命名的，因此，一门
发射 12 磅重炮弹的加农炮会被简单地称为"12 磅加农炮"。
"福尔肯号"携带了 12 磅加农炮、6 磅加农炮，以及一些
"萨克尔加农炮"（萨克尔加农炮是发射重为 5.25 磅的炮弹
的加农炮）。"德雷克号"相较而言装备更少，携带了几门
萨克尔加农炮以及几门 3 磅加农炮。班尼斯特很可能拥有这
些加农炮中的几种（他还是商船船长时船上就有几门加农
炮，成为海盗之后肯定还抢了更多）。无论口径多大，这些
武器都可以对敌方船只和人员造成毁灭性破坏。每个炮手小
组——通常情况下一组有三四人——的工作就是确保己方炮
弹顺利发射。

马特拉很难想象还有哪场战斗能比这场海军和海盗炮手之间的对决更精彩。军舰船员训练有素，但是海盗们处于高地，并且是从比甲板稳定得多的陆地开火。

护卫舰上，年仅 10 岁的男孩们从甲板下干燥的舱内把火药传给炮手们。通常情况下，火药被保存在一种被称为弹药筒的腊肠形状的帆布包中，而弹药筒是要装入加农炮的。弹药筒的大小取决于被发射的炮弹的大小；一般来说，火药要比炮弹质量的一半重一点。（例如，一门 12 磅加农炮将会需要大约 7 磅重的火药。）炮手装进火药之后，会将旧绳子或者帆布做成的填充物塞进去，再用一条被称为撞针的长木条将两者一起推至炮膛底部。接下来，装载炮弹，然后塞入更多的填充物并用力压实。

现在轮到炮长登场。他将一根铁探针伸进加农炮的排气口（一个靠近炮膛底部的小排气孔），刺穿内部的弹药筒，整个过程中他都要注意不能让探针擦出火花。之后，他将用被称为引线的纯度更高的火药将排气口填满。这时，这门加农炮才算做好了开火的准备。

军舰船员拉动拴在加农炮轮架上的粗绳，使劲向前拖动加农炮，直到其炮管伸出炮门。现在，不管船身如何颠簸摇晃，不管其他加农炮带来的冲击如何猛烈，不管是否遭到敌方攻击，炮手都要尽其所能地瞄准对方。剩下的就是等待炮长拿着他的火绳杆（一条尾部带有燃烧的火柴的长杆）上前一步将它伸向点火孔，然后炮弹就会发射。如果需要进行祈祷的话，那就是现在了。

即使是一门正确填装的加农炮也可能在射击的时候爆

208

炸，波及附近的所有人。炮尾风可能导致附近的船员灼伤、耳聋或者脑震荡。敞开的炮门使得炮手更容易受到敌方炮火的攻击。就算炮弹成功发射，一门重达 3000 磅的加农炮的强大后坐力也可能会撞死一个跑得慢的船员。

炮长将火柴移动到点火孔上，点燃了火药引线。片刻之后，随着一枚黑色的铁球射出炮口，黄色火焰迸发，灰白烟雾弥漫，整个世界陷入震耳欲聋的轰鸣声，加农炮由于后坐力而后退，仅仅靠系在船体内部的绳子才被稳住。在岛上，视力好的海盗可能会看到炮弹以超过每小时 700 英里的速度向着"金羊毛号"飞来——抑或是朝着他们飞来。

与此同时，双方的射手们都给枪上了膛（类似于炮弹上膛一样，最后用木棍捅紧）并且瞄准了目标。这些长筒枪的有效射程仅有 100 多码，但是没有人在意是否命中目标；相反，他们会同时连续地对着敌人所在的大致方向开火。只消一枚炮弹就能够击断一个人的胳膊，而从天而降的弹雨则会令人心惊胆寒。

战斗正式开始。为了摧毁"金羊毛号"和海盗的炮台，海军炮手很可能发射了经典的圆形炮弹。然而为了给对方人员造成伤害，他们可能发射了无数其他形式的炮弹，包括锁链弹（由锁链连接的两枚炮弹或两枚半边炮弹）、棒状弹（类似于锁链弹，但是由一根棒杆连接），以及榴霰弹（内装火枪子弹或者石块的金属罐，炸裂后会四处喷射弹片和石块）。海盗们很可能瞄准护卫舰的船体和桅杆，使用了圆形炮弹予以回击。 209

现在，海军军舰很可能在船首船尾都抛锚以保持船体稳定，与海盗展开了近战，向班尼斯特及其船员发起了最猛烈的进攻。在帆船时代，船舶一下子火力全开是很罕见的，因为这会损伤船体的木材。但是，"福尔肯号"和"德雷克号"上的几门加农炮很可能同时开火，猛轰这座岛屿以及目之所及的所有目标。

对于护卫舰而言，摧毁海盗的炮台至关重要，马特拉相信，班尼斯特将这些加农炮放置在了岛屿东端的山顶上。仅仅是占领高地这一点——高出海平面 100 英尺——就会让护卫舰上的加农炮难以瞄准目标。通常情况下，为了瞄准高处的目标，必须要将船停在较远的地方——但这样也就降低了命中率。马特拉认为，仅占领高地一项就意味着优势。

但是，或许在炮轰海盗的过程中，摇晃的船身才是最大的问题。在海上发射炮弹时，炮手们通常需要等到船只在水中稳定下来才能开火。因此，他们更多的是在瞄准船身，而不是对方的加农炮。

双方的大多数射击可能都没有命中，但是一旦击中就会造成严重的伤害。"金羊毛号"最多只携带了一半枪炮（其余的已经被转移到岛上）并且很可能仍旧斜靠在沙滩上，或许它之前就受到损伤，不过在战斗期间，它可能一直处于无人驾驶状态。被子弹和木头碎片击中的军舰船员可能会落入水中。那些伤在头部、颈部或是躯干的人往往会一命呜呼，如果够幸运的话会马上死亡。那些受伤的幸存者将会被搬到随船医生或者理发师那里进行包扎，如果伤势太过严重，他们将会接受截肢手术。就是在这里，医生和他手中的铁锯将会决定那些严重受伤的人的命运。

第十六章　战斗

在 17 世纪参战的海员们对自己可能会失去四肢都有心理准备。海军外科医生见过任何一种令人毛骨悚然的伤口并且常常切掉坏死的胳膊和腿脚。在班尼斯特时期，最先进的创伤外科手术就是在一艘战船上潮湿且未经消毒的船舱里进行的。如果一个人不得不将身体的一部分切掉，这里就是他应该去的地方。

虽然外科医生们经常做截肢手术，但是他们的手法并不轻柔。手术"不可能不会给病人造成强烈且难以言表的痛楚"，当时一位著名的法国外科医生皮埃尔·迪奥尼（Pierre Dionis）如是写道。迪奥尼同时也是一本外科手术教科书的作者。外科医生对于手术结果也没有任何幻想：病人在截肢后很有可能会死掉；但是，如果不进行截肢，此人几乎一定会死。因此，他们只是做了必须要做的事情。

速度至关重要。任何耽搁都会增加失血、感染、休克以及精神错乱的风险。而且这还会让病人和伤口成为船上老鼠的目标。另外，这也让医生有空思考手术过程中会发生什么事情；有时候，想象可能比骨锯更加残忍。拖延也可能导致外科医生失去或许是他在手术过程中最为有效的工具——病人自身的肾上腺素。这种激素，除了可以作为止痛药，还可以为病人提供勇气，病人将会需要这种激素，因为在 17 世纪晚期是没有麻醉药的。病人至多可能会得到一点酒喝，但也不会喝太多，因为喝太多反而可能让病人难以平静下来。

　　船上的外科医生很少有时间向伤员解释如何截肢，但是他们对伤员说的话可能诚恳而直接。17世纪早期的英国作家约翰·伍德尔（John Woodall）就在他写的一本介绍外科手术的书中建议："如果你被迫要使用骨锯的话，首先让你的病人完全明白使用骨锯带来的巨大死亡危险，不向他做出任何能活下来的保证，并且按照他的自由意志和请求来做这个手术，而不是仅凭医生自己的想法。"

211

　　接受手术的病人必须被按住。为此，医生要找几个助手，越强壮越好。将伤员搬到手术台上（手术台通常是架在两个柜子间的一块木板，上面盖着一块帆布），助手们则稳稳地站在各自的位置上。一个人从后面压住病人，其他人压住他的手脚，剩下一人压住病人的伤肢，通常将其压在手术台的边缘，这样方便医生进行手术。

　　截至此时，医生一直都煞费苦心地避免让病人看到他的工具：有时候，看到骨锯或者手术刀可能比截肢本身更让人害怕。只有在病人已经被牢牢按住的时候，医生才会拿出他的工具。这些工具包括截肢刀、骨锯、钳子、针头、绷带，以及灼烧用具。它们在手术前就被尽可能清洗干净，清洗通常用的是醋和水的混合物。

　　许多医生选择沿着伤口向上再多切掉一部分健康血肉来确保清除了所有的受损组织和骨头。不管怎样，除了必须要被切除的部分，没有人想要多切掉病人的肢体。选好手术位置后，医生给病人绑上止血带（可能是一块从病人自己衣服上撕下来的布条），在摇晃的船舱中站定。每个医生都想要干净利落地切掉病人的伤肢，但是这可能会受到大海脾气的影响。

医生首先从截肢刀开始，绕患肢一周切开皮肉直达骨头，为之后用骨锯截骨做好准备。他将会尽量两刀完成操作，一次在上面，一次在下面，如果操作正确的话，这一过程可能仅仅需要一两分钟。现在，病人会感到钻心的疼痛，有些人可能已经休克了。

然后，医生将截肢刀换成骨锯，开始处理患肢上的骨头。首先是轻柔地敲击几下，看看病人是否已咬紧了牙关，之后，他会反复、用力地拉锯，尽他所能地越快越好，越干脆利落越好。只有当快要割断的时候，他的动作才会又回归轻柔，以防止骨头崩裂。 212

当患肢终于被截下来之后，医生或者一名助手会将截下的肢体扔进附近一个盛水或者盛有锯末的桶里，里面可能仍旧放着之前病人的断肢。桶里的东西将会被扔到海里，一般会被鲨鱼吃掉。

现在，医生必须要进行止血操作，否则病人可能会因失血过多而死，而且病人可能受不了这个血腥场面。为了止血，医生利用药物、酸类物质、炙热的铁块或者捆扎带来的麻木。接下来，他将病人的肢体缝合，把多余的皮肤拉到剩余的骨头上盖住，然后用绷带包扎好。如果一切进展顺利的话，截肢手术可能会在 5 分钟之内完成。如果战斗十分激烈，就像班尼斯特和护卫舰之间的战斗一样，医生可能会擦干净工具，深吸一口气，然后让下一个人做好上手术台的准备。

海盗猎人

摧毁"金羊毛号"后，护卫舰可以自由地将全部火力集中到海盗以及记载中提到的班尼斯特的那艘小船上来。但是现在，马特拉可以想象出来：即便皇家海军一直开火，想要杀死班尼斯特一伙仍旧很困难。海盗们躲在沙滩、泥堆以及树木后面的战壕中，炮弹和枪弹落下的时候只剩下砰的一声响。

后面几小时应该都是这样，海军舰上有的人在还击，有的人已负伤或身亡，但就是无法杀死海盗。护卫舰上的火药和弹药在减少，船体和桅杆在海盗的加农炮攻击中受到损坏。在海军船长看起来，把住海峡的班尼斯特就像他们无法触及的海洋一般。

除非他们登上这座岛屿。

213 只要攻上岛屿，护卫舰的船员就可以和海盗近身肉搏，利用剑、手枪、火枪、矛、短柄小斧以及拳头来做到他们的加农炮做不到的事情。他们比班尼斯特的手下更加训练有素，并且在人数上占优势，基本可以做到二对一，只要打近身战，海盗们绝不是他们的对手。

问题是如何登上岛屿。护卫舰太过巨大，无法驶入岸边的浅水区域。这也就意味着，护卫舰的船员需要改乘划艇，每船可能坐30人，他们将毫无掩护地暴露在敌人的炮火之下——这里将上演一场微缩版的奥马哈海滩①登陆战役。即

---

① 二战诺曼底登陆中战况最为激烈的海滩，位于法国北部海岸。由于情报错误，盟军在这场战役中伤亡惨重。——译者注

第十六章　战斗

使是在恶劣的条件之下，皇家海军都对他们坚忍的斗志引以为豪。然而，送死又是另一回事了。即便塔尔伯特和斯普拉格考虑过登陆，他们也很可能没有考虑太久。

相反，海军们重新给武器填弹并且朝向任何他们看到有海盗开火迹象的地方射击（大多是根据烟火判断）。在那个年代，两发炮弹之间的间隔时间很长——炮手要花费 5~6 分钟重新填弹——但是现在，护卫舰开火迅速与否已经不是至关重要的了，因为"金羊毛号"已经在战火中遭受重创，海盗们已然无路可逃了。炮手们现在是尽最大努力提高攻击的精准度。

海盗们一直都在顽强反击。回击不需要太猛烈，只要能够提醒海军，班尼斯特手里还有武器、弹药还没打光就足够了——并且继续消耗他们，阻止他们登上岛屿。

随着夜幕降临山美纳海湾，战斗暂时告一段落：对双方而言，在看不到的目标上浪费弹药是没有意义的，但是，双方都会继续保持警惕。军舰船员会去修复船体损伤并且为即将到来的战斗做准备。休息期间，他们很可能狼吞虎咽地吃下咸牛肉、咸鱼、咸猪肉、豆子、奶酪、饼干（象鼻虫经常会在上面出没），喝一些啤酒（每人每天 1 加仑）。哪怕只有几分钟可以打个盹，他们也会抓紧时间睡一会。

海军很有可能在夜间处理那些牺牲的战友。英国人信仰宗教并且会竭尽所能地为逝者举办一场葬礼。考虑到护卫舰上船员的人数（"福尔肯号"上有大约 180 人，"德雷克号"上有大约 75 人），这群人之中可能至少有一个牧师。牧师会尽可能把仪式主持得像样一点。随着尸体被推入大海，船

214

员们会行脱帽礼。

马特拉迫不及待地想要读下去，但是图书馆要关门了，因此，他与童年时期的朋友约翰·比洛蒂在伊莱恩餐厅见了面，伊莱恩餐厅位于曼哈顿第二大道和八十八大街附近，颇负盛名。他们点了贻贝蛤蜊，马特拉向他描述了自己知道的所有 17 世纪海战的情形。马特拉和比洛蒂都认为皇家海军装备极其精良。但是如果他们生活在 17 世纪的话，两人都不会加入其中。

"我们会成为海盗。"比洛蒂说道。

"我们也当过海盗。"马特拉回应道。

离开时，比洛蒂问马特拉事情进展得怎样了。马特拉不能欺骗朋友。他投入了巨款却一无所获。与他合作的老人就是不肯改变思路。他的搭档正在失去耐心。

"我知道，你不会退出，"比洛蒂说，"我也不是说你应该退出。但是你我都知道。有时候，一个人需要适时离开。"

有好一会儿马特拉都不知道该说什么。随后，他告诉比洛蒂，再过几个月他就要 47 岁了，这正是他父亲去世时候的年纪。

"因此，现在我还不能退出。"他说道。

第二天上午，正如皇家海军重新投入战斗一样，马特拉又开始了他的研究。塔尔伯特和斯普拉格不得不做出一个决定。他们已经尽力击沉了"金羊毛号"，但是，他们手里还

第十六章 战斗

握着杀掉或活捉班尼斯特的命令。如果能够靠近海盗，他们 的这项工作会完成得更容易一些，但是如果他们敢靠近海盗，他们自身受到的威胁也会更大。

历史记录中没有关于第二天战况以及护卫舰距离岛屿有多近的记录，但是有一件事马特拉可以肯定：海军船员们继续猛轰岛屿，想要一决胜负，但同时自身伤亡人数也在不断上升，直到夜幕降临，护卫舰耗尽了火药和子弹。这时，塔尔伯格船长和斯普拉格船长做了他们唯一能做的决定：返回牙买加，并且向总督陈述实情。莫尔斯沃思肯定不会高兴。护卫舰死伤人数达到 23 人，但是连班尼斯特的一根手指都没碰到。这种惨败可能会让两位船长难逃被处决的命运。

返回皇家港口后，塔尔伯特和斯普拉格受到"强烈谴责"，但是没有遭受更严重的惩罚。莫尔斯沃思必定是认为他们动用了一切手段对这座岛屿进行了无情的打击，因为这两个人后面又继续担任船长职务，班尼斯特后来会发现这一点。

收拾好一堆影印文件和笔记，马特拉离开了纽约公共图书馆，打的前往机场。他觉得自己像是刚刚离开战场一般。

几天后，他和查特顿在山美纳见了面。他向查特顿描述了自己从纽约带回来的材料：关于班尼斯特和皇家海军之间那场战斗的准确的历史性视角。查特顿不为所动。但是他知道，马特拉这一趟去纽约肯定不仅仅是为了这么一个故事。

"那么，要点是什么？"查特顿问。

"现在我还不知道，"马特拉说，"但是答案已经很接近了。"

第二天下午，卡罗琳娜来山美纳看望他们，但是马特拉仍旧在工作。他要求克雷奇默在别墅下面的潜水中心和他见面：他意识到克雷奇默已经厌倦了工作人员之间的紧张氛围以及数月以来毫无结果的搜索，打算永久退出，而他不能失去克雷奇默。马特拉到的时候，他看到克雷奇默已经在屋里了，正在修理一个引擎。

马特拉现在不想进去。他与克雷奇默交谈的时候需要使用恰当正确的词汇，因此他站在海滩上仔细斟酌用词。在海峡对面，他可以看到应该是"金羊毛号"曾经侧倾修缮的地方，看到海盗狙击手应该藏身过的树林，看到岛屿东部那座班尼斯特应该放置过加农炮的山。

之后，他看到了之前从未看到的东西。

"海科！"他大喊道。

克雷奇默从小屋中跑过来。

"放下所有事情，"马特拉告诉他，"带上卡罗琳娜，她在别墅。我看到它了。我知道要到哪里去寻找了。"

第十七章
另一种方式

马特拉和卡罗琳娜拎着一个装满三明治、葡萄酒、凉水 以及防晒霜的野餐篮蹚水上了"十二宫号"。克雷奇默则早就上了船，准备好了他自己那份"野餐小食"：一个手持金属探测仪、一把铁铲以及一把短柄小斧。马特拉在脖子上挂了两个摄像机。卡罗琳娜头戴一顶巨大的宽檐帽。

为了不引人注目，他们故意开得像观光船一样慢，穿过海峡，缓缓地朝着比希亚岛的东端驶去。之后，他们登上一块小沙洲，卸下装备，尽力装得像是附近度假村来的游客。卡罗琳娜摆好姿势让克雷奇默为她照相，马特拉组装起一根钓竿。当确定没有人在看他们以后，三人迅速躲进茂密的森林，开始朝着陡峭的山岭进发。

他们花了20分钟，穿过茂密的树丛，躲过像鸟一样大的昆虫，终于抵达了这个高出海面100多英尺的地方。从这里眺望海峡，马特拉就可以从班尼斯特的角度看这个世界。在整个加勒比地区，再没有另一处比这里更适合侧倾修缮或者打赢一场不可能赢的战斗了。从这里，海盗的加农炮可以击打任何目标，而敌人要想回击却毫无头绪。

218 克雷奇默安装好金属探测仪并戴上耳机。他在泥土和丛林中进行探测，仔细倾听仪器是否有反应，但是什么都没听到。三人在密林里穿行，艰难地呼吸着枝叶的缝隙中渗透下来的些许新鲜空气。连卡罗琳娜现在都已经满身大汗了，但一行人仍旧继续行进，不停地弯腰、探测，汗水不断滴落，所有的这些都是为了一个狂热的梦想。

克雷奇默停下了脚步。

"有情况。"他说道。

在一块满是灰尘和泥土、大约 3 平方英尺的地方，他缓慢地移动着金属探测仪，传进他耳中的哔哔声令他调整着手中仪器的位置，直到在一个点停下。

"就是这里。"克雷奇默说道。

马特拉抓起铲子，克雷奇默拿着短柄小斧，两人趴在地上开始挖坑。坑越挖越大，克雷奇默将金属探测仪伸到坑里来定位。但是，无论他们挖出多少土，下面还有更多的土有待挖出。30 分钟过去了，他们继续挖着，切断草木的根，注意着金属探测仪的反应，然后继续挖，直到铲子终于磕到了一个坚硬的东西，这个东西在大约 1 英尺深的地方，这个东西无法移动。

"哇，哇，哇！"马特拉喊道。

现在，克雷奇默用铲子将这个坑旁边的泥土铲掉，直到其中的东西开始显露出形状，它比泥土的颜色稍微黑一些，但是就像满月一般圆润。

"就是它了。"马特拉说道。

将短柄小斧插入这个物体的后面，克雷奇默用力向上撬这个东西，直到它终于有所松动。他们三人盯着这个坑，而躺在坑底的是一枚 6 磅重的炮弹。

"最后一次有人摸过这个东西是在 1686 年了。"马特拉说道。

他将手伸进坑中，掏出了这枚炮弹。炮弹的重量令他大吃一惊。他可以看出来这是一枚 6 磅重的炮弹，但是，只有在真正将它拿在手里的时候，他才感受到它有着多么强大的破坏力。

三人拥抱着、亲吻着（克雷奇默擦了擦马特拉亲吻他的地方），打开红酒庆祝这一时刻。卡罗琳娜把带来的毯子铺在地上，这样他们可以坐下来干杯了。克雷奇默很想知道，班尼斯特是否能够想象到这幅场景——两个寻宝猎人和一位美丽的女性在他曾经战斗的地方喝着红酒。马特拉向克雷奇默保证，班尼斯特一定想象得到。

庆祝完以后，他们徒步下山，一边极力保持平衡不摔跤，一边继续用金属探测仪探测。在中途，他们又找到了另一个地点，并且挖出了另外一枚炮弹，这枚炮弹比上一枚还要大。

他们每人都和这些炮弹拍了照，然后回到海滩，驾船穿过海湾返回别墅。马特拉迅速给查特顿发了一封邮件。在主题栏中，他写道，"伙计，我们找到了"。

但是查特顿不在信号服务区，没有收到这封邮件。

他开着路虎揽胜 SUV 出去购买补给。在山美纳海湾一条没有修缮的路上，他开着车压到了一个满是锯齿状石头的坑上，一侧的车胎外壁被撕开了一道很深的口子。但他还是勉强把车开到了沙滩上，然而在更换轮胎时，千斤顶被压弯了，轮胎陷进沙子，直没到汽车的挡泥板处。查特顿看了眼手机——没有信号。距离下一个城镇可能有几英里。他开始步行。

在这条路上走了一会，他遇到了四个当地人，其中一个年纪挺大，他们在一家小商店外打牌。这些人表示他们没有千斤顶，也不知道在哪里能弄到一个，但是他们愿意帮助他修车。查特顿试图向他们解释路虎揽胜非常沉，但是他们似乎并不明白。走回到汽车停放的位置，老人示意查特顿不要着急。

这些多米尼加人研究了这部车，互相说着西班牙语，他们讲话速度太快，查特顿没法听明白。很快，他们集齐了一堆东西：一根大树枝以及一堆石头。"我现在处在石器时代"，查特顿心想。几个人开始干活了。他们利用这个简易的临时杠杆和支点，以及一块作为锤子的大石头，将千斤顶恢复了原形。"这不可能"，查特顿想，但是很快，千斤顶看起来几乎像新的一样。然而当他们将千斤顶放到车下的时候，千斤顶再一次弯了，这一次完全没法修复了。

220　　查特顿开始感谢这几个多米尼加人并且将手伸进口袋，但是没有人要收他的钱。相反，他们再次分散开搜集东西，这一次比上一次走得还要远，最后带回来一堆沉重的棕榈树枝和巨大的岩石。查特顿试图向他们解释，这个千斤顶已经没法修复了，但这不是他们现在专注的问题。他们用叶柄在汽车的支撑点下方挖了一个洞，然后将石块填进去。查特顿抓起自己的工具加入他们帮忙挖坑。漏了气的轮胎下渐渐有了空间，汽车的车架被岩石撑了起来。

现在，查特顿可以看到这个计划的妙处——就在他的眼前。他忽然想起来，他经常看到多米尼加人用这种方法做事——他们很少有他们需要的东西，并且通常是一无所有，但是他们似乎并不在意这一点，或者至少不会因此而感到十分困扰。相反，他们专注于手头有的东西——如果没有千斤顶，那么就用树枝；如果没有钱，那么就花时间——拼凑出一个解决方案，一种达到目的的不同方式。他一直以来都在咒骂他们的"明天"（*mañana*）文化，他曾发誓这些人什么都做不成，因为他们并不会全力以赴，但是当他看到老人用备用轮胎换掉坏轮胎之后，他就明白一直以来他对多米尼加人的钦佩之情是出于什么——他们并不担心未来，因为他们知道，条条大路通罗马。

这些人将岩石堆挤在汽车之下，让这些石头成为着力点，之后，查特顿将车子倒出了这片沙滩。他坚持让他们收下他口袋里全部大约 20 美元的现金，他们千恩万谢地收下了，沿着来时的路走了回去，在那里，他们非常贫穷，能够在事情发生的时候想出办法解决问题，看起来比查特顿认识的任何人都要快乐。

查特顿收到马特拉发来的炮弹照片时已经是早上了。那时他正在去机场的路上，准备回迈阿密处理那些他已经放下太久的个人问题。飞机飞行了两个多小时，大部分时间他都盯着他的伙伴发给他的照片。

飞机着陆后，他给马特拉打了个电话，马特拉告诉他这次发现，以及站在岛屿顶部看到的不一样的东西，这地方对 221

"西印度群岛上真正的盗贼"——牙买加的统治者曾这样称呼班尼斯特和他的船员们——而言非常重要。

对查特顿和马特拉来说，炮弹的存在证明了那场战斗是发生在比希亚岛的，而那艘所谓的糖料沉船，离比希亚岛不到 200 码，就是"金羊毛号"。当务之急就是让鲍登立即恢复对糖料沉船的打捞，不仅仅是证明这艘沉船的身份，而且要给那些闯入利凡塔多岛的人画上休止符。然而，马特拉不愿意告诉鲍登他们发现了炮弹。他知道鲍登不希望任何人把搜寻扩大到岛上——岛屿不在他的租赁范围之内。

"让我来跟他讲，"查特顿说，"我亲自去。"

马特拉知道让查特顿亲自去见鲍登存在各种各样的风险。查特顿可能会失去理智对着鲍登大发脾气，或者鲍登可能会对查特顿感到失望并最终终止这次海盗船搜寻任务。到目前为止，马特拉一直充当着两人之间的缓冲器，但是，这一次，他距离两人这次会面有 800 英里之远。不过，他还是同意查特顿亲自去见鲍登。

"约翰，你们的会面结束以后记得给我打电话。控制好你那有名的查特顿式脾气。"

查特顿大笑。

"什么脾气？"

一天后，查特顿和鲍登在迈阿密的一家丹尼餐厅见面，他将马特拉的冒险详细地汇报给鲍登。正如马特拉之前向他描述的那样，他也一路将鲍登带上了比希亚岛的山顶。查特顿可以看出，鲍登表现得越来越兴奋。

"马特拉一共发现了多少炮弹？"鲍登问道。

第十七章　另一种方式

"两枚。1小时内。特雷西，你能想象得到在那里还有什么吗？武器、骨头、宝藏——谁知道呢？将这座岛屿报告给文化局。他们一直以来收到的都是沉船的报告，都是西班牙大帆船的报告。像这种海盗岛的报告他们收到过几次？"

鲍登看起来有些不安。要是放在以前，他会警告查特顿 和马特拉，他的租赁范围不包括陆地，他也不想因为在超出租赁区域的地方工作而激怒多米尼加共和国的官员。但是现在，查特顿试图说服他：最后，文化局真的会因他解开这场历史性海盗战斗的谜团而对他生气吗？

"特雷西，这是你的岛，"查特顿说道，"'金羊毛号'是你的主意。现在，你不仅能找到一艘海盗沉船，还能找到一个海盗大本营。这个世界上有几个海盗大本营？将这座岛屿报告给文化局。完成糖料沉船的打捞。"

但是看起来鲍登仍旧没有被说服，查特顿认为自己知道为什么。糖料沉船位于44英尺的水下。寻宝猎人威廉·菲普斯曾经在水下24英尺的地方见到"金羊毛号"，就在它沉没几个月之后。沉船深度的差异困扰着他，这一点鲍登对查特顿和马特拉反复提过。

"我认为糖料沉船不是'金羊毛号'。"鲍登说道。

查特顿静静地坐了一会儿。

"好吧，特雷西，"最终他说道，"谢谢你抽出时间见我。"

回到车上，查特顿给马特拉打了一通电话，向他汇报了这次会面。他告诉他的伙伴，很明显，无论有什么证据摆在面前，鲍登都绝不会完成对糖料沉船的打捞，因为他认为这艘船沉没的位置太深，不可能是"金羊毛号"。既然这样，就没有什么可讨论的了。

马特拉知道，查特顿一定就此退出了。他和这个人已经共同生活了两年，对查特顿的了解比对他自己的亲兄弟还深。你不可能要求一个这样的人，一直以来都愿意在一艘沉没的满载炸药的 U 型潜水艇中探索的人，离开真正吸引他的东西，那些神奇的、罕见的东西，那些他相信自己能够得到的东西。

"那么，我猜事情到此为止了，约翰。"马特拉说道。

但是查特顿并没有在听。

"我认为，还有另一种方式，"查特顿说道，"我这就回去。"

第十八章
"金羊毛号"

2009 年 2 月底，所有人在踏上"深海探险者号"的时
候都不知道查特顿的计划是什么，但有一件事可以确定：他
要回到海湾进行搜寻。存放在别墅中的磁力仪已经被拿出并
带到了船上。它被放置在木质支架上，看起来就像大家的老
朋友。

查特顿启动引擎，船身一个急拐弯离开了别墅，朝着糖
料沉船的方向出发。马特拉很担心会出现这种情况——他或
者查特顿最终可能会因为鲍登太过固执而决定越过鲍登自己
着手打捞"金羊毛号"。然而，他们又绝不想背叛鲍登。两
人都喜欢并尊重鲍登，也都将他视为朋友。海盗项目是鲍登
的主意，不是他们的，因此，现在直接去打捞沉船将会让他
们蒙羞。他们鄙视投机者。马特拉正打算提醒查特顿这一点
的时候，他的伙伴使劲向右打了方向，绕过了糖料沉船所在
地，改朝比希亚岛开去。2 分钟后，他们到达了目的地。

"我们现在要做什么？"埃伦伯格问道。

"炮弹的存在是无可辩驳的，"查特顿说道，"它们的存
在证明了班尼斯特就在这座岛上。这是自从菲普斯来到这里

224　以后 300 多年来第一次发现的确凿证据。但是一直以来我们都太过专注于糖料沉船，我们从来没有沿着海岸找过。今天不同了。"

"我们要找什么呢？"克雷奇默说道。

"我不知道，"查特顿说道，"我想，这座岛屿给我们什么，我们就拿着什么。"

于是，他们就开始沿着海岸用磁力仪勘测。他们的工作开展得非常艰难——这座岛屿形状不规则、曲折多变，此外一些现代的残骸也干扰着他们灵敏的设备。查特顿坚持彻底勘测，直到勘测范围覆盖这座岛屿的全部海岸，甚至包括岛屿的背面，虽然所有人都知道那端什么事情都没有发生过。

勘测完成之后，一行人回到潜水中心处理数据。埃伦伯格开始查看岛屿北部中间部分的异常现象，马特拉和查特顿认为战斗就发生在那里。所有人的直觉都是立即跳上"十二宫号"全速回到这座岛屿潜水采样，但是他们等待着埃伦伯格的数据。在这天快要结束的时候，他们得到了调查结果——一张标有许多 X 点的地图，之前从来没有人在这些点出现的区域搜寻过。

他们倒是很愿意用未来的财富来换取额外 8 小时的白天时间，但是他们除了等到第二天早上以外别无选择。反正，他们还需要给鲍登打电话。他们意识到，他们正在慢慢接近一个很重要的东西，鲍登一定想要知道。马特拉电话联系了鲍登，鲍登说他将很快到达。

第二天早上，团队将船驶向比希亚岛的北部。几个游客正漫步在那座连接附近度假岛屿的桥上看日出，仿佛这里一直以来都是世界上最安宁的地方。

克雷奇默停好船后，在船尾系了一根绳子绑到岸边一棵棕榈树上。之后他和马特拉将"十二宫号"从船的顶部抬下来放到水中，乘着"十二宫号"来到他们标记的目标上方，在每个地方放置了一枚浮标。查特顿和埃伦伯格穿戴好装备后跳入水中检查每一个目标。

在水里，他们从淤泥中发现了大量的石头，这些石头聚集在一起形成了在搜寻沉船的寻宝猎人眼中最完美的形状——石堆（Pile）。这是压舱物，帮助船舶在水中保持稳定。这并不是偶然形成的，也不是自然的杰作。这来自一艘沉船。并且，几乎可以确定这里就是班尼斯特会侧倾修缮"金羊毛号"的地方。

在压舱物周围的泥土堆中，埃伦伯格和查特顿渐渐开始发现加仑罐子，其中许多完好无损，它们被掩埋在大约 20 英尺深的水底。有一些看起来似乎在一侧刻有字迹。埃伦伯格拿起其中一个罐子举到潜水面罩前，辨认上面写的是什么：珍珠街——纽约。其他的瓶瓶罐罐与此类似——罐身优美并且很可能出自 19 世纪，它们都太新了，不可能来自海盗的黄金时代。

又或许，这些瓶瓶罐罐并不属于躺在那堆压舱物之下的沉船；或许它们只是来自一艘经过此地的船而已。他们移开更多的石头，寻找着更古老一点的物件，但只是发现了更多的瓶瓶罐罐而已。他们花了一整天却没有发现什么有意义的东西。当天下午，在回别墅的路上，所有人都在说着"该死的，我以为我们已经找到它了"。

第二天早上，当一行人出发去比希亚岛的时候，鲍登已经将自己的船停在了糖料沉船上方。如果查特顿和马特拉现在没有在比希亚岛取得进展，除了这里，就没有其他地方可以寻找了。

入水后，查特顿和埃伦伯格将手持金属探测仪置于浅水底部，寻找着调查显示的其余目标。很快，他们听到了微弱的哔哔声，随后，他们在这些像是弄碎面包屑的声音的指引下找到了一堆新的石头。但是当他们搬开石块和泥土，只发现了一块钢梁和一个陈旧的导航浮标，这些都是现代的垃圾，就像他们去年花了一年时间发现的东西一样。

突然，远处的一个东西吸引了查特顿的目光，轮廓看上去像一堆石块，位于距离岸边大约 12 英尺的地方。他渐渐靠近这堆石块，它的形状变得更加清晰。这不仅仅是一堆石块，而是一堆放在航海帆船上的压舱物形状的石堆，这艘帆船大到能够跨越海洋。

他和埃伦伯格游到这堆石头的上方。从上面看，他们十分确定这就是压舱物。压舱物非常巨大，大约有 50 英尺长、40 英尺宽。最浅的地方大概在 6 英尺深的水中，但是其余的大部分都向下倾斜了。查特顿检查了压舱物另一端沉没的深度。测量仪上显示的是：24 英尺。

他们马上在此处发现了人工制品：一个油漆罐、一把草坪躺椅、一把密码锁。但他们第一次对发现这些垃圾不感到担心。他们越挖越深。在这堆石头的一端，埃伦伯格发现了一根 3 英尺长的管子，几乎完全被珊瑚包裹。查特顿游过去示意——让我看看。

第十八章 "金羊毛号"

　　将长管斜置于从海水表面透下来的闪烁的阳光之下，查特顿和埃伦伯格可以透过表面珊瑚结壳的裂缝看到管子的金属，这根管子并不是通常的圆形，而是被造成了八角形。

　　查特顿把管子放回压舱物上，返回水面。他来不及爬上船，就这样一手抓着梯子，身上滴着水，一边呼喊马特拉。

　　"约翰，你得下来。你得来看看这个东西。"

　　几分钟之后，马特拉下了水。他从这堆压舱物的上方可以看到五六根这样的管子。他捡起其中之一。根据它的长度和重量，他认为这看起来像是一支火枪枪筒。马特拉和枪打了几十年的交道。他近距离观察着。对他来说，这东西看上去是 17 世纪晚期制造出来的。他记得就是在那个时候，菲普斯的手下说看到过 "金羊毛号"：甲板上有火枪。

　　马特拉游回船上。刚爬上船他就一把抓起自己的手机。

　　"你要打给谁？"查特顿问。

　　马特拉指向鲍登的船，后者就停在距离他们仅仅 50 码的地方。

　　马特拉不知道第一句应该说什么——他着急得很，讲话都结结巴巴了——但是最终，他像是倒豆子一般没有停顿地问了鲍登他想问的问题：他和查特顿可不可以回收这支枪筒，他们可不可以将它放到盐酸中将其表面的珊瑚去除，从而好好看看这根金属管的样子？他担心鲍登可能会想要介入并且自己接管这一打捞行动，但是马特拉绝不愿让他们团队以外的任何人打捞上来能够证明这艘海盗船身份的第一件证据。

　　马特拉挂了电话。

289

"我们将亲自完成这项工作,"他告诉其他人,"特雷西和我们一样激动。"

查特顿将他的调节器含到嘴里,再次入水。

3分钟之后,他浮出水面,像接生婆一般捧着这支枪筒。马特拉从他手中接过它——轻柔地——细细审视着它。

"我曾经在书籍、展览和拍卖中见到过它们,"马特拉说道,"我不是什么专家,但是说真的,我认为,它来自17世纪末。"

马特拉用手机给这个古器物拍了张照片,然后邮件发给了他认识的古董枪专家和收藏家。在邮件标题栏中他写道:"在你看来,这像是什么?"在文本栏中,他标注了它的尺寸和重量,但是其他什么都没写。然后,他按下了发送键。

一行人拥上"十二宫号",马特拉怀抱着那根3英尺长的铁筒,他们乘船快速穿过海峡,回到潜水中心,在那里,克雷奇默做了一个长4英寸、宽2英寸的盒子,并且在其中铺了一个厚塑料袋。埃伦伯格往里倒入大约2公升的盐酸,然后示意大家站到上风向,以防吸入有毒气体,他从马特拉手中拿过枪筒,将它浸入盐酸。珊瑚在盐酸中渐渐松散脱落,盐酸变成棕色。这是对古器物的休克疗法,很可能会损坏它,但是这支枪筒在任何情况下都不可能保存好,除非他们付出巨大的努力和代价;而且压舱物上还有很多这种枪筒;另外,这支枪筒既没有木质枪托又已经锈蚀成这样,已然失去了金钱价值,它的存在更多的是作为"金羊毛号"存在的证据。

228　　　最后一片珊瑚在10分钟内溶解掉了。埃伦伯格将枪筒从盐酸中捞出来，用冷水冲洗干净。现在，它的八角形状变得显而易见了。

"这件东西造出来不是为了划水的，"埃伦伯格说道，"它是用来杀人的。"

马特拉接过这件古董，将它举到面前。金属上刻着优雅的旋涡纹路，就像他看到的那些几百年前的工匠用铁锤锻造出来的火枪枪筒上的纹理一样。他不清楚它的制造者是谁。但他知道这是一支枪筒，并且这支枪筒非常古老。

现在，每个人都迫切想要回到水中，但是查特顿认为他们应该等待。必须让鲍登参与其中，因此他和克雷奇默为这支枪筒做了一个木头支架，并且用扎线带将它固定在支架上。完成这些后，一行人才回到"十二宫号"，朝着鲍登的船开去。路上，马特拉收到了杜克·麦加（Duke McCaa）的邮件答复，杜克·麦加是一个长期从事狩猎大型猎物的稀有贵重步枪贸易的经销商，也是古董火器的专家。麦加对马特拉发来的照片给出了他的看法：这是一支火枪枪筒，欧洲制造，时间可以追溯到 17 世纪末。

欢呼声从"十二宫号"传出。马特拉提醒大家这仅仅是一家之见，但是包括他自己在内没人听得进去，1 分钟后，他们登上了鲍登的船。鲍登仔细研究了这件古董，将它在木支架上翻了一转，用手指抚摩它的纹理和凹槽，对着它中空的枪筒仔细端详。

"你们在多深的地方发现的这个东西？"他询问。

"16 英尺，"查特顿说道，"但是我们在更深的地方找到了其他的。"

他们很兴奋，但是查特顿和马特拉知道，这个枪筒不足以成为证据。即使它可以追溯到班尼斯特时期，也并不意味着它来自"金羊毛号"。仅仅是 6 支火枪筒和一个理论并不能盖棺定论。不管是面对文化局，还是从历史层面出发，他们都需要更加有力的证据，没有人能够反驳的证据，特别是因为还有这么多紧随而来的竞争者。马特拉提醒大家，他们不可能找到一座刻有"金羊毛号"名字的时钟。那个时期的大多数商船都不会携带钟。

因此，他们制订了一个计划。鲍登将会到发现火枪的压舱物处进行打捞。双方所有人都会参与进来，搜寻任何能够决定性地证明这就是"金羊毛号"的证据。然而他们必须等到明天才能开工。开始变天了。查特顿和马特拉为此已经等待了一年，但是两人都觉得他们不能再等另一个明天了。

当然，他们有打发这种心情的方法。一行人当天晚上会去喝酒，因为第二天可能会成为他们生命中最开心——或者最沮丧的一天。

当他们全部穿戴整齐准备去吃晚饭的时候，马特拉已经收到了更多的邮件回复，每个人都认为照片中的枪筒很可能是一把可以追溯到 17 世纪晚期的欧洲制造的火枪。这当然值得庆祝，但是随着晚餐的继续，餐桌上的气氛渐渐发生了变化。他们不仅没办法证明火枪出自"金羊毛号"，而且很可能不能证明后续发现的任何古器物出自"金羊毛号"。查特顿能够最终确定新泽西附近的神秘 U 型潜水艇的身份，也是因为他从残骸中找到一个刻有潜水艇编号的标签。但是在 17 世纪的海盗船上是没有任何标签的。为了得到那样的证据，他们需要找到一座时钟或者类似的东西，这也就意味着他们需要找到一个几乎不可能存在的东西。当然，这一直都是事实，但是直到他们将手放在这些火枪上的时候，他们才真正认识到这一点。

第二天早上雨下得太大，他们没有办法工作。在马特拉的潜水中心里，所有人试图保持忙碌的状态，但主要还是在咒骂天气。

当天下午，马特拉的电话响了，是鲍登打来的。

"我有消息要告诉你们，"他说道，"来托尼餐厅见我。"

查特顿和马特拉在餐厅等待鲍登的时候，他们已经做好准备听到文化局已经将寻找"金羊毛号"的权利授予另外一个公司，或者他们已经将鲍登的部分租赁区域收回的消息。到目前为止，他们已经听到太多寻宝的故事，有太多人在距离宝藏只有一步之遥时退出了。

在托尼餐厅里，鲍登打开了一个密封塑料袋，递给两人一张纸。这是一张班尼斯特的"金羊毛号"和皇家海军战舰战斗场景绘图的复印件，这幅画是由"福尔肯号"的牧师约翰·泰勒（John Taylor）所画，在双方交战期间，他就在海军军舰上。他是一名目击者。画面显示在一座蜿蜒的岛屿背景中，几艘双桅帆船正处于对峙状态，这幅画是由鲍登最近委托研究"金羊毛号"的一名历史学家发来的。这名历史学家在一本新出版的图书《1687 年的牙买加》（*Jamaica in 1687*）中发现了它，这本书的作者是著名历史学家大卫·比塞雷（David Buisseret）。

查特顿和马特拉几乎不敢相信眼前这幅画面。这幅细节

230

293

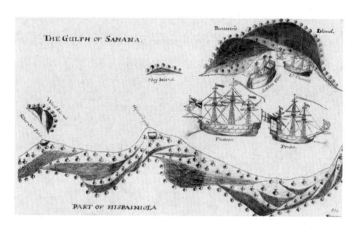

皇家海军军舰"福尔肯号"和"德雷克号"与班尼斯特的"金羊毛号"之间的战斗，由目击者约翰·泰勒所画，1686 年 6 月

详尽的黑白绘画显示皇家海军的"福尔肯号"和"德雷克号"正处在一个小海峡当中，直面班尼斯特的"金羊毛号"，
231　附近还有另外一艘船——"拉沙瓦尔号"（*L'Chavale*）。图中的船只被描绘得优美精致，但是最让他们惊讶的是图画展示的地形地貌。

　　"金羊毛号"被藏进一座岛屿的中间，这座岛屿被标注为"班尼斯特岛"，从形状、大小、地势和外形判断应该是比希亚岛。海峡的北部海岸线与实际情况也相吻合，西方的海湾同样如此。就在图中"金羊毛号"的东部，泰勒标记出一块小型陆地"奥格岛"（Hog Island）。查特顿和马特拉知道它叫鸽岛，因为岛屿上栖息着数百只白鸽，虽然名字不同，却是同一座岛屿。甚至是图中"金羊毛号"的位置也与他们发现的压舱物和火枪的位置相吻合。这幅画就像是泰

勒穿越时空告诉查特顿和马特拉，"你们是正确的"。

还有更多的消息。泰勒曾经描述了这场战斗，书中也包含这段记录，尽管鲍登还没有拿到这本书。

"我在伦敦认识一个图书经销商，任何东西他都能连夜寄给我，"马特拉说道，"明天我们就能拿到这本书。"

几个人拖过一张桌子，仔细研究这份图纸。图上并未显示有船位于班尼斯特岛和奥格岛之间的糖料沉船的位置。但是没有人感到不安。糖料沉船——无论它是哪艘船——很可能在战斗早期就沉没了，或者对于目击者而言太过微不足道，不值得画出来，或者与这场战斗毫不相关。

但是，"拉沙瓦尔号"呢？这艘船的名字是法语，但是马特拉不记得读到过法国船只的记录。然而，他确实记起来班尼斯特曾经与几个法国海盗共事，其中包括臭名昭著的米歇尔·德·格拉蒙。法国的海盗一直效忠于他。

"或许，这就是班尼斯特如何逃脱的，"查特顿说道，"也许，他利用'拉沙瓦尔号'逃跑了。"

查特顿和马特拉摇了摇头，他们的运气实在是太好了——竟然能拿到目击者对这场战争的图解和描述。鲍登也很高兴能拿到这幅图，但是他仍旧希望从沉船本身找到更多有力证据。

232

"那，"马特拉说着，指了指外面的暴雨狂风，"就要看上帝了。"

马特拉第二天早上很早就起床了，他走到海滩上，眺望着海峡，想象着目击者画中皇家海军军舰和"金羊毛号"的位置。这一切看起来像是他根据想象和研究构建出来的。

他想知道那些海员和海盗的遗骸是否仍旧躺在海峡底部的淤泥中。

天放晴了，很快，马特拉和查特顿的团队，以及鲍登的船员们在这座岛屿中间的压舱物石堆处抛锚停船。不一会儿，就有 9 ~ 10 个潜水员下了水。

他们这一天的大部分工作就是移开石堆。一些石块与鹅卵石一般大，另一些石块重量超过 20 磅。它们都需要被移开。小的石块可以用手或者是铲子移开，但是，这里有成千上万的小石块。大一些的石块是通过浮力袋移开的，浮力袋利用皮带和充气式气囊来移开水下重物。他们必须谨慎处理大石块：如果石块中途掉落，可能会损毁下方的古器物。淤泥、沙子以及珊瑚被吸入空气升液器，这一装置利用压缩空气以及一段 PVC 管道制造出水下真空状态，可以产生强大的吸力。

随着水下压舱物被清除，潜水员们开始寻找古器物。他们发现了很多渔民、水手以及游客随手扔下的现代垃圾。但是他们也发现了历史悠久的陶器碎片、另外一支火枪枪筒以及一个铁罐，在鲍登看来，这个铁罐像是那种盛放炮弹的容器，其中盛放的就是帆船时代的加农炮炮弹。

第二天早上，一行人回到这里，继续清理那堆压舱物。下午的工作因为潮流变得困难起来，于是查特顿和马特拉邀请鲍登上岛来寻找更多的炮弹。他们做好了鲍登会拒绝的心理准备——鲍登的租赁区域只包括水域部分——但是第一次岛上探索令马特拉感到非常愉快，他忍不住就问了鲍登。1小时后，鲍登已经跟着他们穿行在丛林中，利用金属探测仪

233

对岛屿东端附近进行彻底的勘测。查特顿发现了两枚完整的炮弹和一枚残缺的炮弹，这半枚炮弹看起来似乎在冲击中受到了损伤。马特拉从没见鲍登笑得这么开心过。

下午晚些时候他们回到船上，这时潜水员们已经将一些古器物冲洗干净摆了出来。有曾经盛有马德拉葡萄酒的洋葱瓶（根据它们的形状而命名），其中一瓶仍旧是满的。所有的这些都具有历史价值，所有的这些都可以追溯到班尼斯特时期。

"留着那瓶酒，"埃伦伯格说，"明天它可能会派得上用场。"

2009年3月9日，一行人回到压舱物处继续工作。正在泥浆中挖掘的时候，鲍登的一个员工在看腻了的暗绿色水草及周围棕褐色的珊瑚礁和石头中看到有深橙黄色的碎片点缀其中。他将一部分碎片装到手套中，浮出水面回到船上。当他摘下手套时，碎片撒到了桌子上。这些就是海盗戴着的珠子，做成筒形，每个有1/4英寸长，橙色中带着黑色条纹，颜色依旧像刚制作出来一般鲜艳，仍旧能够震慑到那些亲历过海盗劫掠的商船船长。

但是，这些珠子仅是下面还有更多东西的信号。潜水员们开始陆续找到矛、弯刀、匕首、火枪子弹、炮弹、由粗骨制作的剑柄，以及一柄15磅重的锻铁制成的登船斧，这是所有武器中最可怕的，海盗们利用这种斧头将目标船只拉近，斩断绳索，或者在战斗中将硕大的、令人毛骨悚然的斧头砍向对手。他们本可以花上好几小时仔细欣赏这些作品，但是他们不愿错过更多古器物。他们发现了代夫特陶器、烟

斗、小型的沙漏状的药品（上面用铅封了口，里面仍旧有药品）、靴子的鞋底，以及好几个国家的钱币，人们想象中

234 的海盗就是这样，非常讲求平等，不会专门针对某个国家。所有的这些东西都具有历史意义，所有的这些东西都可以追溯到 17 世纪晚期，所有的这些东西都属于海盗。

这天的工作快要结束的时候，马特拉发现了一块毫无雕饰的木板，大约 3 英尺长、1 英尺宽，有一个显著特点：它被焚烧过。马特拉记得，"德雷克号"的船长斯普拉格在牙买加休整之后再一次回到曾经的战场，只发现了甲板着火的"金羊毛号"的残骸。

"我现在拿着的是班尼斯特的海盗船的一部分，"马特拉心想，"我手上拿着的是'金羊毛号'的一部分。"

这块木板上被烧焦的一部分碎裂开来，被潮流带走了。它已经完好无损地保持了 323 年，刚好足够马特拉发现它。

在船上，潜水员们对他们发现的东西品质之高很是激动。

"特雷西，你怎么看？"马特拉问。

鲍登看上去不再那么谨慎小心了。

"这甚至比我梦寐以求的还要好，"他说，"伙计们，我们发现了'金羊毛号'。"

那天晚上，一行人去了一家意大利高级海鲜餐厅，庆祝他们的发现。但是，在举起酒杯向当年的海盗祝酒时，仍旧有一个谜团困扰着他们：糖料沉船的身份。它沉没在距离这座岛屿不足 200 码的地方，船上满是那一时代的古器物，大

第十八章　"金羊毛号"

多数来自荷兰，没有一件晚于 1686 年，也就是海盗和皇家海军战斗的那一年。鲍登一直坚称糖料沉船位于水下 44 英尺深的地方，它沉没得太深，不可能是"金羊毛号"，而他的观点最终证明被是正确的。一行人又向鲍登举杯。但是，如果这艘糖料沉船并不是海盗船，那么它是哪艘船呢？它当时在那里做什么呢？

对此，鲍登给出了他的看法。受他委托去研究"金羊毛号"的那位历史学家已经发现了"福尔肯号"船长查尔斯·塔尔伯特的日志。塔尔伯特曾在报告中称，他们不仅向"金羊毛号"射击过，而且向另外一艘较小的船——一艘荷兰船射击过。因此，不管怎样，或许在海盗和皇家海军战斗期间，糖料沉船就在现场。

"在登岛之前，班尼斯特一定截获了一艘荷兰船，并将其作为战利品带到比希亚岛附近，"查特顿说道，"皇家海军可能立刻击沉了一艘那样容易被击中的目标。或许，这就是为什么那位目击者没有发现它。"

"每件事都对上号了，"马特拉说道，"这就是历史。"

晚饭后，一行人乘船送鲍登回他自己的船上。回到岸上，他们难以平复心中的激动，又去别墅喝酒庆祝。

月色正好，他们坐在阳台上，查特顿、埃伦伯格和克雷奇默可以看到比希亚岛的全貌，正如它在战斗结束后第一天的样子。马特拉走了过来，但是他并没有拿酒。相反，他手中拿着一本大卫·比塞雷的新书《1687 年的牙买加》的复印本，书中不仅有泰勒的画，还有他对这场战争的描述。马特拉大声读出泰勒的记录：

海盗猎人

下午 4 点前后，船回来了，并且通知我们班尼斯特就在海湾的尽头，还有另外一艘小船也和他在一起，两艘船斜靠海湾，他们已经在岛上安营扎寨，并且已经将枪支运到岸上，为加强战力，他们设了两排炮，一排有 6 门加农炮，另一排有 10 门加农炮……

得知这些信息之后，"福尔肯号"和"德雷克号"朝着 3 点钟方向进发，一切准备就绪，不到半小时，我们就在火枪可以击中班尼斯特的距离内抛锚停船。他们马上用岸上的加农炮向我们开火（没发出任何战斗信号），他们的炮火攻击非常猛烈，伤到了我们的一名成员。我们停在 5 英寻深的水中，迅速抛下船头锚，以船舷直面对方的攻击，船上的两层加农炮予以还击，而位于船尾甲板的小型武器也一并开火，我们的攻击非常成功，击碎了"金羊毛号"的船首，彻底地摧毁了他那艘伟大的"金羊毛号"，并且很快也在炮火攻击上战胜了他们，我方几乎毫发无损。

虽然他们在炮火上被我们压制，但是他们的决心仍未动摇，继续利用他们的小型武器向我们攻击（在茂密森林的掩护之下），直到漆黑寂静的夜幕降临；之后他们停止了顽强的反抗，一切都沉寂了下来。在这场冲突中，我们有三人死亡，两人受伤；至于班尼斯特那边的人员伤亡，我们不清楚。夜幕降临之后，我们清洗了船只并且修复了所有受损的东西，为第二天早晨的战斗做准备。

第十八章 "金羊毛号"

　　7月1日，星期四①，在曙光还未完全突破夜晚的黑幕，灿烂的阳光未曾完全照亮这个西方世界之前，这些顽强的海盗吹响小号，并向我们发射了几枚炮弹，这点攻击对我们而言几乎无害，没有伤到任何一个人。随后，"福尔肯号"将它的右舷对准海盗，很快用加农炮开始回击，他们马上停止了炮轰，改用小型武器，因此我们两艘船的双倍炮火对他们造成了巨大的伤害，然而，他们仍旧继续从岛屿中间部分的密林中向我们开枪射击，每次6发子弹，以此来阻止我们摧毁他们的加农炮（这些加农炮架设在石块和旧木头上）。因此，我们一整天都在炮轰"金羊毛号"，让它损毁到一定程度，这样它以后就不可能再航行了。我们主要是轰击它的船首和甲板，用我们下面一层的加农炮一次发射20枚炮弹，可以看见碎裂的木板和船骨四处纷飞。但是法国的海盗船"拉沙瓦尔号"停靠的地方距离岸边太近，我们对它造成的伤害微乎其微。

　　最终，我们摧毁了他们的加农炮，并且将他们的船只彻底粉碎。然而，他们继续用火枪向我们射击，而在天黑之前我们也不断向他们发射炮弹。这一晚，雨下了一整夜，还伴有北风与东北风。等到几乎无风时，我们收起船的主锚（还有"德雷克号"），在夜幕中掉头，直到开出他们的射程（我们不能继续停在那里了，因为我们弹药所剩无几）。但是现在风力逐渐增强，我们

237

---

① 从后文来看，此处应为星期五。——译者注

在距离奥格岛附近的凯毕芝岛（Cabbadg Island）西端大约2链远、深约75英寻的水域抛锚停船。

7月2日，星期六，大雨如注，电闪雷鸣，吹东风，因此我们不能赶在天亮时离开山美纳海湾。班尼斯特向我们发射了几枚或大或小的炮弹，但都没有伤到我们，因此，我们继续航行，直到距离这座岛屿大约2英里远……

7月3日，星期天，尽管大部分地区都是晴空万里，我们这里依旧下着倾盆大雨，电闪雷鸣，吹东风及东北偏东风。这天早上，我们听到班尼斯特岛上发出一声巨响，并且看到一股浓烟，浓烟大约持续了半小时才散去。我想，他们可能炸掉了什么东西，并且点燃了他们的大船。

马特拉结束朗读之后，其他人又让他再读了一遍。他们喜爱其中所有的剧情：海盗们的坚韧，班尼斯特的成功脱险。作者没有给出海军伤亡的原因——根据官方统计，有23人伤亡——但是他们不能责怪他带有主观情绪。他们得到了只有目击者才知道的情报：班尼斯特一直在顽强战斗，即便是皇家海军正在撤离时他仍旧在向他们射击，另外，"金羊毛号"是班尼斯特自己一方烧毁的。

马特拉又去翻索引，想要找到更多班尼斯特的消息。但是书中只有另一个故事和班尼斯特相关，记载的是他的死亡。根据记录，班尼斯特手下的大多数船员在海军军舰撤退之后抛下了他，他被迫将指挥权交给了法国海盗船的船长，

238

就是这名海盗船船长鼓励班尼斯特以及他的一些船员离开这座岛屿。在偷了一艘小船之后，这名法国船长让班尼斯特及其手下登上小船，给了他们一些食品和武器，让他们离开了。

为了"缓解他沮丧的情绪"，班尼斯特驶向蚊子海岸（Mosquito Coast），在那里，他受到了印第安人的欢迎。很快，除了六人留下，他手下的其他人都乘坐他的船逃跑了，剩下班尼斯特听从当地人的摆布。皇家海军"德雷克号"的斯普拉格船长一路追寻班尼斯特到了他的藏身之处，发现这位海盗船船长伪装成一个印第安人，在一间棚屋中烤着大蕉。班尼斯特的一名手下向斯普拉格开了一枪，但是没有打中他，而是轻微伤到了另外一名海军。班尼斯特以及他的三个同伴和两个男孩被俘虏了，他们被押上了"德雷克号"。回到皇家港口，班尼斯特以及其他的海盗被公开处以绞刑，他们的尸体被扔到了附近的古恩沙洲（Gun Cay）。

但是，故事的这一部分似乎不太正常。这既不符合关于班尼斯特性格的历史记录，也不符合泰勒自己对海盗船船长在战斗中表现出来的精神的描述。

"你们认为班尼斯特真的会不战而降？"马特拉问，"这个家伙？两次偷回自己的船？面对面地和两艘海军军舰对战？"

"嗯，但是他们绞死了他。"埃伦伯格说道。

"是这样吗？"马特拉问道。

他让众人思考了一会儿，然后列出了自己的看法。

英国政府希望班尼斯特死。解决他是他们的首要任务。

他曾经让他们颜面扫地，他不止一次而是两次偷走了他自己的船，还在他们眼皮底下逃脱了绞刑。之后，他又在战斗中击败了皇家海军。或许斯普拉格真的在蚊子海岸抓到了他。

239
又或许并没有。或许班尼斯特在与海军军舰的战斗结束之后就成功脱逃了。英国人会愿意冒着让他成为一个永远的民间英雄的风险承认这一点吗？

查特顿顺着马特拉的看法继续思考。

据说英国海军在皇家港口海岸附近的一艘船上绞死了这些海盗。但是谁看到了？目击者怎么知道被绞死的就是班尼斯特？任何人都知道，这是一名被海军选中代替班尼斯特的倒霉印第安人。尸体被切成几段扔到了船外，所以，谁能说些什么？

马特拉再一次打开书，读了泰勒关于班尼斯特这段记录的最后一句：

> 以上，我们向你们描述了一个完整的关于可悲的班尼斯特被推翻的故事。不久之前，他是一名在牙买加有着良好声望的富有船长，如果他没有成为海盗的话，他可能会生活幸福并能安享晚年。

在马特拉看来，这像是应统治者的要求写下的对可能成为海盗的人的警告。

"那么，你认为他身上到底发生了什么？"克雷奇默问。

查特顿想象班尼斯特可能已经换了一个新的身份，招了一批新船员，继续他的海盗生涯，抢劫更大的船只，或许会转移到地中海或是北美东海岸活动。

马特拉则认为班尼斯特可能成为一艘捕鲸船的船长，挑战比皇家海军更危险的敌手。

"或许，他作为一名英国绅士退休了，"克雷奇默说道，"在靠近海边的一座房子中过着安宁的生活。"

查特顿和马特拉想象了一下这样的场景。他们望向对面的海峡。在月光下，他们可以看到波浪拍打着班尼斯特海盗船的残骸。

之后，所有人异口同声地说道："这绝对不可能。"

尾声

　　在比希亚岛的压舱物石堆处，海上打捞的工作仍在有条
不紊地进行。潜水员找到的每一样古器物都能追溯到"金
羊毛号"的时代。在两个月里，查特顿、马特拉、鲍登和
他们的船员们发现了金戒指、银币、铜币、一座小金像、登
船斧、几千颗珠子、一支铜质枪筒、刀具、烟管（有些烟
管的手柄上还刻有主人名字的首字母）、珠宝、瓷器和一座
小的铜像，铜像工艺精美，造型是一名英国绅士，戴着高帽
子，拿着一把火枪，他的狗就站在旁边守护着他。团队中的
人都认为这尊铜像的主人就是班尼斯特。

　　潜水员们通常都会迫不及待地将发现的东西带出水清
洗。发黑了的代夫特陶器会在温和的肥皂水中露出它们真正
的颜色：蓝白色、蓝黄色，还有最罕见的红黑色。所有的陶
器都非常精致、价值连城，从出处看一个碟子就有可能价值
3000 美元甚至更多。一个古董锡碗在经过清水轻柔冲洗过
后还能露出当时吃剩的粥块。博物馆和拍卖行肯定会抢着收
藏这些物件，收藏家肯定愿意出高价购买。毕竟很少有人能
有机会得到经过证实的海盗船上的物件——而且谁知道下一

尾　声

次会是什么时候呢！

　　这批文物很可能会给查特顿和马特拉带来不少收入。鲍登答应过会将一部分打捞起来的物品分给他们。但是在计算了开销之后，两人都不知道自己是否还能收支平衡。现在，每一样打捞上来的物件都将被收录档案，保存到国家水下文化遗产办公室的实验室中。待打捞结束——这需要花上几个月甚至几年的时间——多米尼加共和国和鲍登将首先分配这批文物。随后查特顿和马特拉才能与鲍登进行他们自己的分配。在这一行中，双方通常会轮流选择他们想要的手工艺品，方法与专业运动队选定选手的办法相同：鲍登可能选一把登船斧和一把剑，查特顿选一把燧石枪和一把珠子，马特拉选一把手枪和一个代夫特陶器，然后再从鲍登开始新一轮的选择。选多选少根据他们谈定的比例决定。

　　2009 年 5 月，马特拉和鲍登团队的一名成员开始发掘"金羊毛号"的船体，或者说船的最底部。查特顿很快也加入了他们。移走压舱物后，他们可以看见船的横梁完整无缺，而且船体的整个底部仍在那里，这简直是一个奇迹！如果这艘船沉在了其他任何地方，它的底部肯定早就已经解体了。但是岛屿周边的海水比附近海域盐度更低，而且附近还有一条清澈的溪流经过（这也是比希亚岛能有效地为海盗提供庇护的另一个原因——可饮用的淡水资源）。另外，埋葬"金羊毛号"的沙土和淤泥稳定性极强，为海盗船及船上的手工艺品提供了有效的防腐保护。他们在现场上方察看一番，可以看到"金羊毛号"完好如初，展露着它坚定而强大的一面，它是他们一生中见过最强大的船。几天之后，他们在残骸中找到了一枚炮弹，上面刻有宽箭头的标志，这是皇家海军的象征——与寻宝猎人威廉·菲普斯在海盗船沉没几个月后声称看到的一模一样。

当月下旬，实验室的代表与考古学家一起来到现场，检查打捞出来的物品，并在岛上游览了一圈。他们拍了许多照片，并祝贺探索队发现了这艘海盗船。对于海盗船的身份，没有人再有任何疑问。到目前为止，潜水员们发现了成千上万件手工艺品。所有的珍宝都可以追溯到 1686 年——不早不晚——正是"金羊毛号"沉没的时间。

找到"金羊毛号"的消息很快在寻宝和考古团体中传播开来。那些有幸能去实验室目睹这些古器物甚至亲自踏上他们的打捞船的人都向查特顿、马特拉和鲍登表示祝贺。但是最高的赞扬可能来自那位伟大的寻宝猎人鲍勃·马克斯，他曾经发现了那座失落的城市——牙买加皇家港口。那天他收到马特拉邮件发来的代夫特陶器和锡质粥碗的照片，马上从船上给马特拉打了电话。"老天，你做到了，"他说，"我真希望你现在就在我面前，这样你就能看见我笑得有多开心。"

马特拉等人早就笑得合不拢嘴了。他们发现了一艘黄金时代的海盗船，在水下甚至在整个世界上，这都是最艰难、最罕见也最激动人心的事情了。这之后他们中经常有人正吃着午饭或是刚结束工作走下船就突然转向其他人说："我们做到了。"而其他人会回答道："是的，我们做到了。"

在这期间，马特拉乘飞机回纽约与家人朋友团聚。他的

尾 声

最后一站是斯塔顿岛托德山路底下的摩拉维亚墓地。在那里，他大声地与父亲说话，跟他聊卡罗琳娜和孩子们的最新消息，还有大都会球队的最新动态——那个赛季他们表现得很不错。

"还有一件事，爸爸，"他大声说道，"我发现了一艘绝对酷的海盗船。我真想和您好好讲讲。这是一次超凡历险。您会喜欢这个故事的。"

"金羊毛号"的打捞还需几个月才能完成，但是鲍登和他的船员们已经接手了这项工作，因此查特顿和马特拉又回归了寻宝，这一次他们的目标是"圣米格尔号"，这艘船是早年沉没的西班牙大帆船，他们认为它是世界上价值最高的沉船之一，船上满载着黄金、珍贵无比的印加和阿兹特克手工艺品，还有精致的走私品。"圣米格尔号"上的物品可能会在拍卖会上拍出超过 5 亿美元的价格。但是发现这艘船的人不仅仅会一夜暴富：要知道他们找到的可是西半球已知最古老的沉船。历史学家、考古学家、大学和政府会从四面八方赶来，这艘船及其发现者都会名垂青史。有的寻宝猎人梦想着拥有无尽的财宝，其他人梦想自己西装革履出入博物馆的开幕仪式或是苏富比和克里斯蒂的高端拍卖会，还有的人梦想能千古留名。对于"圣米格尔号"的发现者来说，所有这些梦想都会成真。

所以查特顿和马特拉与鲍登达成寻找"圣米格尔号"的协议，他们认为这艘船沉没在鲍登的承租海域内，很可能在距离山美纳海湾不到 100 英里的地方——一个不显眼

243

309

但可以搜寻的地方。但是他们知道这一行动必须要尽快进行。

2009年6月初，美国一位联邦治安法官在佛罗里达州要求奥德赛海洋勘探公司——一家公开上市的沉船打捞公司，在一艘有几百年历史的西班牙战船上发现了价值5亿美元的银币——将珍宝悉数归还给西班牙。在查特顿与马特拉两人合作初期，这件事就像是贴在墙上的大字报一般时刻警告着两人。形势变得对寻宝猎人越来越不利，尽管两人已经开始了新的追寻之旅。

在接下来的两年半里，两人一直在寻找"圣米格尔号"的下落。这一项目耗费了他们大部分的积蓄。他们希望能现在就兑现海盗船的战利品，但是"金羊毛号"上发现的大部分手工艺品仍然在实验室里等待分配。他们的开销不断增加。在暴风雨中他们还遗失了侦察船，而这一意外也让他们损失了超过10万美元。他们把船体从海水中拖出，但是它又一次沉了下去，这一次两人甚至还在船上。

但是他们花费的时间和资金似乎没有白费。他们一路寻找"圣米格尔号"到了这个国家北海岸东端一片风景如画的区域。在那里，他们发现了一个16世纪的船锚，从细节看来，它完全符合该时期西班牙大帆船上装载的船锚的特点。那之后不久，他们发现了一些陶器的碎片，看上去像是来自"圣米格尔号"。附近铺满了成百上千块卵石大小的碎石头，用来在大型帆船上填满较大压舱石之间的空隙。基于他和马特拉对"圣米格尔号"所有的了解，他们几乎可以确定他们已经快要接近那艘巨大的宝船了。

244

尾 声

　　而在那时，正当他们准备在现场勘察的时候，他们与鲍登之间产生了业务上的分歧。他们花了几个月的时间想解决这一纷争，但最终还是走上了法律诉讼程序。查特顿和马特拉感觉自己看不懂现在的状况了。他们坚信自己就在世界上最有价值的宝船上方，但是他们无法将它打捞上来，因为这艘沉船的所有权仍有争议。

　　关于这艘船的法律纠纷持续至今。如果查特顿和马特拉胜诉，他们就可以回到沉船现场进行打捞。如果他们没有胜诉，那么"圣米格尔号"可能永远都不会被发现。

　　"金羊毛号"上的大部分手工艺品还保存在实验室里。查特顿和马特拉要求那里的管理者推迟船上物品的分配，直到他们结束与鲍登的法律纠纷。鉴于这次发现的罕见性，他们很难给海盗船上的所有物品定一个确切的价格。不过根据粗略的估计，这批古董可能价值几百万美元。

　　即便他们连"金羊毛号"上的一个小物件都还没卖出去，两人也已经得到了他们的战利品。查特顿发现了世界上最罕见、最令人激动的沉船。马特拉拼凑出了一艘黄金时代的海盗船的故事，改变了过去人们对这艘船的冒险故事和它最后时期的看法。最重要的是，他们发现了约瑟夫·班尼斯特。

　　另外，两人还分别从这次发现中得到了另一些与沉船和海盗无关的东西，尽管他们当时并未期待其他收获。

　　查特顿收获的是向多米尼加人学习的机会。他来到山美纳的时候，一直相信世界上只有一种做事的方法——直

245 接去做，用绝对的力量和意志去做。然后他开始观察那些当地人。他们中的很多人近乎赤贫，但还是利用一切能捡到的东西维持着生计。如果他们没有千斤顶来换轮胎，就用岩石和木棍。如果他们需要潜到很深的水域捕鱼，就用花园浇水的橡胶软管和一个旧喷漆泵造一个空气供应装置。在查特顿看来，他们中最穷的人都能拥有他们想要的所有东西，而这并不是因为他们要求不多，而是因为他们总能找到其他方法去获取这些东西，总能找到其他途径去解决问题。

这一观点在寻找"金羊毛号"的过程中帮了他大忙。而在他找到这艘沉船之后，这一人生观也在继续启发着他。查特顿过去一直担心自己终有一天会变得年迈无法潜水，到那时他将再也无法继续自己一生挚爱的事业。他明白他与马特拉的伙伴关系——55岁才开始的合作——某种程度上也是想要抓住人生最后一次大冒险的机会，毕竟再不行动可能就太晚了。但当他看到多米尼加人的生活态度，他不再为"太晚"焦虑了。他知道总有一天自己将再也不能潜水。但是当那一天到来时，自己一定会有其他方法重获一艘伟大的沉船能够带给他的绝妙体验。大海广袤无垠，而他一定能找到其他的方法重回水中。

对马特拉来说，"金羊毛号"回答了一个基本的问题：现在开始响应内心的召唤会不会太晚？在搜寻海盗船的那几个月中，他对这一问题的看法开始变得模糊。他花了几年的时间和100多万美元去追寻一个梦想——一开始是宝藏，后

尾　声

来是海盗——但他还是没有任何重要的收获。更糟糕的是，随着失败和压力不断聚集，他越来越觉得自己最终可能无法找到任何东西。

就在这时，他发现了约瑟夫·班尼斯特。那个人隐藏在历史的记录中，几个世纪以来几乎没有人触碰到他。这位海盗船船长在三四十岁时放弃了体面的事业和颇有保障的未来，只为干一件大胆的、一直在召唤他的事。对马特拉来说，班尼斯特受到的召唤是民主，但最重要的是班尼斯特响应了这一召唤。

一开始班尼斯特的事业进展得很不顺利。但在那之后他开始了伟大的冒险，他在刀光剑影中穿行，无所畏惧，并最终成就了一件几乎不可能实现的事——在战斗中击败皇家海军。对马特拉来说，班尼斯特教会他的东西非常清晰：人要跟随自己的心意，追求自己的梦想。即使不知道自己的旅程会在哪里结束，人也要听从内心的召唤。

在那之后，马特拉再也不是过去的马特拉了。他在山美纳与沮丧和挑战斗争，投入更多资金，最后找到了"金羊毛号"。他从沉船中带走了一枚炮弹以作珍藏，以便下一次感受到心灵的召唤时提醒自己立即行动。

2013 年，查特顿已经搬回美国，而马特拉已与卡罗琳娜完婚，他们仍然留在圣多明各。那一年的春天，查特顿到多米尼加共和国拜访马特拉。周末，两人本来决定轻松一下，躺着休息，再吃点烤鱿鱼，就像他们之前那些日子一样——当时，新世界的每艘沉船似乎都有可能成为他们的。

246

313

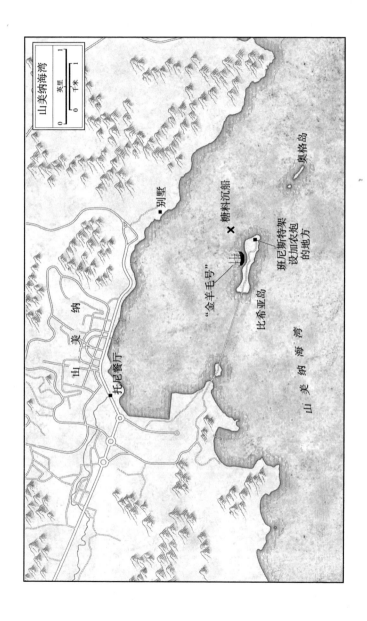

尾　声

但是，他们临时改变了计划，开车到山美纳海湾，重新乘上他们的"十二宫号"穿越海峡，在"金羊毛号"正上方抛锚停船。现在是旅游旺季，海滩上本应人满为患，但是那一天居然非常安静。在那里，只有查特顿、马特拉和班尼斯特。

致　谢

249　　　　我非常感谢以下几位的帮助和支持。

我在企鹅兰登出版社（Penguin Random House）的编辑凯特·梅迪娜（Kate Medina），感谢她坚定不移的信任、对故事情节最犀利的直觉，以及多年以来对我始终如一的温和态度。从凯特身上我学会了很多有关写作的东西，更重要的是，我了解到一颗美丽的心灵有多么重要。

在此我也希望感谢以下企鹅兰登出版社的人员。

编辑助理德里尔·哈古德（Derrill Hagood），他与我合作编辑此书，不辞辛劳，同时也为我带来了愉快的工作心情。他就是这个项目的引擎，保证它不断向前推进。

副总编辑丹尼斯·安布罗斯（Dennis Ambrose）为我的手稿带来了奇迹般的改变——还和我探讨潜水相关的话题——多年以来一直如此。

我感到非常幸运能和企鹅兰登出版社的宣传处处长莎莉·马文（Sally Marvin）、副社长汤姆·佩里（Tom Perry）一起合作——他们是行业中的佼佼者——我也把他们视为益友。他们给予我太多鼓励，这对我来说意义重大。

致　谢

兰登出版集团董事长和出版商吉娜·琴特雷罗（Gina Centrello）从一开始就非常信任我，这也帮助我增加了自信。

我还要感谢这些优秀的企鹅兰登出版社成员：芭芭拉·巴赫曼（Barbara Bachman）、劳拉·巴拉托（Laura Baratto）、三宇·狄龙（Sanyu Dillon）、理查德·埃尔曼（Richard Elman）、克里斯汀·法斯勒（Kristin Fassler）、凯伦·芬克（Karen Fink）、卡洛琳·福利（Carolyn Foley）、莎拉·戈德堡（Sarah Goldberg）、露丝·利布曼（Ruth Liebmann）、普那姆·曼塔（Poonam Mantha）、利·马钱特（Leigh Marchant）、汤姆·奈文斯（Tom Nevins）、阿里森·珀尔（Allyson Pearl）、布里奇特·皮耶卡日（Bridget Piekarz）以及埃里卡·塞弗里德（Erika Seyfried）。

感谢我在斯德林·洛德文学公司（Sterling Lord Literistic）的文稿代理人弗利普·布罗菲（Flip Brophy），一个作家希望得到的最忠实、最强烈的支持莫过于此。当人们听说弗利普是我的代理人时，他们都觉得我非常幸运。他们说得没错。她就像我的家人一样。

约翰·查特顿和约翰·马特拉花了两年多的时间回答我的所有问题——面对面、打电话、在飞机上、在船上、在山美纳海湾及膝深的水中、穿着水肺潜水装备时、在芝加哥捷运上、溜进我预定的酒店享受免费自助早餐时、在佛罗里达挤在查特顿的迷你库柏里面、在多米尼加共和国危险的道路上、在传奇寻宝猎人的家里面。在与查特顿合作《影子潜水者》时，我就知道他是很会讲故事的人；马特拉倒是出

250

317

人意料。他能像拍电影一样讲故事，叙述的时候就像在绘制图画，而且他在把握故事结构方面也极具天赋。因此，当我发现他还是一个优秀的写作者时一点也不惊讶。能阅读他的作品、能结识这样两位顶天立地的男子汉，是我的荣幸。

非常感谢卡拉·查特顿和卡罗琳娜·加西亚·德·马特拉两位女士愿意毫无保留地与我分享她们丈夫寻觅海盗船期间的回忆。她们一直支持着丈夫的探险，这不是一般人能够做到的。

维克托·弗朗西斯科·加西亚–阿雷孔特，前多米尼加海军中将和参谋长，以非凡的洞察力、耐心和幽默回答了我的问题。在圣多明各，他和他的妻子弗朗西斯卡·佩雷斯·德·加西亚（Francisca Perez de Garcia）让我感到了家庭的温暖。

特雷西·鲍登船长在佛罗里达州的家里热情地招待了我，他向我描述了他作为沉船潜水员、寻宝猎人和探险者的生活。世界伊始，人们似乎就已经开始搜寻珍宝；几乎没有人成功，而那些成功的人当中，极少有人能取得鲍登这样的成就。他那些打捞珍宝的故事非常有吸引力，但是他作为寻

251 宝猎人的人生更让人心驰神往——那样的生活有多么孤独，那样的生活带来了多大的压力，夜晚把船停在离岸 80 英里的大片水下墓地上时，还能听到诡异的声响。鲍登是一位开拓者，能够听他说起那些奇幻的冒险，真是我的荣幸。

霍华德·埃伦伯格是我见过最聪明的人之一。而更棒的是，他还是一位冒险家，他的好奇心就是鼓舞他的动力。如果没有霍华德对先进技术和设备的熟练掌控——或是他好相

处的脾气——很难想象"金羊毛号"能被找到。如果没有他为我补充故事的细节，能否完成这本书也同样难以想象。无论我打多少次电话，霍华德都会耐心地向我解释。也非常感谢霍华德的妻子梅根·埃伦伯格（Megan Ehrenberg），她本身就是一名出色的潜水员、一位和善的女士。

海科·克雷奇默与我在圣多明各和山美纳见过面。我听说他工作起来不知疲倦，而且他可以修理几乎所有东西，但是等我真正见到他，他出色的思维却更加令我印象深刻。对于搜索班尼斯特海盗船的项目，他为我区分了细微的差别、提供了具体细节，这是之前没有人做过的。他自己的故事——18岁时逃离东德，登上一辆去往西边的火车寻找更好的人生——非常值得讲述。和埃伦伯格一样，可以说，如果没有他，或许这次海盗搜寻就不会成功。

我从未见过比寻宝猎人卡尔·菲斯默更会讲故事、更和善的人。他让我参观他的家，带我到佛罗里达群岛好吃的早餐店享受美食，在两年里不厌其烦地接听我的电话。无论我什么时候想要和菲斯默讨论，他都以一种感激的姿态和我对话，从没有趾高气扬。

我和罗伯特·马克斯在他佛罗里达州的家里和办公室里都碰过面。那时，我已经读过他的一些书籍，但是当我和这位著名的寻宝猎人会面时，我还是觉得自己毫无准备。（开始的时候，他告诉我不要使用"寻宝猎人"这一称谓："很多人都在寻找珍宝，但是又有多少人能找到呢？我是一个找到宝藏的人。"）在那之后我们的对话非常顺利。我和他聊了一整天，每一刻都让我感到非常新鲜。鲍勃的妻子詹妮弗·马克斯（Jenifer Marx）是一位可爱的女士。我已经读过她的佳作《黄金的魔力》（*The Magic of Gold*），由道布尔迪出版社出版。能见到她我感到非常荣幸。

以下这些人都曾与我坐下畅谈，栩栩如生地向我描绘了这个寻找宝藏和沉船潜水的世界：沉落的珍宝读书俱乐部（Sunken Treasures Book Club）主席戴夫·克鲁克斯（Dave Crooks）、《沉船潜水杂志》（*Wreck Diving Magazine*）出版商乔·波特（Joe Porter）、基韦斯特岛梅尔·费希尔航海博物馆（Mel Fisher Maritime Museum）的金姆·费希尔（Kim Fisher）和肖恩·费希尔（Sean Fisher），以及（电话联络）霍兰、华莱士、希金斯律师事务所（Horan, Wallace & Higgins LLP）的大卫·P. 霍兰（David P. Horan）。

万分感谢纽伯里图书馆（Newberry Library）的高级研究员大卫·比塞雷教授，在调查研究约瑟夫·班尼斯特和"金羊毛号"的过程中他给予我很多帮助。我认为可以肯定地说，没有比塞雷教授的帮助，许多有关海盗船船长和海盗船的事情可能都会无人知晓。我非常幸运，比塞雷教授在芝加哥的住所离我家非常近；更重要的是，无论何时我需要问他问题，他都欣然解答，在他家里、在咖啡店里，抑或在电话里，他总是优雅而温暖地为我一一解惑。能够看到他工作，是一件令人非常愉快的事；能够认识这样好的一个人，更是我的荣幸。

航海历史学家山姆·威利斯（Sam Willis）、乔纳森·达尔（Jonathan Dull）和弗兰克·L. 福克斯（Frank L. Fox）都曾通过电话帮助我，让我更加理解17世纪海战、船只、武器和策略方面的知识。我尤其依赖福克斯，因为他在这些方面学识渊博，我总是为之惊叹，而且他回答任何问题的能力——无论多么晦涩的问题——更加令我佩服。无论我何时联络福克斯，他总会尽力帮助我，我非常感谢他的鼎力相助和他温和的态度。

非常感谢多米尼加共和国文化部部长约瑟·安东尼奥·罗德里格斯（José Antonio Rodríguez）、副部长路易斯·O. 布雷亚·弗朗哥（Luís O. Brea Franco），以及内阁部长主任卡洛斯·萨尔塞多（Carlos Salcedo）的帮助。

同时，我也非常感谢以下人员对篇章和构思提供的建议，感激你们与我谈论写作的事情：迪克·巴布科克（Dick Babcock）、安迪·西奇昂（Andy Cichon）、凯文·戴维斯（Kevin Davis）、伊万·迪（Ivan Dee）、凯特琳德·邓肯（Katelynd Duncan）、乔纳森·艾格（Jonathan Eig）、约瑟夫·爱泼斯坦（Joseph Epstein）、罗伯特·菲德尔（Robert Feder）、布拉德和简·金斯伯格（Brad and Jane Ginsberg）、格洛弗一家（the Glover family）、肯·戈丁（Ken Goldin）、艾略特·哈里斯（Elliott Harris）、迈尔斯·哈维（Miles Harvey）、莱恩·霍利迪（Ryan Holiday）、伦恩和帕姆·卡斯帕（Len and Pam Kasper）、库尔森一家（the Kurson family）、大卫·夏普森（David Shapson）、乔·泰伊（Joe Tighe）、兰迪和罗布·凡赫辛（Randi and Rob Valerious）以及比尔·泽莫（Bill Zehme）。

伊利诺伊州斯科基的洛帕塔设计（Lopata Design）的米奇·洛帕塔（Mitch Lopata），感谢你为我在插图、照片和图

253

表上进行的完美挑选和安排。卡罗琳娜·加西亚·德·马特拉、西莉亚·雷耶斯（Celia Reyes）以及弗吉尼亚·雷耶斯（Virginia Reyes），感谢你们在西班牙语翻译上提供最快最直接的帮助。

在我的部分研究中，以下人员的作品为我提供了很大的帮助："书库里的男人"艾弗·布朗（Av Brown）的佳作和安德鲁·路易斯（Andrew Lewis）博士的安德鲁·路易斯历史研究。文字编辑米歇尔·丹尼尔（Michelle Daniel）完美地处理了我的手稿。托德·埃尔哈特（Todd Ehrhardt）非常热情友好，他为我提供了山美纳海湾的照片，并且帮助我在那里寻找宝藏。

对我们的家庭来说，史蒂文·图雷夫博士（Dr. Steven Tureff）无比重要。他是我们认识的最慈爱最体贴的人。

我要特别感谢"超人"山姆·萨默（Sam Sommer）。他是第一个听我说这个海盗故事的人。当时他脸上的表情让我对这个故事更有信心。我会非常想念他的。

还要感谢肯·安德烈（Ken Andre）、斯图尔特·伯曼（Stuart Berman）、米奇·卡斯曼（Mitch Cassman）、帕特·克罗斯（Pat Croce）、迈克尔·戴维森博士（Dr. Michael Davidson）、塞缪尔·戈德曼博士（Dr. Samuel Goldman）、大卫·格兰杰（David Granger）、彼得·格里芬（Peter Griffin）、里奇·汉诺斯（Rich Hanus）、乔丹·海勒（Jordan Heller）、约翰·雅各布斯（John Jacobs）、里奇·科勒、杰夫·雷谢尔（Jeff Lescher）、乔恩·利伯曼（Jon Liebman）、安·玛丽·马特拉（Ann Marie Mattera）、达

纳·罗兰·马特拉（Dana Loren Mattera）、罗伯特·内曼（Robert Neiman）、吉尔·内特（Gil Netter）、斯科特·诺瓦赛尔斯基（Scott Novoselsky）、约翰·帕克尔（John Packel）、特蕾西·巴蒂斯（Tracey Patis）、斯科特·罗森茨维格（Scott Rosenzweig）、丹·施瓦茨博士（Dr. Dan Schwartz）、克里斯·塞格尔（Chris Seger）、杰妮·斯莫林（Jaynie Smeerin）、杰森·斯泰格曼（Jason Steigman）、加里·陶布斯（Gary Taubes）、马克·沃伦（Mark Warren）、丹·沃什博士（Dr. Dan Warsh）、菲利普·维尔纳博士（Dr. Phillip Werner）、维克托和莎莉·雷耶斯（Victor and Sally Reyes）以及弗吉尼亚·雷耶斯（Virginia Reyes）。

　　自从我辞去法律相关工作从事写作开始，我的家庭一直支持着我。我爱你们，简（Jane）、拉里（Larry）、山姆（Sam）和迈克·格洛弗（Mike Glover），以及肯（Ken）、贝基（Becky）、史蒂夫（Steve）、卡丽（Carrie）和沙亚·库尔森（Chaya Kurson）。在我写作这本书的过程中，我的母亲安妮特·库尔森（Annette Kurson）去世了，但是我总能感觉到她就在我的身边。她和我的父亲杰克·D. 库尔森（Jack D. Kurson）是我心目中最棒的故事大王。我真希望他们能读到这本书。

　　尤其要感谢我的兄弟肯·库尔森（Ken Kurson）。他总能从百忙中抽出时间阅读我的草稿，或是和我聊聊写作、棒球或人生。

　　最后，我要将我最诚挚的感谢送给艾米（Amy）、内特（Nate）和威尔（Will）。他们就是我的全世界、我的最爱。 254

海盗猎人

两个男孩都帮忙编辑了我的作品，而我（大部分时候）采纳了他们的意见。即使是在上课的日子，他们也会陪我待到很晚，我跟他们口头描述故事的架构，从他们兴致勃勃的双眼中，我看到了班尼斯特和"金羊毛号"的样子。艾米是我最好的朋友、编辑、红颜知己和灵魂伴侣。当我需要她的时候，她会开车带我出门，在路边小店与我一起吃点点心、聊聊天，即使当时是清晨5点。如果没有她，我根本不敢想象自己能够写成一本书，也根本不敢想象我的人生会是怎样。

来源记录

一个深夜，我们在新泽西的牛排店里吃着汉堡包，约
翰·查特顿和约翰·马特拉这两位潜水员跟我说起他们寻找
海盗船及其船长的故事——简直是闻所未闻，见所未见——
这本书的项目就这样开始了。在接下来的两年半里，我花了
数百小时采访相关人员——面对面或是通过电话交谈。

我还两次与他们二人去了多米尼加共和国。在圣多明
各，我亲手触摸了成堆的珍宝和价值连城的手工艺品，采访
了考古学和航海历史方面的专家，也在 16 世纪的建筑物里
阅读书籍和资料。在这个国家的北海岸山美纳地区，我似乎
看到班尼斯特活生生地站在我面前。就是在那里，潜水员们
开船带着我搜寻整个海湾，探索那些岛屿，徒步走进危险的
丛林，也潜入沉船所在的水域，正如他们在搜索海盗船船长
和"金羊毛号"期间所做的一样。"你必须先了解这个地
方，才能了解那位海盗"，他们这样告诉我，他们说得
没错。

特雷西·鲍登船长以及船员霍华德·埃伦伯格和海科·
克雷奇默都通过面对面访谈和电话讨论配合我的采访。维克

托·弗朗西斯科·加西亚－阿雷孔特在咖啡厅和他在圣多明各的家中与我交谈。卡拉·查特顿和卡罗琳娜·加西亚·德·马特拉与我会面，分享了她们在这期间的回忆，提供了有关她们丈夫冒险历程的深刻见解。

256 　在佛罗里达州，卡尔·菲斯默、罗伯特·马克斯、肖恩·费希尔、金姆·费希尔和戴夫·克鲁克斯向我解释了寻宝猎人的业务及其丰富的历史、传说和学问。我非常确信，寻宝猎人都是很会讲故事的人。

　　迈阿密的律师大卫·P. 霍兰向我详细介绍了国际航海法律、海军法律和海上打捞法律的相关内容以及瞬息万变的国际形势，他曾经代表梅尔·费希尔——此人发现并打捞了迄今为止最富有的沉船"阿托查圣母号"——在美国最高法院的诉讼案中取胜。

　　这本书中出现的大部分历史研究最初都是由约翰·马特拉完成的，这也是他们团队搜寻"金羊毛号"的一部分研究。我查阅了他所有资料的来源，也检查了我的资料来源（包括与专家们的采访）以确保马特拉所做的工作的准确性并补充细节性的内容。

　　大部分关于约瑟夫·班尼斯特的信息都是从 17 世纪 80 年代牙买加总督的信件中得到的，这些信件被收录在《国家文件日历》（*Calendar of State Papers*）和《美国与西印度群岛》（*American and West Indies*）中，现在收藏在英格兰的大不列颠国家档案室和弗吉尼亚州威廉斯堡的手稿藏库中。很多相关信件以及英国政府追捕班尼斯特的其他细节都能在两本重要书籍中找到：历史学家大卫·比塞雷教授与迈克尔·波森（Michael Pawson）合著的、由西印度群岛大学出版社出版的《牙买加皇家港口》（*Port Royal Jamaica*），以及比塞雷独自完成的、由同一家出版社出版的《1687年的牙买加》。后一本书提供了班尼斯特与皇家海军护卫舰战斗的第一手资料——目击者的绘图与描述——也确定了在比希亚岛找到的沉船就是"金羊毛号"。比塞雷教授还花了很多时间回答我的问题、帮助我进行研究并为我指明了许多良好的切入点——通过面对面交谈和电话联络。他的帮助极有价值。

（有关拼写的注释：当时有关班尼斯特的资料常常会将这位海盗船船长的名字"Bannister"拼成"Banister"。而现代的资料，包括那些由历史学家大卫·比塞雷和彼得·厄尔写作的资料，通常都会将他的名字拼成"Bannister"。这种拼写差别的原因是——比塞雷教授曾向我解释过——17世纪的拼写非常随意，而后一个拼写变得越来越常见，现代的读者也就更容易熟悉这样的拼写。）

257

有关海盗黄金时代的描述，亚历山大·埃克斯梅林写作的《美国的海盗》为我提供了最基础最重要的阅读。这本书最开始出版于1678年（后来由企鹅出版社出版），讲述的是一个跟随亨利·摩根航行的人亲身经历、亲自记录的海盗生活，这是一本非常引人入胜的书。彼得·厄尔写作的《海盗战争》（*The Pirate Wars*）由托马斯·邓恩出版社出版，这本书文笔一流，生动描述记录了海军与海盗战争的来龙去脉。彼得·T. 利森（Peter T. Leeson）写作的《看不见的诱惑》（*The Invisible Hook*）由普林斯顿大学出版社出版，

海盗猎人

这本书对海盗生活中的经济学进行了深入的探索，也对海盗们为何——排除所有显而易见的原因——选择如此冒险的人生进行了新角度的思考。在研究伊始，大卫·柯丁力（David Cordingly）的《黑色旗帜之下》（*Under the Black Flag*）一书为我提供了入门指引，这本书由兰登出版社出版，是一本必不可少也精彩纷呈的读物。关于海盗语言、行话和谚语，我参考了两本有趣又实用的书籍：乔治·朗达斯（George Choundas）的《海盗初级读物》（*The Pirate Primer*），由作者文摘出版社出版，以及特里·布里弗顿（Terry Breverton）的《海盗字典》（*The Pirate Dictionary*），由佩里肯出版社出版。两本书均为我对这一时代的了解增添了不少趣味。同样有用的还有菲利普·高斯（Philip Gosse）的《海盗历史》（*The History of Piracy*），由伯特·富兰克林出版社出版；克鲁兹·阿里斯特杰塔（Cruz Apestegui）的《加勒比海盗》（*Pirates of the Caribbean*），由查特维尔出版社出版；安格斯·康斯塔姆（Angus Konstam）的《海盗：海上掠夺者》（*Pirates: Predators of the Seas*），由天马图书出版社出版；马库斯·雷迪克（Marcus Rediker）的《全世界的公敌》（*Villains of All Nations*），由灯塔出版社出版；博内森·利特尔（Benerson Little）的《搜寻海盗》（*Pirate Hunting*），由波多马克出版社出版。

17 世纪的海上战争、武器、船只和策略是一个丰富又令人激动的主题。通过阅读乔纳森·达尔的《战列舰的岁月》（*The Age of the Ship of the Line*，由内布拉斯加大学出版社）一书，我学到了很多东西。达尔先生也非常友善地为我提供了一次电话采访的机会，让我获益良多。我也常常查阅由 J. R. 希尔（J. R. Hill）编写、牛津大学出版社出版的《牛津皇家海军史》（*The Oxford Illustrated History of the Royal Navy*）；由罗伯特·加德纳（Robert Gardiner）编写、海军学会出版社出版的《战争岁月：1650 年至 1840 年间的帆船战舰》（*The Line of Battle：The Sailing Warship 1650 – 1840*）；由 N. A. M. 罗杰（N. A. M. Rodger）写作、诺顿出版社出版的《海洋司令部：英国海军史，1649 – 1815》（*The Command of the Ocean：A Naval History of Britain，1649 – 1815*）；以及由阿尔伯特·曼努斯（Albert Manucy）写作、美国政府出版办公室出版的一本小册子《古往今来的炮火》（*Artillery Through the Ages*）。除了达尔先生，另有两位专家也接受了我的采访：我通过 Skype 网络电话对英国航海历史学家山姆·威利斯进行了采访；也通过电话与海军研究者弗兰克·L. 福克斯多次讨论，他为我提供了生动而形象的描述，帮助我想象班尼斯特的海盗与皇家海军之间的战斗情景。福克斯对于荷兰海景画家老威廉·凡·德·费尔德及其子小威廉·凡·德·费尔德的作品也颇有研究，他引领我找到了这些画家为海军护卫舰"福尔肯号"和"德雷克号"所作绘画的副本。我花了几个月的时间阅读与这些伟大船只相关的内容，能够从那些亲眼见到过它们的人那里获取信息，这就像是一个小的奇迹。

258

2005 年 4 月的《国际航海考古学杂志》发表了由布莱德利·A. 罗杰斯（Bradley A. Rodgers）、南森·理查兹（Nathan Richards）以及韦恩·R. 卢萨尔迪（Wayne R.

Lusardi) 写作的一篇名为《 "主控理论的徘徊": 关于波弗特海湾入口沉船残骸身份的疑问》 (" 'Ruling Theories Linger': Questioning the Identity of the Beaufort Inlet Shipwreck") 的文章, 这篇文章让我了解到, 能够找到沉没的海盗船并为其确定身份, 是一件非常非常罕见和不容易的事情。我也阅读了巴里·克利福德 (Barry Clifford) 的《 "维达号" 探险: 世界上第一艘海盗宝船打捞和发现者的故事》 (Expedition Whydah: The Story of the World's First Excavation of a Pirate Treasure Ship and the Man Who Found Her) 一书, 该书由哈珀柯林斯出版社出版; 《磁力仪标记点: 海盗考古学》 (X Marks the Spot: The Archaeology of Piracy), 由拉塞尔·K. 斯科夫罗内克 (Russell K. Skowronek) 及查尔斯·R. 埃文 (Charles R. Ewen) 编写、佛罗里达大学出版社出版; 以及迈克尔·贾维斯 (Michael Jarvis) 对斯科夫罗内克和埃文一书的总结回顾, 该文发表在《加勒比研究》 (Caribbean Studies) 期刊 2008 年 7~12 月刊第 36 卷第二部分。 (在撰写《海盗猎人》的过程中, 我查阅有无发现新海盗船的媒体报道。跟预期一样, 几乎没有新的海盗船被发现。2011 年, 得克萨斯州大学的研究者在巴拿马发现了加农炮和沉船, 他们认为这些东西可能属于亨利·摩根的一艘海盗船, 但是正如大部分备受质疑的海盗船一样, 他们还是没有找到确切的证据证明这艘船的身份。)

259　　关于 17 世纪海上截肢的话题, "海盗医生的文章" 是个不错的网站 (piratesurgeon. com)。网页的作者引用了几篇黄金时代海上医生的文章，而我的研究助理帮助我通过"盖尔的 18 世纪收藏在线资料库"和谷歌图书找到了这些内容。这些文章如下：伦敦约翰·阿特金斯（John Atkins）的《海军医生》（*The Navy Surgeon*）［或《海上手术的实用系统》（*Practical System of Surgery*）］，由亨利·伍德盖德（Henry Woodgate）和塞缪尔·布鲁克斯（Samuel Brooks）印制，1758 年由主祷街金球出版社出版；伦敦皮埃尔·迪奥尼斯（Pierre Dionis）的《外科手术的课程，巴黎皇家花园的示范》（*A Course of Chirurgical Operations*, *Demonstrated in the Royal Garden at Paris*），由雅各布·汤森（Jacob Tonson）1710 年印制于格雷律师学院路旁格雷律师学院内；伦敦约翰·莫伊尔（John Moyle）的《外科回忆录：作者亲身经验系列，尤其是海上经验》（*Chyrurgic Memoirs*：*Being an Account of Many Extraordinary Cures Which Occurred in the Series of the Author's Practice*, *Especially at Sea*）；伦敦约翰·莫伊尔的《海上外科：或者海上外科手术，为打算在海上进行医学服务的初级外科手术实践者提供进阶指导》（*Chirurgus Marinus*：*Or*, *the Sea-Chirurgion. Being Instructions to Junior Chirurgic Practitioners*, *who Design to Serve at Sea in this Imploy*），1702 年伦敦塔桥三本圣经出版社出版。近期的更多文章也非常有用，比如约翰·R. 可卡普（John R. Kirkup）的《截肢手术的历史》（*A History of Limb Amputation*），由斯普林格出版；以及约翰·阿什赫斯特（John Ashhurst）的《国际外科手术百科全书：外科手术的理论与实践》（*The International Encyclopaedia of Surgery*：*A*

Systematic Treatise on the Theory and Practice of Surgery），第六卷，1886 年由 W. 伍德出版。

为了了解山美纳海湾的历史和传说，我查询了大英百科全书网上平台，以及由艾拉·E. 本内特（Ira E. Bennett）写作、历史出版公司出版的《巴拿马运河历史——它的建造与建造者》（*History of the Panama Canal—Its Construction and Builders*）一书。我还阅读了亚历杭德罗·埃雷拉 - 莫雷诺博士（Dr. Alejandro Herrera-Moreno）写作的《多米尼加共和国山美纳海湾生物物理学信息的历史综合》（"Historical Synthesis of Biophysical Information of Samaná Region，Dominican Republic"）一文，该文于 2005 年由山美纳海湾及其周边生态开发与保护中心出版。（这篇文章提到，多米尼加共和国有 34% 的渔民在山美纳谋生，其中大部分人使用木船或橡皮船工作。通常，这些渔民都更了解古老沉船的位置，哪怕是考古学家、历史学家和寻宝猎人加在一起可能也比不过这些渔民。）最后，我参考了一本鲜为人知的书籍——由埃米利奥·罗德里格斯·迪莫里茨（Emilio Rodriguez Demorizi）写作、多米尼加共和国出版办公室（Sociedad Dominicana de Geografia）出版的《山美纳，这里的未来》（*Samaná，Pasado y Porvenir*）第二版（1973 年）。马特拉在多米尼加一间小旅馆发现了这本书；虽然内页中附着警告"Por favor no retirar de esta area"——请勿将此书带离此处——他还是借走了这本书，后来将此书转交给我。此书大部分是由西班牙语写成，提到了班尼斯特，也提供了一些有趣的逸事，但是马特拉和我都无法在历史记录中确定大

260

部分的信息。关于更多的信息，请访问我的个人网站：
robertkurson. com/piratehunters。

牙买加皇家港口被称为"世界上最邪恶的城市"，关于
这个城市的信息，我主要参阅：波森和比塞雷的《牙买加
皇家港口》；比塞雷的《1687 年的牙买加》；柯丁力的《黑
色旗帜之下》；布里弗顿的《海盗字典》；厄尔的《海盗战
争》；以及比塞雷的《风中的历史古城牙买加》（*Historic
Jamaica from the Air*），由伊恩·兰德尔出版。罗伯特·马克
斯非常友善，他与我在佛罗里达州交谈，聊到了 20 世纪 60
年代他在皇家港口进行的那次历史性的打捞活动。我也观看
了国家地理制作的纪录片《罪恶的城市——牙买加》（*Sin
City Jamaica*），这一纪录片从 1998 年开始播放，让我受益
匪浅。

特雷西·鲍登船长发现了三艘西班牙大帆船，他的历史
性成就被记录在两篇《国家地理》的文章中。第一篇名为
《水银帆船的墓地》，作者是门德尔·彼得森，发表于 1979
年 12 月号。第二篇名为《在锡弗尔浅滩拾遗珍宝》
（"Gleaning Treasure from the Silver Bank"），由鲍登亲自执
笔，发表于 1996 年 7 月号。鲍登非常友善，他亲自向我解
释了很多沉船相关的问题。

有关沉船和寻宝的历史，乔·波特、戴夫·克鲁克斯、
罗伯特·马克斯和卡尔·菲斯默对我帮助良多。我也阅读了
特德·福尔肯 - 巴克（Ted Falcon-Barker）的《恶魔的黄金》
（*The Devils Gold*），由航海出版社出版；吉普·瓦格纳（Kip
Wagner）的《八里亚尔：寻找失落的西班牙珍宝船队的财

宝》（*Pieces of Eight: Recovering the Riches of a Lost Spanish Treasure Fleet*），小 L. B. 泰勒（L. B. Taylor, Jr.）根据瓦格纳口述整理，由杜登出版社出版；以及罗伯特·F. 马克斯写作的《沉没珍宝的诱惑》（*The Lure of Sunken Treasure*），由大卫·麦凯出版；同样由马克斯写作的《美国海域的沉船》（*Shipwrecks in the Americas*），由多佛出版。

以下这些优秀的书籍帮助我理解西班牙大帆船"康塞普西翁号"的残骸和一代代寻宝猎人的故事，包括搜寻它的人——威廉·菲普斯：塞勒斯·H. 克莱克（Cyrus H. Karraker）的《伊斯帕尼奥拉岛的珍宝》（*The Hispaniola Treasure*），由宾夕法尼亚大学出版社出版；彼得·厄尔的《"康塞普西翁号"的珍宝》（*The Treasure of the Concepción*），由维京出版社出版；以及爱默生·W. 贝克（Emerson W. Baker）和约翰·G. 里德（John G. Reid）共同写作的《新英格兰骑士：威廉·菲普斯爵士，1651～1695 年》（*The New England Knight: Sir William Phips, 1651 – 1695*），由多伦多大学出版社出版。

我依靠卡尔·菲斯默的回忆来了解沉船历史学家和研究者杰克·哈斯金斯（Jack Haskins）的一生——他们是最亲密的朋友。若能得一朋友像菲斯默怀念杰克一样怀念自己，也是三生有幸。

书中发生的很多事情都是参与者通过回忆重新传达给我的。如有对事情发展顺序的疑问，我将尽最大的能力进行解释或修改。

即使是在发现了"金羊毛号"之后，马特拉还是没有停止对约瑟夫·班尼斯特和他的船的研究。他发现了塔尔伯特船长和史密斯中尉记录的"福尔肯号"航海日志，时间就在皇家海军护卫舰与班尼斯特战斗的日子；还发现了英国官员和其他注意到战争及其后续的目击者寄出的信件；另外，还有一篇很长的航海日志，它记录报告了班尼斯特在皇家港口海岸接受绞刑的消息。所有这些文件都增加了许多的细节和色彩，而且也与马特拉在搜寻"金羊毛号"期间了解到的信息相符。关于进一步的细节和解释，请登录我的网站查看：robertkurson. com/piratehunters。

　　最后，我在游览多米尼加共和国期间，看到也触摸到了"金羊毛号"沉船上的手工艺品。那些我无法亲眼见到的东西，马特拉和埃伦伯格都用高清的图片向我展示。马特拉收集了许多伊斯帕尼奥拉岛和山美纳海湾的旧地图和图表，他把这些东西挂在圣多明各公寓的墙上，它们也帮助我回到书中描述的那个时代和战场。

　　我甚至亲自进行了一次小小的寻宝活动。

　　在春天一个潮湿的清晨，查特顿、马特拉、克雷奇默和另一位颇有成就的沉船潜水员托德·埃尔哈特与我一起徒步穿越了比希亚岛浓密的丛林，登上岛屿最陡峭的东部山地，班尼斯特的海盗们就是在这里掘壕固守，抵御皇家海军的进攻。我们紧紧抓着悬崖上的树枝以防掉入下面布满岩石的海岸。在岛屿的最高处，我们看到了班尼斯特眼中的海峡。如果有加农炮和火枪的话，我们可以攻击任何方向的任何目标。克雷奇默打开了一个金属探测仪，开始在泥土上反复扫描。过了会儿我们开始用一把短柄小斧、一把铁铲和一把斧

262

头往下挖。我不知道我们挖了多长时间。我也不知道每个人都做了些什么。我只知道我再也不害怕从山上跌落。挖到底部时，我们找到了四五枚加农炮炮弹。作为一个作家，你可以做研究、问问题、记笔记。但只有当你亲手找到海盗战争留下的加农炮炮弹时，你才真正身临其境地走进了这个故事。

索 引

（索引中的页码为本书页边码）

索 引

索　引

索 引

图书在版编目（CIP）数据

海盗猎人：追寻加勒比海的传奇宝藏 / （美）罗伯特·库尔森（Robert Kurson）著；钱峰译. -- 北京：社会科学文献出版社，2020.8

书名原文：Pirate Hunters：Treasure，Obsession，and the Search for a Legendary Pirate Ship

ISBN 978 - 7 - 5201 - 6676 - 8

Ⅰ.①海… Ⅱ.①罗… ②钱… Ⅲ.①海盗 - 历史 - 世界 - 通俗读物 Ⅳ.①D59 - 49

中国版本图书馆 CIP 数据核字（2020）第 085500 号

海盗猎人
——追寻加勒比海的传奇宝藏

著　　者 /〔美〕罗伯特·库尔森（Robert Kurson）
译　　者 / 钱　峰
审　　校 / 沈　艺

出 版 人 / 谢寿光
组稿编辑 / 董风云
责任编辑 / 沈　艺

出　　版 / 社会科学文献出版社·甲骨文工作室（分社）（010）59366527
　　　　　 地址：北京市北三环中路甲 29 号院华龙大厦　邮编：100029
　　　　　 网址：www. ssap. com. cn
发　　行 / 市场营销中心（010）59367081　59367083
印　　装 / 北京盛通印刷股份有限公司

规　　格 / 开本：889mm × 1194mm　1/32
　　　　　 印张：12　插页：0.5　字数：253 千字
版　　次 / 2020 年 8 月第 1 版　2020 年 8 月第 1 次印刷
书　　号 / ISBN 978 - 7 - 5201 - 6676 - 8
著作权合同
登 记 号 / 图字 01 - 2015 - 8059 号
定　　价 / 65.00 元

本书如有印装质量问题，请与读者服务中心（010 -59367028）联系